NOUVELLES LEÇONS

SUR LA

SCIENCE DU LANGAGE

TOME DEUXIÈME

OUVRAGES DE M. PERROT :

Exploration archéologique de la ▓▓▓ **et de la Bithynie**, d'une partie de la **Mysie**, de la ▓▓▓, de la **Cappadoce et du Pont**, etc., Didot, 2 volumes in-fol., un de texte, l'autre de planches. L'ouvrage paraît en 24 livraisons, contenant chacune de 4 à 5 planches et 3 ou 4 feuilles d'impression. Le prix de chaque livraison est de 6 fr. 25 c. (21 livraisons sont en vente.)

Souvenirs d'un voyage en Asie Mineure, Michel Lévy, in-8º, 2º édit. 1866, 7 fr. 50 c.

L'île de Crète, souvenirs de voyage, in-12, Hachette, 1867, 3 fr. 50.

Essais sur le droit public ▓▓▓ **vé de la république athénienne.** — **Le droit public**, Thorin, in-8º, 1867, 6 fr.

Müller (Max), prof. à l'Université d'Oxford, membre correspondant de l'Institut de France, etc., etc. — La Science du langage, Cours professé à l'Institut royal d'Angleterre ; traduit de l'anglais par MM. G. Harris, prof. au lycée d'Orléans, et G. Perrot, ancien membre de l'École française d'Athènes, prof. au lycée Louis-le-Grand. 1867, 2º édit, Durand. in-8º, 8 fr. — Ouvrage qui a remporté le prix Volney en 1862.

— Nouvelles leçons sur la Science du langage. Cours professé à l'Institution royale de la Grande-Bretagne, par les mêmes traducteurs. Durand, tom. 1ᵉʳ, **Phonétique et étymologie**, précédée d'une notice sur la vie et les ouvrages de M. Max Müller. In-8º, 7 fr.

NOUVELLES LEÇONS

SUR LA

SCIENCE DU LANGAGE

COURS PROFESSÉ A L'INSTITUTION ROYALE DE LA GRANDE-BRETAGNE

EN L'ANNÉE 1863

PAR M. MAX MÜLLER

PROFESSEUR A L'UNIVERSITÉ D'OXFORD
CORRESPONDANT DE L'INSTITUT DE FRANCE, ETC., ETC.

Traduit de l'anglais, avec l'autorisation de l'auteur

PAR M. GEORGES HARRIS

Professeur au lycée impérial d'Orléans

ET M. GEORGES PERROT

Ancien membre de l'école d'Athènes, professeur au lycée impérial Louis-le-Grand
Docteur ès-lettres

TOME DEUXIÈME

INFLUENCE DU LANGAGE SUR LA PENSÉE
MYTHOLOGIE ANCIENNE ET MODERNE

PARIS

A. DURAND ET PEDONE LAURIEL, LIBRAIRES-ÉDITEURS

RUE CUJAS, 9 (ANCIENNE RUE DES GRÈS)

1868

Tous droits réservés.

TABLE DES MATIÈRES.

SEPTIÈME LEÇON.

DE LA PUISSANCE DES RACINES.

(Pages 1 à 48.)

Les racines. Ce qu'il est possible de savoir sur leur nature. — Ce que les Grecs entendaient par ὀνοματοποιία. — Théories des philosophes grecs sur le langage. Héraclite, Démocrite, Épicure. — L'idée de la *sélection naturelle* élaborée par Darwin; application de cette idée au langage. — Formation des noms. — Groupes de racines : racines primitives et racines secondaires. — Histoire de la racine MAR « broyer », et des nombreux rejetons qui en sont sortis dans toutes les langues aryennes. — Développement graduel des idées : passage des idées particulières aux idées générales, des idées matérielles aux idées intellectuelles, des idées concrètes aux idées abstraites. — Rôle de la métaphore dans la formation des idées.

HUITIÈME LEÇON.

LA MÉTAPHORE.

(Pages 49 à 112.)

Importance extrême attachée par Locke à l'étude des mots ou du langage, pour aider aux progrès de la philosophie et à la découverte de la vérité. — Esprit qui régnait dans les écoles philosophiques du dix-huitième siècle. — Esprit de l'*École historique* du dix-neuvième siècle. — Locke est le premier à exposer clairement ce fait, que *tous* les mots exprimant des idées immatérielles sont dérivés par une métaphore de mots exprimant des idées sensibles. — Fondements sur lesquels repose cette théorie. Exemples d'expressions métaphoriques. — La théorie de Locke combattue par Cousin. — Définition de la métaphore. — Rôle de la métaphore dans la formation du langage. — Deux sortes de métaphore : la métaphore *radicale* et la métaphore *poétique*. — Double tendance dans le langage primitif : *homonymie* et *polyonymie*. — Période *mythique* ou *mythologique* dans l'histoire du langage et de la pensée. — Exemples de métaphore *radicale*: Arkah « soleil » et « hymne » ; *riksha* « étoile » et « ours ». Origine du nom de la Grande-Ourse. Origine de *Septentriones* et de *Boves et Temo*. Mythe des *Harits* dans l'Inde et de *Charis* en Grèce. — Métaphores poétiques.

NEUVIÈME LEÇON.

LA MYTHOLOGIE DES GRECS.

(Pages 113 à 146.)

Excellence du génie grec, chefs-d'œuvre qu'il a produits dans toutes les sciences et dans tous les arts. — Étranges absurdités et horreurs de la religion grecque. — Les philosophes grecs sont frappés de ces énormités, et reconnaissent un Dieu unique et parfait. Xénophane, Héraclite, Pythagore, Anaxagore, Protagoras, Socrate, Platon, Épicure, Chrysippe. — Protestations des poëtes grecs contre l'immoralité attribuée aux dieux. Pindare, Euripide. — Trois systèmes d'herméneutique appliqués par les Grecs à l'interprétation de leurs fables : système *éthique*, système *physique*, système *historique*. Ces systèmes dans les temps modernes. — Révolution opérée dans l'étude des mythologies anciennes par la philologie comparée. — La Mythologie comparée. Principes fondamentaux de cette science, et méthode qui y doit être suivie. — Importance capitale du Rig-Véda pour l'interprétation des fables de l'antiquité.

DIXIÈME LEÇON.

JUPITER, LE DIEU SUPRÊME DES ARYENS.

(Pages 147 à 204.)

Distinction à établir entre la religion et la mythologie des nations de l'antiquité. — Pourquoi les idées religieuses sont plus sujettes que utes les autres à être altérées par la mythologie. — Religion des Grecs. Cas où le sentiment religieux le plus pur apparaît chez les Grecs, sans être obscurci par les nuages de la mythologie. — Dans l'ardeur de leur lutte contre le paganisme, les écrivains chrétiens des premiers siècles paraissent avoir fermé les yeux à ce qu'il y avait de bon et de vrai dans la religion grecque. — Zeus, le Dieu suprême des Grecs. Sous quelles formes ce nom se trouve chez d'autres nations aryennes. Signification primitive du nom de *Zeus* révélée par le sanscrit. Zeus a été originairement pour les Grecs le vrai Dieu. — Rôle de Dyaus dans la mythologie indienne. — Jupiter, Dieu des Italiens. — Tyr, Dieu des Scandinaves. — Tuisco, Dieu des Germains.

ONZIÈME LEÇON.

MYTHES DE L'AURORE.

(Pages 205 à 278.)

Mythe de *Saramâ*, l'Aurore, tel que nous le trouvons dans le Rig-Véda et dans les commentateurs indiens. — Identité possible de *Saramâ* avec l'*Hélène* homérique. — *Sâramêya*, fils de l'Aurore, rapproché de l'*Hermès* grec. — *Vitra, Orthros, Cerberus.* — Les *Sunâsîrau.* — Mythe de *Saranyú*, l'Aurore. — Les couples de divinités indiennes. Origine de cette dualité. Les *Asvins, Indrâgnî, Indra* et *Varuṇa, Indra* et *Vishṇu, Mitra* et *Varuṇa.* — Rôle de l'aurore et du soleil dans la formation des idées religieuses des hommes primitifs. — Mythe d'Athéné, l'Aurore. — Minerve, l'Aurore. — Ortygie, l'Aurore. — Les divinités jumelles. *Yama* et *Yamî. Yama,* le jumeau. *Yama,* le soleil couchant. *Yamu,* roi des morts et dieu de la mort. — Déméter, l'Aurore. — Deux théories pour l'explication de la mythologie primitive : théorie *solaire,* et théorie *météorique.*

DOUZIÈME LEÇON.

LA MYTHOLOGIE MODERNE.

(Pages 279 à 336.)

Rôle de la mythologie moins important dans le langage moderne que dans le langage ancien. — Erreurs et malentendus où sont entraînés les hommes en se servant de mots auxquels ils n'attachent aucun sens déterminé. — L'altération phonétique, suivie de l'étymologie populaire, source très-fréquente de mythologie. Exemple curieux : la barnache et la bernacle. — Les légendes du moyen âge. — Part de vérité profonde et touchante contenue dans les récits mythiques. — Rôle des mots abstraits dans la mythologie. — Influence des mots sur la pensée. — Exemples des services que la science du langage peut rendre à la philosophie.

TABLE ANALYTIQUE.

(Pages 347 à 357.)

LEÇONS

sur la

SCIENCE DU LANGAGE.

SEPTIÈME LEÇON.

DE LA PUISSANCE DES RACINES.

Les racines. Ce qu'il est possible de savoir sur leur nature. — Ce que les Grecs entendaient par ὀνοματοποιία. — Théories des philosophes grecs sur le langage. Héraclite, Démocrite, Épicure. — L'idée de la *sélection naturelle* élaborée par Darwin ; application de cette idée au langage. — Formation des noms. — Groupes de racines : racines primitives et racines secondaires. — Histoire de la racine MAR « broyer », et des nombreux rejetons qui en sont sortis dans toutes les langues aryennes. — Développement graduel des idées : passage des idées particulières aux idées générales, des idées matérielles aux idées intellectuelles, des idées concrètes aux idées abstraites. — Rôle de la métaphore dans la formation des idées.

Après qu'on a retiré tout ce qui est formel, artificiel et intelligible dans les mots, il reste toujours quelque chose qui n'est pas simplement formel, qui n'est pas le produit de l'art grammatical, et qui n'est pas intelligible ; et ce quelque chose nous l'appelons pour le présent une *racine* ou un *élément radical*. Si nous prenons un mot tel que *historiquement*, nous pouvons d'abord en détacher la désinence adverbiale *ment*, ce qui nous laisse *historique*, le latin *historicus*.

Ici encore nous pouvons enlever *cus,* suffixe d'adjectifs, au moyen duquel *historicus* est dérivé de *histōr* ou de *historia*, ce dernier mot étant lui-même tiré de *histōr* à l'aide du suffixe féminin *ia* qui sert à former des noms abstraits. *Histōr* est en réalité une corruption de *ĭstōr*. Les deux formes se rencontrent cependant, et l'esprit rude qui remplace l'esprit doux au commencement du mot, peut être attribué à une influence dialectique. Il faut ensuite diviser *ĭstōr* en *is* et en *tōr, tōr* étant le nominatif singulier du suffixe dérivatif *tar* que nous avons dans le latin *da-tor,* sanscrit *dá-tar,* grec *do-tḗr* « donneur », et *is* étant l'élément radical. Dans *is* le *s* est une modification de *d,* car, en grec, *d* suivi immédiatement d'un *t,* se change en *s*. De cette manière nous arrivons enfin à la racine *id,* que nous trouvons dans le grec *oîda,* dans le sanscrit *veda,* parfait non redoublé de cette racine *vid* que nous avons dans l'anglais *to wit* « savoir ». *Histōr* a donc signifié originairement « quelqu'un qui sait ou qui trouve », et *historia* a signifié « connaissance ». Au-delà de *vid* nous ne pouvons pas remonter, et nous ne pouvons non plus dire pourquoi *vid* signifie « voir », ou « trouver », ou « connaître ». Nous ne gagnerions pas grand'chose à en appeler de *vid* à la préposition *vi,* qui signifie « séparément », et qui pourrait être supposée avoir communiqué à *vid* la force de *diviser, distinguer, apercevoir (dis-cerno)* (1). Il est vrai que nous trouvons ailleurs un rapprochement analogue, car, en hébreu, la préposition *bîn* signifie « entre », et le verbe

---

(1) Sur la connexion primitive supposée de *vi* et *dvi,* voir Pott, *Etymol. Unters.,* I, 705. Voir aussi le *Cours de* 1861, p. 54 de la traduction française (2ᵉ édition).

bin signifie « connaître »; mais pourquoi *bin* signifie-t-il « entre » ? c'est là une question que nous ne pouvons espérer d'éclaircir par une simple analyse étymologique.

Tout ce que nous pouvons affirmer, sans crainte de nous tromper, concernant la nature des racines aryennes, c'est qu'elles ont une forme et une signification déterminées. Quoique certains savants prétendent que l'origine du langage se perd dans le chaos, toujours est-il qu'ici, comme dans toutes les autres branches des recherches physiques, nous devons essayer de tracer une ligne qui sépare le *chaos* du *cosmos*. Lorsque les langues aryennes commencèrent à prendre les caractères individuels qui les déterminent et les distinguent, leurs racines étaient devenues typiques, et pour la forme et pour la signification. Ce n'étaient plus de simples interjections formées de voyelles changeantes et indéterminées, et de consonnes flottant indécises entre les points où sont articulées les lettres gutturales et labiales, ou entre une prononciation sourde, sonore, ou aspirée. Ces racines n'exprimaient pas non plus de simples impressions du moment, des sensations ou des sentiments isolés et subits, n'ayant aucune espèce de rapport avec d'autres sensations et sentiments d'un caractère semblable ou différent. Il se peut que le langage, s'il méritait alors ce nom, se soit trouvé, à une époque, plongé dans cette confusion du chaos; je dirai même qu'il y a dans presque toutes les langues certains petits groupes de mots qui semblent dater de ce premier âge. Quoique nous ne puissions pas considérer les interjections comme appartenant au langage proprement dit, elles entrent néanmoins dans notre conversation ; la même remarque s'applique à ces claquements de langue des Bosjesmans et des Hottentots, qui ont été bien décrits comme des débris du langage animal. Il y a aussi dans beaucoup de langues des mots, si on peut les nommer ainsi, qui consistent en imitations pures et simples des cris des animaux ou des bruits de la nature, et quelques-uns d'entre eux ont été emportés par les flots du langage, et sont entrés dans le grand courant des noms et des verbes.

C'est cette classe de mots que voulaient désigner les Grecs, quand ils parlaient de *onomatopœia*. Mais de ce que *onomatopœia* signifie l'action de former des mots, gardons-nous de conclure que les Grecs aient supposé que tous les mots doivent leur origine à l'onomatopée, ou imitation du son. Rien n'eût été plus loin de leur pensée. Quand ils se servaient de ce terme, ils voulaient parler non pas des mots véritables, mais de ces mots inventés, artificiels, imitatifs, que tout le monde peut créer à l'instant. Même les plus anciens des philosophes grecs avaient assez profondément pénétré la nature du langage pour savoir que la clef de ses mystères ne pouvait être obtenue à aussi bon marché. Lorsque Aristote (1) appelle les mots « imitations » (*mimémata*), il n'entend pas par là ces imitations réelles, comme quand on appelle une vache un *meunh*, ou un chien un *ouah-ouah*. Ce qu'Aristote et Platon (2) disent du langage doit être placé en regard

---

(1) *Rhet.*, III, 1. Τὰ γὰρ ὀνόματα μιμήματά ἐστιν, ὑπῆρξε δὲ καὶ ἡ φωνὴ πάντων μιμητικότατον τῶν μορίων ἡμῖν.

(2) Platon, *Cratyle*, 423 B. Ὄνομα ἄρα ἐστίν, ὡς ἔοικε, μίμημα φωνῇ ἐκείνου ὃ μιμεῖται καὶ ὀνομάζει ὁ μιμούμενος τῇ φωνῇ, ὅταν μιμῆται.

de ce qui en avait déjà été dit par leurs devanciers, tels que Pythagore (540-510), Héraclite (503), Démocrite (430-410), et autres encore, pour que nous puissions voir quel travail avait déjà été accompli, et combien de conjectures sur le langage avaient déjà été faites et réfutées, avant que ces deux philosophes vinssent à leur tour prononcer leur verdict. Nous ne connaissons ces vieux sages que par un petit nombre de sentences détachées, que leur attribue la tradition, et qui ont la concision des oracles ; mais cela suffit cependant pour nous montrer qu'ils avaient pénétré au-delà de la surface du langage, et que les difficultés que présente le problème de l'origine du langage, n'avaient pas échappé à leur attention. Lorsque nous traduisons les apophthegmes énigmatiques et poétiques d'Héraclite en notre phraséologie moderne, sèche et déterminée, il nous est bien difficile de leur faire justice. Ils sont parfaits tant qu'ils reposent dans leurs sombres tombeaux, mais ils se réduisent en poussière dès qu'on fait arriver jusqu'à eux les rayons brillants de notre philosophie moderne. Toutefois, si nous savons descendre nous-mêmes dans les catacombes obscures de la pensée antique, nous sentons que nous sommes là en présence d'hommes qui seraient tenus pour des géants, s'ils vivaient de nos jours et s'ils parlaient notre langage. Il y a du moins un avantage qu'ils avaient sur nous : leurs yeux n'avaient pas été obscurcis par les nuages de poussière soulevés dans ces guerres de mots qui ont divisé les hommes depuis plus de deux mille ans. Quand on nous dit que la principale différence d'opinion qui divisait les philosophes de l'antiquité au sujet de l'origine du langage, est exprimée par les deux mots *phýsei* et *thései*, « naturellement » et « artificiellement », des termes aussi généraux nous instruisent bien peu. Pour les sophistes des siècles postérieurs, *thései* « artificiellement », et le terme plus ancien *nómō* « conventionnellement », n'avaient plus le sens que leur prêtaient les pères de la philosophie grecque; ils prirent même quelquefois la signification directement opposée à celle qu'ils avaient eue d'abord. Un sophiste comme Hermogène, voulant prouver que le langage est le résultat d'une convention entre les hommes, soutenait qu'une pomme aurait pu être appelée une prune, et une prune une pomme, si seulement les hommes étaient tombés d'accord pour le vouloir (1). Un autre (2) montrait en triomphe son esclave, à qui il avait réellement donné un nouveau nom, en l'appelant comme la conjonction « Or », afin de prouver que tout mot peut être significatif. Les arguments en faveur de l'origine naturelle du langage ne valaient pas mieux, quand on citait l'efficacité des malédictions pour prouver que des mots doués d'une telle puissance ne pouvaient pas avoir une

---

(1) Lersch, *Sprachphilosophie der Alten*, I, p. 28. *Ammonius Hermias ad Aristot. de Interpret.*, p. 25 A. Οἱ μὲν οὕτω τὸ θέσει λέγουσιν ὡς ἐξὸν ὁτῳοῦν τῶν ἀνθρώπων ἕκαστον τῶν πραγμάτων ὀνομάζειν ὅτῳ ἂν ἐθέλῃ ὀνόματι, καθάπερ Ἑρμογένης ἠξίου..... Οἱ δὲ οὐχ οὕτως, ἀλλὰ τίθεσθαι μὲν τὰ ὀνόματα ὑπὸ μόνου τοῦ ὀνομαθέτου, τοῦτον δὲ εἶναι τὸν ἐπιστήμονα τῆς φύσεως τῶν πραγμάτων, οἰκεῖον τῇ ἑκάστου τῶν ὄντων φύσει ἐπιφημίζοντα ὄνομα, ἢ τὸν ὑπηρετούμενον τῷ ἐπιστήμονι.

(2) *Loc. cit.*, 1, 42. *Ammonius Hermias ad Aristot. de Interpret.*, p. 103. Εἰ δὲ ταῦτα ὀρθῶς λέγεται, δῆλον ὡς οὐκ ἀποδεξόμεθα τὸν διαλεκτικὸν Διόδωρον πᾶσαν οἰόμενον φωνὴν σημαντικὴν εἶναι, καὶ πρὸς πίστιν τούτου καλέσαντα τῶν ἑαυτοῦ τινὰ οἰκετῶν τῷ συλλογιστικῷ συνδέσμῳ ΑΛΛΑΜΗΝ καὶ ἄλλον ἄλλῳ συνδέσμῳ· ποίαν γὰρ ἕξουσιν αἱ τοιαῦται φωναὶ σημασίαν φύσεώς τινος ἢ ἐνεργείας ἢ πάθους, καθάπερ τὰ ῥήματα χαλεπὸν καὶ πλάσαι.

origine purement humaine ou conventionnelle (1).

Ce n'est pas ainsi que raisonnaient un Héraclite ou un Démocrite. Le langage qu'ils parlaient, le monde dans lequel leurs pensées se mouvaient, ne leur permettaient pas de discuter la nature et l'origine du langage à la manière de ces sophistes, ni à notre manière à nous. Ils avaient à parler en apologues, à revêtir leur pensée d'une forme poétique pleine et nourrie, forte et féconde, et leur poésie ne saurait être traduite en prose sans que l'on risque de commettre des anachronismes et des contre-sens. Il faut prendre leurs mots tels qu'ils sont, avec tout leur vague et toute leur profondeur, mais il ne faut pas les juger d'après ces mots comme s'ils étaient prononcés par nous-mêmes. L'oracle sur le langage, qui est attribué à Héraclite, a bien véritablement cette origine. Des commentateurs ont pu le gâter, ils n'auraient jamais pu l'inventer. Héraclite soutenait que les mots existent naturellement, mais il ne se bornait pas à ce langage technique. Les mots, disait-il (2), sont comme les ombres des choses, comme les images des arbres et des montagnes reflétées dans la rivière, comme notre propre image quand nous nous regardons dans un miroir : cela sonne bien comme venant d'Héraclite. Ses sentences, pour me servir de la comparaison qu'il a employée lui-même (3), sont comme des pépites d'or, sans cette terre et cette gangue que les philosophes sont obligés d'enlever péniblement avant de pouvoir montrer au jour la solide vérité. On

---

(1) Lersch, p. 44.
(2) Lersch, *loc. cit.*, I, 11. *Ammonius ad Aristot. de Int.*, p. 24 B, ed. Ald.
(3) Bernays, *Neue Bruchstücke des Heraclitus von Ephesus, Rheinisches Museum für Philologie*, X, p. 242. Χρυσὸν οἱ διζήμενοι γῆν πολλὴν ὀρύσσουσι καὶ εὑρίσκουσι ὀλίγον. Clemens, Stromat., IV, 2, p. 565 P.

rapporte aussi qu'il disait que se servir de mots autres que ceux qui sont fournis par la nature pour désigner toutes les choses, ce n'est pas parler, mais faire un bruit. Ce qu'a voulu dire Héraclite par sa comparaison, ou par le mot *nature*, si tant est qu'il l'ait employé, c'est ce qu'il est impossible de préciser exactement; mais nous savons du moins ce qu'il n'a pas voulu dire, savoir, que l'homme a imposé les noms qu'il lui plaisait aux objets qu'il voyait autour de lui. Qu'au temps où vivait Héraclite, il ait entrevu cette vérité, ou même donné une pensée à ce problème, cela seul suffirait pour lui imprimer à tout jamais le caractère de philosophe, quand il aurait ignoré toutes les règles de notre logique, de notre rhétorique et de notre grammaire.

On suppose communément que les vues de Démocrite sur le langage, comme sur tous les autres sujets, étaient directement contraires à celles du sombre penseur; et nous ne pouvons douter que Démocrite n'ait représenté le langage comme dû à ce qu'il appelle *thésis*, c'est-à-dire à une institution, un art, une convention. Mais ces trois termes ne font guère qu'indiquer le sens de *thésis*. La série d'arguments attribuée à Démocrite (1), et par laquelle il aurait soutenu sa théorie, est sans doute l'œuvre de quelque philosophe postérieur, mais les comparaisons auxquelles le nom de

---

(1) Lersch, I, p. 14. Proclus, *ad Plat. Crat.*, p. 6. Ὁ δὲ Δημόκριτος θέσει λέγων τὰ ὀνόματα, διὰ τεσσάρων ἐπιχειρημάτων τοῦτο κατεσκεύαζεν · ἐκ τῆς ὁμωνυμίας · τὰ γὰρ διάφορα πράγματα τῷ αὐτῷ καλοῦνται ὀνόματι · οὐκ ἄρα φύσει τὸ ὄνομα · καὶ ἐκ τῆς πολυωνυμίας · εἰ γὰρ διάφορα ὀνόματα ἐπὶ τὸ αὐτὸ καὶ ἓν πρᾶγμα ἐφαρμόσουσιν, καὶ ἐπάλληλα, ὅπερ ἀδύνατον · τρίτον ἐκ τῆς τῶν ὀνομάτων μεταθέσεως · διὰ τί γὰρ τὸν Ἀριστοκλέα μὲν Πλάτωνα, τὸν δὲ Τύρταμον Θεόφραστον μετωνομάσαμεν, εἰ φύσει τὰ ὀνόματα; ἐκ δὲ τῆς τῶν ὁμοίων ἐλλείψεως · διὰ τί ἀπὸ μὲν τῆς φρωνήσεως λέγομεν φρονεῖν, ἀπὸ δὲ τῆς δικαιοσύνης οὐκ ἔτι παρονομάζομεν; τύχῃ ἄρα καὶ οὐ φύσει τὰ ὀνόματα.

Démocrite est attaché, sont bien certainement de lui. Il appelait les mots *agálmata phōnéenta* « statues vocales ». Ici encore nous trouvons toute l'énergie d'expression qui caractérise la philosophie antique. Les mots ne sont pas des images naturelles, des images projetées par la nature sur le miroir de l'âme; ce sont des statues, des œuvres artificielles, seulement elles ne sont faites ni de marbre ni d'airain, mais de voix. Telle était la doctrine de Démocrite. Il faut cependant avoir soin de ne pas donner à ses paroles une signification plus étendue qu'elles n'avaient dans sa propre pensée. Si nous traduisons *thései* par «artificiellement», il ne faut pas prendre ce mot dans le sens d'*arbitrairement*. Si nous rendons *nómō* par « conventionnellement», il ne faut pas confondre le sens de *conventionnel* avec celui d'*accidentel*. Le même philosophe aurait, par exemple, soutenu que ce que nous appelons *doux* ou *aigre*, *chaud* ou *froid*, est ainsi nommé *thései* ou conventionnellement, mais pas du tout arbitrairement; ces cris de guerre *phýsei* et *thései* que nous entendons à toutes les pages où sont racontées les luttes intellectuelles de ces époques reculées, servaient de mot de ralliement non-seulement pour ceux qui défendaient les mêmes doctrines philosophiques, mais pour ceux encore que réunissaient les mêmes intérêts politiques, moraux, ou religieux. C'est en voyant l'application de ces mots aux idées morales, que nous serons le mieux à même d'en comprendre le sens véritable. Philolaüs, célèbre philosophe pythagoricien, maintenait que la vertu existe naturellement, et non pas en vertu d'une institution. Qu'entendait-il par là ? Ce que nous entendons nous-mêmes quand nous disons que la vertu n'est pas une invention de certains hommes qui convinrent d'appeler certaines choses *bonnes* et certaines autres choses *mauvaises*, mais qu'il y a en nous la voix de la conscience, interprète de la loi divine, indépendante des institutions et des traditions humaines, portant en soi son évidence éclatante et son autorité irréfragable. Néanmoins ceux-là même qui soutenaient que la moralité d'un acte n'est qu'un autre nom pour sa légalité, et que le bien et le mal ne sont que des termes conventionnels, insistaient fortement sur la distinction profonde qui sépare la loi du caprice des individus. De même pour le langage. Quand Démocrite disait que les mots ne sont pas des images naturelles, ou des échos naturels, mais des produits artificiels formés de la voix, il ne voulait pas dégrader le langage jusqu'à n'y trouver qu'une simple agglomération de sons. Au contraire, s'il avait, avec sa terminologie, attribué le langage à la nature, la nature n'étant pour lui que le concours des atomes, c'est qu'il aurait eu une vue moins avancée sur l'origine du langage, et qu'il aurait été moins frappé de la règle et de l'ordre qui y règnent. Le langage, disait-il, existe en vertu d'une institution; mais qu'il dut garder ses paroles de toute chance de malentendu, et qu'il dut protester contre la confusion de ces deux idées, le conventionnel et l'arbitraire, c'est ce que nous pouvons déduire de l'expression qui lui est attribuée par un scoliaste plus moderne, à savoir, que les mots sont des « statues vocales », mais des statues non faites de main d'homme, mais par les dieux eux-mêmes (1). La

---

(1) *Olympiodorus ad Plat. Philebum*, p. 242, ὅτι ἀγάλματα φωνήεντα καὶ ταῦτα ἐστὶ τῶν θεῶν, ὡς Δημόκριτος. Il est curieux que Lersch, qui

hardiesse et la fécondité de telles expressions sont les plus sûrs garants de leur authenticité, et quiconque voudrait les rejeter comme étant des inventions d'écrivains postérieurs, méconnaîtrait totalement les signes auxquels la pensée antique se laisse distinguer de la pensée moderne.

Quoi qu'il en soit, notre objet pour le présent n'est pas de découvrir ce que pensaient du langage ces premiers philosophes ; je crains bien que ce problème ne doive toujours rester insoluble pour nous : nous voulons seulement protéger leur mémoire de l'insulte, et ne pas permettre qu'on abuse de leurs noms pour en couvrir la sagesse superficielle de temps plus rapprochés de nous. Il suffit que nous voyions clairement que chez les Grecs anciens, le langage n'était pas considéré comme une simple *onomatopœia*, quoique le sens littéral de ce terme, soit « l'action de faire des mots ». Je n'oserais risquer une explication de ce que Pythagore entendait quand il disait : « La plus sage de toutes les choses c'est le Nombre, et après le Nombre, ce qui donne des noms (1) ». Mais de ceci je suis bien certain, que par le *second en sagesse* des êtres de cet univers, encore que dans son enseignement exotérique il l'ait peut-être représenté sous les traits d'un homme, du plus vieux et du plus sage des mortels (2), Pythagore n'a pas voulu désigner celui de nos semblables qui, ayant entendu une vache pousser le cri de *meunh,* réussit à répéter ce son, et le fixa comme

cite ce passage (III, 19), ait néanmoins attribué à Démocrite la croyance en l'origine purement humaine du langage (I, 13).

(1) Lersch, *ibid.*, I, 25.
(2) Lersch, *ibid.*, I. 27.

nom de l'animal. Quant à Platon et à Aristote, il n'est guère nécessaire de les justifier de l'imputation d'avoir attribué l'origine du langage à l'onomatopée. Épicure lui-même, qui disait, à ce que l'on rapporte, que dans la première formation du langage les hommes agirent d'une manière inconsciente, étant poussés par la nature, comme le sont les animaux en toussant, en éternuant, en beuglant, en aboyant ou en gémissant, Épicure, dis-je, admettait que cette explication ne s'appliquait qu'à une moitié du langage, et qu'il avait dû y avoir quelque accord entre les hommes avant que le langage naquît réellement, avant qu'on pût comprendre ce que chacun voulait exprimer par ces étranges intonations de la voix (1). En cela Épicure montre qu'il avait des vues plus saines sur la nature du langage que beaucoup de ceux qui, de nos jours, professent ses théories. Il alla au-devant de cette objection, que si les mots avaient été suggérés par la nature, ils devraient être les mêmes dans tous les pays, par une remarque dans laquelle il devança Humboldt : il fit observer que, dans des pays différents, la nature humaine est affectée différemment et envisage les choses d'une manière différente, et que ces différences d'impressions et de vues influent sur la formation des mots

---

(1) Diogène Laërce, *Épicure*, § 75. Ὅθεν καὶ τὰ ὀνόματα ἐξ ἀρχῆς μὴ θέσει γενέσθαι, ἀλλ' αὐτὰς τὰς φύσεις τῶν ἀνθρώπων καθ' ἕκαστα ἔθνη ἴδια πασχούσας πάθη, καὶ ἴδια λαμβανούσας φαντάσματα, ἰδίως τὸν ἀέρα ἐκπέμπειν, στελλόμενον ὑφ' ἑκάστων τῶν παθῶν καὶ τῶν φαντασμάτων, ὡς ἄν ποτε καὶ ἡ παρὰ τοὺς τόπους τῶν ἐθνῶν διαφορὰ εἴη. Ὕστερον δὲ κοινῶς καθ' ἕκαστα ἔθνη τὰ ἴδια τεθῆναι, πρὸς τὸ τὰς δηλώσεις ἧττον ἀμφιβόλους γενέσθαι ἀλλήλοις, καὶ συντομοτέρως δηλουμένας· τινὰ δὲ καὶ οὐ συνορώμενα πράγματα εἰσφέροντας, τοὺς συνειδότας παρεγγυῆσαι τινὰς [φθόγγους ὧν τοὺς μὲν ἀναγκασθέντας ἀναφωνῆσαι, τοὺς δὲ τῷ λογισμῷ ἑλομένους κατὰ τὴν πλείστην αἰτίαν οὕτως ἑρμηνεῦσαι. — Lersch, I, 39.

particuliers à chaque nation. Il vit que l'imitation des bruits de la nature n'aurait jamais pu devenir le langage articulé, sans que l'esprit humain eût traversé une seconde phase, qu'il représente comme ayant été une entente entre les hommes s'arrangeant à l'amiable pour que certains sons fussent l'expression de certaines conceptions. A cette hypothèse d'un accord conventionnel entre les hommes, substituons une idée qui n'existait pas au temps d'Épicure, et dont notre siècle doit la complète élaboration au génie de Darwin ; au lieu d'*accord conventionnel*, disons *sélection naturelle* ou *élimination naturelle*, pour me servir de l'expression que j'ai employée dans la première série de ces leçons, et je crois que nous arriverons alors à nous entendre avec Épicure et même avec quelques-uns de ses disciples modernes. De même qu'un certain nombre d'impressions extérieures reçues par l'homme produit une image mentale ou une perception, et de même, en second lieu, qu'un certain nombre de ces perceptions produit une notion générale ; ainsi nous pouvons comprendre qu'un certain nombre d'impressions extérieures produise une expression vocale correspondante, un cri, une interjection ou une imitation quelconque du son qui se trouve faire partie des impressions extérieures, et nous pouvons, en second lieu, comprendre qu'un certain nombre de ces expressions vocales se confonde en une expression générale, et nous laisse la racine comme signe représentant cette notion générale.

Mais, comme il y a dans l'homme la faculté de la raison qui préside à cette combinaison des impressions extérieures pour former des perceptions, et à cette combinaison des perceptions pour former des notions générales, il est indubitable que la formation graduelle des racines qui résultent de la fusion d'un certain nombre de cris naturels ou d'imitations des bruits de la nature, s'opère sous le même souverain contrôle de la raison. Les notions générales ne se forment pas au hasard, mais d'après une loi, et cette loi est la raison qui est en nous et qui correspond à la raison qui est hors de nous, à la raison, si je puis m'exprimer ainsi, de la nature. Si nos yeux étaient assez perçants pour voir toujours la sélection naturelle, nous saurions qu'elle est invariablement une sélection rationnelle. Ce n'est pas une variété accidentelle quelconque qui survit et se perpétue : dans la grande lutte pour la vie, la victoire reste à l'individu qui répond le mieux à l'intention originelle de son créateur, ou qui est le plus propre à remplir les fins pour lesquelles fut créé le type ou le genre auquel il appartient. De même pour la pensée et le langage. Ce ne sont pas toutes les perceptions que le hasard fait naître qui sont élevées à la dignité de notions générales; mais seulement celles qui reviennent sans cesse, les plus fortes, et les plus utiles. Et sur l'innombrable multitude de notions générales qui s'offrent à l'esprit de l'homme qui observe et qui combine, celles-là seules survivent et reçoivent une expression phonétique déterminée, qui sont indispensables pour la besogne de la vie. Quantité de perceptions qui se présentent naturellement à notre esprit n'ont jamais été réunies en notions générales, et conséquemment n'ont jamais reçu de nom. Il n'y a pas de notion générale qui comprenne toutes les fleurs bleues ni toutes les pierres rouges ; il n'y a pas de nom qui comprenne les chevaux et les chiens, mais qui exclue les bœufs et les moutons. La langue grecque n'a jamais produit un mot pour exprimer *animal*, en tant qu'opposé à *homme;* et *Zôon*, qui, comme notre mot *animal*, se dit de tous les êtres vivants doués de sensibilité, appartient à l'époque post-homérique (1). Locke a appelé l'attention sur ce fait qu'il y a en anglais un mot particulier pour signifier « tuer un homme », savoir, *murder;* tandis qu'il n'y en a pas pour signifier « tuer un mouton », et qu'il y a un terme particulier pour désigner le meurtre d'un père, savoir, *parricide*, tandis qu'il n'y en a pas pour désigner le meurtre d'un fils ou d'un voisin. « C'est ainsi, dit-il (2), que dans les modes mixtes, l'esprit réunit en idées complexes les idées simples qu'il lui convient; pendant que d'autres, qui ont en réalité tout autant de connexité entre elles, sont laissées séparées et ne sont jamais combinées en une seule idée, parce que l'esprit n'éprouve pas le besoin de les énoncer au moyen d'un terme unique. » Dans une autre partie de son *Essai sur l'entendement humain*, le même philosophe dit encore: « *Alésage, filtration, cohobation*, sont des mots qui représentent certaines idées complexes, lesquelles sont rarement dans l'esprit d'autres personnes que du petit nombre d'hommes à qui elles sont à tout moment suggérées par leurs occupations particulières; c'est pourquoi ces noms ne sont généralement compris que des ouvriers en métaux et des chimistes, qui, ayant formé les idées complexes que ces mots représentent, et leur ayant donné ces noms ou les ayant reçus d'au-

---

(1) Curtius, *Grundzüge*, I, 78.
(2) Locke, *On the Understanding*, III, 5, 6.

tres personnes, ne les entendent pas plus tôt prononcer en conversation, qu'ils conçoivent facilement ces idées dans leur esprit : le mot *cohobation*, par exemple, leur suggère toutes les idées simples qui se rapportent à l'action de distiller plusieurs fois de suite une liqueur sur son résidu. Par là nous voyons qu'il y a une foule d'idées simples, comme d'odeurs et de goûts, lesquelles n'ont pas de nom, et une quantité plus grande encore de modes qui, soit qu'ils n'aient pas été assez généralement observés, soit qu'ils n'aient pas assez d'utilité pour les affaires et les intérêts des hommes, n'ont pas reçu des noms particuliers et, par conséquent, ne sont pas regardés comme formant des espèces (1). »

Nécessairement, quand se forment de nouvelles combinaisons d'idées, et qu'elles affirment à maintes reprises leur indépendance, elles finissent par conquérir leur place dans la grande république des idées et des mots. Cette remarque s'applique aux temps anciens plus encore qu'aux temps modernes, aux époques primitives du langage encore plus qu'à son état actuel. Ce fut un événement dans l'histoire de l'homme, quand les idées de *père*, de *mère*, de *frère*, de *sœur*, d'*époux* et d'*épouse*, furent conçues pour la première fois et reçurent leur première expression. Ce fut une ère nouvelle dans ce monde, quand les noms numéraux, depuis un jusqu'à dix, eurent été créés; et que des mots comme *loi, justice, devoir, vertu, générosité, amour,* eurent été ajoutés au vocabulaire de l'homme. Ce fut une révélation, la plus grande de toutes les révélations,

---

(1) Locke, *ibid.*, II, 18, 7.

lorsque la conception d'un Créateur, d'un Gouverneur du monde, d'un Père de l'homme, fut formée, et que le nom de Dieu fut, pour la première fois, prononcé sur cette terre. Telles étaient les notions générales nécessaires à l'homme, qui furent marquées au coin du langage et livrées à la circulation intellectuelle. D'autres notions prirent naissance, vécurent pour un temps et disparurent quand elles n'étaient plus requises. D'autres naîtront encore, à moins que l'esprit humain ne soit frappé de stérilité, et elles recevront aussi le baptême du langage. Qui a réfléchi sur les changements amenés en apparence par des individus, mais que des efforts individuels semblent pourtant impuissants à opérer, sans éprouver le besoin d'un mot, c'est-à-dire, en réalité, d'une idée qui représente à la fois l'influence des individus sur le monde et l'influence du monde sur les individus, qui explique le succès de Luther entreprenant de réformer l'Église, et l'échec de Huss, la victoire de Russell faisant triompher la réforme parlementaire, et la défaite de Pitt? Comment exprimer cette loi de l'histoire d'après laquelle l'individu, qui semble être un libre agent, n'est pourtant que l'esclave des masses sur lesquelles il veut agir, et les masses, qui semblent irrésistibles, obéissent néanmoins à la plume d'un auteur inconnu? Ou, pour descendre à des choses moins importantes, comment un poëte devient-il populaire? Comment adopte-t-on un nouveau style dans les arts et en architecture? Ou bien encore, comment la mode change-t-elle? Comment ce qu'on trouvait absurde l'année dernière est-il accepté cette année-ci? Comment ce qu'on admire cette saison deviendra-t-il ridicule la saison prochaine? Et, si nous nous tournons vers le langage, comment l'usage consacre-t-il quelquefois un nouveau mot, comme *to shunt* « changer, s'éloigner », ou une nouvelle prononciation, comme *gold* « or », au lieu de *gould*, tandis que d'autres fois les meilleurs mots que créent et que font revivre nos meilleurs auteurs passent inaperçus et meurent? Nous éprouvons le besoin d'une idée qui exclue le caprice aussi bien que la nécessité, qui comprenne l'effort individuel et la coopération générale, qui ne s'applique ni à l'action inconsciente de l'abeille qui construit sa cellule, ni à l'action consciente de l'architecte humain, et qui, cependant, réunisse en elle ces deux opérations et les élève jusqu'à une nouvelle et plus haute conception. Vous devinerez de quelle idée je veux parler, si j'ajoute qu'elle doit également expliquer l'extinction de genres fossiles et l'origine d'espèces nouvelles : c'est l'idée de la *sélection naturelle* qui nous manquait, et, nous manquant, elle a été trouvée, et étant trouvée, elle a été nommée. C'est une nouvelle catégorie, un nouvel instrument de la pensée ; et si les naturalistes sont fiers d'attacher leur nom à une espèce nouvelle qu'ils découvrent, M. Darwin peut être plus fier encore, car son nom restera attaché à une nouvelle idée, à un nouveau genre de pensée.

Il y a des idiomes qui ne possèdent pas de noms de nombre au-dessus de quatre. Après quatre, tous les nombres sont amassés en bloc dans l'idée générale de *beaucoup*. Il y a des dialectes, comme celui des îles Hawaii (1), dans lesquels on n'établit aucune distinc-

---

(1) *The Polynesian,* sept. 27, 1862.

tion entre le noir, le bleu et le vert foncé, ni entre le jaune clair et le blanc, ni entre le brun et le rouge ; cette lacune ne provient pas de ce que les Hawaiens auraient les sens obtus, car ils remarquent à l'instant la moindre variation de teinte ; mais elle provient de la paresse de leur esprit. On dit aussi qu'ils n'ont qu'un seul terme pour amour, amitié, reconnaissance, bienveillance, estime, etc., toutes ces idées étant exprimées par *aloha;* et cependant nous voyons dans leur dictionnaire qu'ils ont des dénominations distinctes pour *aneane* « douce brise », *matani* « vent », *puhi* « action de souffler par la bouche », et *hano* « action de souffler par le nez, asthme (1) ». C'est ce qui arrive chez les classes inférieures de notre propre pays. Des gens à l'idée desquels il ne viendrait jamais de se servir de mots comme *quadruped* « quadrupède », *mineral* « minéral », ou *beverage* « boisson », ont des mots différents pour la queue d'un renard, la queue d'un chien et la queue d'un lièvre (2).

(1) Hale, *Polynesian Lexicon*, à ces mots.
(2) Pott, *Etymologische Forschungen*, II, 439.
Dans une lettre écrite de Pékin, en 1723, à l'Académie des Sciences de Paris par le P. Parennin, qui, après un long séjour en Chine, avait été chargé par le célèbre empereur Kang-Hi de traduire en langue tartare tout un corps d'anatomie, de chirurgie et de médecine, nous trouvons des exemples intéressants de cette abondante nomenclature que possèdent les hommes qui vivent près de la terre, pour désigner les particularités des objets qui leur sont familiers, lesquelles ne sont rendues que par des périphrases chez les peuples plus avancés en civilisation. « Les Tartares, dit ce missionnaire, ont quantité de termes pour abréger, et n'ont pas besoin de périphrases ni de circonlocutions. Des mots assez courts expriment nettement les choses ; un seul exemple me fera comprendre. Le *chien* est celui de tous les animaux domestiques qui fournit le moins de termes dans leur langue, et ils en ont cependant beaucoup plus que nous. Outre

Castrèn, la plus haute autorité pour tout ce qui a trait aux langues, à la littérature et à la civilisation du rameau septentrional des races touraniennes, comme des Finnois, des Lapons, des Tartares et des Mongols, nous dit qu'il y a des tribus qui n'ont pas de mots pour dire *fleuve*, quoiqu'ils aient des noms pour le

les noms communs de grands et de petits chiens, de mâtins, de lévriers, de barbets, etc., ils en ont qui marquent leur âge, leur poil, leurs qualités bonnes ou mauvaises. Voulez-vous dire qu'un chien a le poil des oreilles et de la queue fort long et bien fourni? le mot *taiha* suffit; qu'il a le museau long et gros, la queue de même, les oreilles grandes, les lèvres pendantes? le seul mot *yolo* dit tout cela. S'il a la taille basse, les jambes courtes, le corps épais, la tête levée, c'est *capari*, etc. *Indagon* est le nom générique du chien; *nieguen*, celui de la femelle. Leurs petits s'appellent *niaha* jusqu'à l'âge de sept mois, et de là jusqu'à onze mois *nouquere*; à seize mois ils prennent le nom générique d'*indagon*. Il en est de même pour leurs bonnes et mauvaises qualités, un seul mot en explique deux ou trois. Pour le *cheval*, les Tartares, par une espèce de prédilection pour cet animal qui leur est si utile, ont multiplié les mots à l'infini. Non-seulement ils ont des mots propres pour ses différentes couleurs, son âge, ses qualités; ils en ont encore pour les différents mouvements qu'il se donne : si, étant attaché, il ne peut demeurer en repos; s'il se détache et court en toute liberté; s'il cherche compagnie; s'il est épouvanté de la chute du cavalier, ou de la rencontre subite d'une bête sauvage; s'il est monté, de combien de sortes de pas il marche, combien de secousses différentes il fait éprouver au cavalier : pour tout cela et pour beaucoup d'autres choses, les Tartares ont des mots uniquement destinés à les exprimer. Cette abondance est-elle bonne? est-elle mauvaise ou inutile? C'est à vous, Messieurs, d'en décider. Ce que je puis vous dire, c'est que si elle charge la mémoire de ceux qui l'apprennent, surtout dans un âge avancé, elle leur fait beaucoup d'honneur dans la conversation et est absolument nécessaire dans la composition. Sans cette multiplicité de noms pour toutes les parties externes ou internes des animaux, je n'eusse jamais pu faire les huit volumes que j'ai l'honneur de vous présenter. » (*Choix des Lettres édifiantes*, III, p. 280, Paris, 1835). [Tr.]

moindre *ruisseau;* qui n'ont pas de mot pour *doigt*, mais des termes particuliers pour le *pouce*, le *doigt annulaire*, etc., ni pour *baie* en général, mais beaucoup de noms pour désigner les baies de la *canneberge*, de l'*airelle* et autres arbrisseaux ; qui n'ont pas de mot pour *arbre*, mais des noms pour *bouleau, sapin, frêne*, et d'autres arbres (1). Et ailleurs (p. 18), il nous assure qu'en finnois le mot qui désignait d'abord le *pouce* en est venu graduellement à signifier *doigt*, et que le nom de l'*empetrum nigrum* a fini par avoir la signification de *baie* en général.

Mais même ces noms tout à fait spéciaux sont, en réalité, des termes généraux et ont exprimé originairement une qualité générale, et d'ailleurs ils n'auraient pas pu être formés autrement. Il est difficile de nous mettre à la place des hommes dont la principale occupation était de former de nouvelles idées et de nouveaux mots (2). Mais en supposant que nous n'eussions pas de mot pour *chien*, que ferions-nous ? Si nous, qui disposons d'une langue arrivée à son entier développement, venions à voir un chien pour la première fois, il est probable que nous y découvririons une certaine ressemblance avec quelque autre animal, et que nous lui donnerions un nom en conséquence. Nous pourrions, par exemple, l'appeler « loup domestique », de même que les habitants de Mallicolo, quand ils virent les premiers chiens qui leur avaient été envoyés des Iles de la Société, les appelèrent *brooàs*, ce qui, dans leur langue, signifie « porc » (3). C'est exactement

---

(1) *Vorlesungen über Finnische Mythologie*, p. 11.
(2) Daniel Wilson, *Prehistoric Man* (3ᵉ chapitre).
(3) Pott, *Etymologische Forschungen*, II, 138.

ce qui est arrivé aussi dans l'île de Tanna, où les habitants désignèrent les chiens qui leur furent envoyés, par le nom de *buga* « porc ». On ne peut pas tarder, cependant, à trouver qu'il est gênant de ne pas pouvoir distinguer un chien d'un porc, et alors il faudrait choisir quelque trait caractéristique du chien qui lui servît de dénomination. Et comment procéderait-on à cet effet? Il serait possible d'imiter l'aboiement de l'animal et de l'appeler un *ouah-ouah;* pourtant, c'est une chose digne de remarque, qu'il n'y a guère de langue de pays civilisé où le nom du chien ait été formé de cette manière. Voici comme les choses se sont réellement passées. L'esprit reçoit une foule d'impressions de toutes les choses qui viennent frapper nos regards. Le chien ne s'est pas présenté dès l'abord à l'esprit humain, proprement défini et classé ; mais il s'est offert à lui sous des aspects différents, tantôt comme animal sauvage, tantôt comme compagnon, ou bien soit comme gardien, soit comme voleur ; parfois encore comme chasseur rapide et d'autres fois comme poltron ou comme animal impur. De chacune de ces impressions on pourrait tirer un nom, et après un certain laps de temps l'opération de l'élimination naturelle réduirait le nombre de ces noms et n'en laisserait que quelques-uns, ou même qu'un seul, lequel, comme *canis,* deviendrait le nom propre du chien.

Mais, pour qu'un de ces noms pût être donné, il fallait que des idées générales, comme *errer, suivre, garder, voler, courir, rester, fuir,* eussent auparavant été formées dans l'esprit et exprimées dans le langage. Ces idées générales sont exprimées par les racines. Simples et primitives, elles sont rendues par des racines simples et primitives, tandis que les idées complexes ont trouvé leur expression dans des radicaux secondaires. Ainsi, *aller* serait exprimé par *sar*, *ramper* par *sarp*, *crier* par *nad*, *se réjouir* par *nand*, *joindre* par *yu ou yuj*, *coller* par *yaut*. Nous trouvons de cette sorte en sanscrit et dans toutes les langues aryennes des *groupes de racines*, qui expriment toutes une idée commune et ne diffèrent les unes des autres que par une ou deux lettres ajoutées, soit au commencement, soit à la fin. Il semble plus naturel de supposer, ainsi que je viens de le faire, qu'à mesure que les idées se développèrent et se multiplièrent, les racines simples prirent de l'accroissement et de la diversité. Mais on peut aussi défendre l'hypothèse opposée, à savoir, que le langage débuta par la variété; que l'esprit humain émit d'abord un grand nombre de racines spéciales d'où on tira ensuite les racines plus générales, en omettant les lettres qui constituaient les différences spécifiques de chacune des racines primitives.

Il y a beaucoup à dire en faveur de l'une ou de l'autre de ces vues, et il se peut très-bien que ces deux procédés, celui de la multiplication et celui de l'élimination, aient opéré simultanément. Mais le fait est que la plus ancienne même des langues aryennes, la langue sanscrite, ne commence à nous être connue que longtemps après avoir passé par les périodes monosyllabique et agglutinative, et il ne nous sera jamais donné de savoir d'une manière certaine par quelle lente transformation le sanscrit traversa ces deux états du monosyllabisme et de l'agglutination, et se fixa comme langue à flexions. Si nous nous plaçons au point de vue de la chronologie, nous ne pouvons donner aucune réponse à la question de savoir si *sarp* a existé avant *sar*. Logiquement, il n'est pas douteux que *sar* ne vienne le premier; mais ce que nous avons vu de l'histoire du langage suffit pour nous apprendre que ce qui aurait dû se passer d'après les lois rigoureuses de la logique, est souvent fort différent de ce qui a été décidé par le bon plaisir du langage (1).

Ce qu'il importe le plus d'observer, c'est que, sur le grand nombre de notions générales possibles et de dénominations générales possibles, celles-là seules, par un procédé de sélection naturelle, sont devenues typiques dans chaque langue, qui sont aujourd'hui appelées les *racines*, et qui sont les germes féconds de ces langues. Ces racines sont déterminées dans leur forme et dans leur signification : elles sont, comme je les ai déjà nommées, des *types phonétiques*, aux contours bien arrêtés, quoique d'importantes modifications puissent encore s'y produire. Elles sont les « centres spécifiques » du langage, et sans elles la science du langage serait impossible.

Tout cela sera rendu plus clair par quelques exemples. Prenons une racine, et suivons-la dans ses aventures à travers le monde. Il y a une racine aryenne MAR, qui signifie « écraser, broyer, détruire par la trituration ». Je n'oserais dire que ces personnes se trompent qui s'imaginent entendre dans cette racine

---

(1) Sur les groupes de racines, ou sur le développement gradue des racines, voir quelques remarques intéressantes par Benfey, *Kurze Sanskrit-Grammatik*, § 60 et suiv., et Pott, *Etymologische Forschungen*, II, p. 283. Bopp, *Grammaire comparée*, § 109 *a*, 3, 109 *b*, 1.

le rude froissement de corps solides les uns contre les autres. Il est incontestable que nos idiosyncrasies par rapport à la nature de certains sons, se forment en très-grande partie sous l'influence secrète des langues que nous parlons ou que nous connaissons (1). Il est parfaitement vrai aussi que ce bruit âpre qui est produit quand on triture ou que l'on râpe certaines substances solides, est rendu d'une manière très-différente dans des langues différentes. Néanmoins, puisqu'il y a une racine *mar* signifiant « broyer », il est naturel de se figurer qu'on y trouve quelque chose du bruit produit par le frottement de deux meules ou par le bocard qui écrase le minerai. Mais remarquons tout de suite la différence entre le son articulé *mar*, et une simple imi-

(1) Voici quelques remarques curieuses de saint Augustin sur ce sujet : « Donec perveniatur eo ut res cum sono verbi aliqua similitudine concinat, ut cum dicimus æris tinnitum, equorum hinnitum, ovium balatum, tubarum clangorem, stridorem catenarum (perspicis enim hæc verba ita sonare ut ipsæ res quæ his verbis significantur). Sed quia sunt res quæ non sonant, in his similitudinem tactus valere, ut si leniter vel aspere sensum tangunt, lenitas vel asperitas literarum ut tangit auditum sic eis nomina peperit : ut ipsum *lene* cum dicimus leniter sonat, quis item *asperitatem* non et ipso nomine asperam judicet? Lene est auribus cum dicimus *voluptas*, asperum cum dicimus *crux*. Ita res ipsæ adficiunt, ut verba sentiuntur. *Mel*, quam suaviter gustum res ipsa, tam leniter nomine tangit auditum, *acre* in utroque asperum est. *Lana* et *vepres* ut audiuntur verba, sic illa tanguntur. Hæc quasi cunabula verborum esse crediderunt, ubi sensus rerum cum sonorum sensu concordarent. Hinc ad ipsarum inter se rerum similitudinem processisse licentiam nominandi; ut cum verbi causa *crux* propterea dicta sit, quod ipsius verbi asperitas cum doloris quem crux efficit asperitate concordat, *crura* tamen non propter asperitatem doloris sed, quod longitudine atque duritia inter membra cetera sint ligno similiora sic appellata sint. » — Augustinus, *De Dialectica*, texte corrigé par Crecelius dans *Hoefer's Zeitschrift*, IV, 152.

tation du gémissement inarticulé ou du grincement que l'on entend quand on broie des corps solides. Toutes les combinaisons possibles de consonnes avec un *r* ou un *l* final se suggéraient à l'esprit; *kr, tr, chr, glr*, auraient pu tous remplir le même office, et peut-être même ont-ils été employés quand l'homme préludait au langage articulé. Mais dès que *mr* eut pris le dessus, toutes les autres combinaisons furent bannies; *mr* était le vainqueur, et par ce seul fait il devint l'ancêtre d'une nombreuse famille de mots. En changeant d'image nous dirons que, quelques différences qu'il y ait dans la monture, la pierre doit toujours rester la même; et dans toutes les altérations diverses que subit le joyau, nous devons toujours être à même de découvrir les causes qui les ont produites.

Je commence donc par la racine MAR, et je lui attribue le sens de *broyer, pulvériser*. Dans tous les mots dérivés de *mar* il ne doit y avoir aucun changement phonétique, soit par accroissement, par abrégement, ou par corruption, qui ne puisse être expliqué par des changements analogues dans d'autres groupes de mots; dans toutes les idées exprimées par ces mots, il doit toujours y avoir un anneau de cette chaîne, qui directement ou indirectement rattache les notions les plus élevées et les plus abstraites à la conception originelle du *broiement*. Dans l'analyse phonétique, tout ce qui est arbitraire et de pure fantaisie est immédiatement repoussé; on n'admet que les faits confirmés par des précédents. Au contraire, dans ce tissu d'idées que l'esprit aryen a formé avec cette unique conception familière, il faut nous attendre non-seulement à la progression régulière de la pensée logique, mais bien souvent à l'essor poétique de l'imagination. Dans la formation de mots nouveaux l'imagination joue un rôle aussi grand, sinon plus grand, que le jugement; et vouloir exclure l'élément poétique ou imaginatif des commencements du langage humain, serait nous priver du plus précieux secours pour en démêler la contexture primitive.

Avant de passer en revue cette famille de mots, il faut nous rappeler

1° que *r* et *l* sont congénères et peuvent se remplacer; par conséquent *mar* = *mal*.

2° Que *ar* en sanscrit est abrégé en une simple voyelle, et prononcé alors *ri*; de là *mar* = *mri*.

3° Que *ar* peut se prononcer *ra* (1), et que *al* peut se prononcer *la*; de là *mar* = *mra*, *mal* = *mla*.

4° Que *mra* et *mla* se changent, en grec, en *mbro* et *mblo*, et, après la chute de *m*, en *bro* et *blo*.

En sanscrit nous trouvons *malana* dans le sens de « frotter, écraser », mais il ne paraît pas que dans cette langue notre racine ait produit aucun mot pour signifier « moulin ». Ce fait pourrait avoir une importance historique, s'il devait indiquer que les moulins véritables étaient inconnus avant la séparation aryenne. En latin, en grec, dans les idiomes germaniques, celtiques et slaves, le nom du moulin est partout dérivé de la racine *mar*. C'est ainsi que nous avons le latin *mola* (2), grec *mýlē*, ancien haut-allemand *muli*, irlandais *meile*, bohémien *mlyn*, lithuanien *malunas*. De cette conformité frappante entre ces mots chez tous

---

(1) En sanscrit nous avons *mardita* et *mradita* « il pulvérisera » comme futur de *mard*.

(2) Voir Pott, *Etymologische Forschungen* (I.), I, 220. Kuhn, *Indische Studien*, 1, 359. Curtius, *Griechische Etymologie*, I, 302.

les membres de la branche septentrionale de la famille aryenne, on a conclu que les moulins étaient connus avant que cette branche septentrionale se fût détachée de la souche commune ; il faut cependant reconnaître qu'il serait possible qu'une de ces nations eût inventé les moulins, et que les autres lui eussent emprunté cette invention et son nom.

De la même source nous viennent les mots *meunier*, *meule*, *moudre ;* anglais *miller*, *mill-stone*, *to mill ;* en grec *mýlos* « meule », *mylōthréō* « je mouds » ; en gothique *malan* « moudre », *melo*, anglais *meal* « farine », *muljan* « frotter et pulvériser ».

Les dents *molaires* sont en grec *mylítai*, en latin *molares*, en anglais *mill-teeth*.

Pour quiconque connaît la langue parlée de l'Angleterre, il n'est pas besoin d'une longue explication pour passer du verbe *to mill* à l'idée de *se battre*. C'est pourquoi nous n'avons pas de peine à rattacher à la racine *mar* le verbe homérique *már-na-mai* « je me bats », employé en parlant de combattants dans l'Odyssée (1). En sanscrit nous trouvons *mṛi-nâ-mi* employé dans le sens de « briser en morceaux », c'est-à-dire *tuer* (2). Il nous sera maintenant plus facile de nous rendre compte du grec *môlos* dans *môlos Áreos* « les rudes fatigues de la guerre », et aussi du grec *môlōps* « marque de coup de fouet », originairement « coup, contusion ».

(1) *Odys.* XVIII, 31.

Ζῶσαι νῦν, ἵνα πάντες ἐπιγνώωσι καὶ οἵδε
Μαρναμένους · πῶς δ' ἂν σὺ νεοτέρῳ ἀνδρὶ μάχοιο.

(2) *Rig-Veda*, VI, 44, 17 : *prá mṛiṇa jahí cha*, « abattez (-les) et tuez-les ».

Jusqu'ici nous avons traité *mar* comme verbe transitif, comme exprimant l'action de broyer un objet quelconque. Mais la plupart des verbes étaient dans le principe intransitifs aussi bien que transitifs, et *mar* eut également ces deux acceptions. Qu'exprimerait alors *mar* pris comme verbe intransitif, désignant simplement un état ou une condition? Il signifierait « s'user, dépérir, se réduire en poussière ». Nous disons en allemand, *sich aufreiben* « s'user, s'épuiser » ; et *aufgerieben* signifie « presque détruit ». Gœthe dit: *Die Kraft der Erregbarkeit nimmt mit dem Leben ab, bis endlich den aufgeriebenen Menschen nichts mehr auf der leeren Welt erregt als die künftige.* « Notre sensibilité diminue avec notre vie, jusqu'à ce qu'enfin, dans le désert de ce monde, rien ne puisse plus émouvoir l'homme chez qui tout est usé, rien si ce n'est le monde à venir. » Quelle est donc la signification de *maraínō* et de *marasmós*? Comme verbe transitif *maraínō* signifie « consumer », ainsi *nósos maraínei me* « la maladie me consume »; mais le même verbe est quelquefois neutre, et il signifie alors « se faner, se consumer, mourir ». De là *marasmós* « marasme ». L'adjectif *mólys* formé comme le substantif *mólos*, signifie « épuisé, faible »; le nouveau verbe *mōlýnomai* a le sens de « s'épuiser, s'éteindre ».

Le sanscrit *mûrchh* « s'évanouir » est dérivé de *mar* par un procédé régulier pour former les verbes inchoatifs; il signifie « commencer à mourir ».

Maintenant supposons que les anciens Aryens voulussent exprimer pour la première fois ce qu'ils avaient constamment sous les yeux, à savoir, le dépérissement graduel et lent du corps humain, aboutissant enfin à sa complète dissolution. Comment devaient-ils exprimer ce que nous appelons *mourir* ou la *mort*? Une des premières idées qui devaient être évoquées par ces impressions constantes de dépérissement et de mort, était celle qui est rendue par la racine *mar* « broyer, réduire en poussière ». Aussi nous trouvons en latin *mor-i-or* « je meurs », *mortuus* « mort », *mors* « la mort »; en sanscrit *mriye* « je meurs », *mritá* « mort », *mrityu* « la mort ». Un des plus anciens noms de l'homme était *márta*, le mortel, la créature fragile, nom significatif pour avoir été donné à l'homme par l'homme lui-même; en grec *brotós* « mortel ». Après avoir pris ce nom pour lui-même, l'homme devait naturellement donner ensuite le nom opposé aux dieux, qui furent appelés *ámbrotoi* « exempts du dépérissement, immortels », et leur nourriture était *ambrosía* « immortalité ». Ces mots manquent dans les langues teutoniques, mais que la racine *mar* s'y soit trouvée avec le sens, sinon de *mourir*, du moins de « tuer », c'est ce dont nous ne pouvons douter, puisque nous avons en gothique *maurthr*, anglais *murder* « meurtre ». Dans l'ancien slave nous rencontrons *mreti* « mourir », *morŭ* « peste, mort », *smriti* « la mort »; en lithuanien *mir-ti* « mourir », *smertis* « la mort ».

Si *morior* signifie primitivement en latin « dépérir », alors ce qui cause le dépérissement est *morbus* « maladie ».

En sanscrit le corps humain se dit *múrti*, et il semblerait que ce mot a dû signifier dans le principe « ce qui a dépéri », c'est-à-dire le cadavre, et non pas le corps vivant.

Les grammairiens sanscrits font venir de *mar* le

mot sanscrit *marman* «joint, membre». Ce mot veut-il dire les membres qui dépérissent? ou est-il dérivé de *mar* pris dans le sens originel de «broyer», de manière à exprimer le mouvement de nos articulations? Le latin *membrum* est pour *memrum*, et il est possible que cette dernière forme soit dérivée de *mar* par un redoublement, comme *mémbletai* de *mélō* «je m'occupe de», *mémblōka* de *mol* dans *émolon*, le présent étant *blōskō* «je marche».

Examinons maintenant le latin *mŏra*. Ce mot signifie «délai», et il a donné en français le verbe *demeurer*. Or *mora* fut originairement employé en parlant du temps ; et dans *mora temporis* «laps de temps», nous avons l'expression naturelle du lent écoulement du temps qui se consume insensiblement. *Sine mora* «sans retard» signifiait originairement «sans perte de temps».

De *mar* pris dans le sens secondaire de «se dessécher, mourir», vient le sanscrit *maru* «désert», sol mort. Il y a un autre désert, la mer, que les Grecs appelaient *atrýgeton* «infécond, stérile». Les Aryens n'avaient pas vu ce désert des eaux avant de se séparer et de quitter leur patrie dans l'intérieur de l'Asie. Mais quand ceux qui furent plus tard les Romains virent la Méditerranée, ils l'appelèrent *măre*, et le même mot se trouve chez les peuples celtiques, slaves et teutoniques (1). Il n'est guère possible de douter qu'en donnant ce nom à la mer, on n'ait eu l'idée de la désigner comme la plaine stérile, ou bien comme l'eau morte ou stagnante opposée à l'eau vive des rivières.

---

(1) Curtius, *Zeitschrift*, 1, 30. Slave *mŏre;* lithuanien *marios* et *marés;* gothique *marei;* irlandais *muir*.

Assurément il y a toujours de l'incertitude dans ces conjectures, que nous formons sur les pensées originelles qui guidèrent les nomenclateurs primitifs au temps où ils constituèrent le langage. Tout ce que nous pouvons faire, c'est de veiller à ne pas mêler ensemble des mots qui ont pu avoir une origine indépendante ; mais, dès qu'il est établi qu'il n'y a aucune autre racine d'où il serait possible de dériver *mare* plus régulièrement que de *mar* « mourir » (la dérivation proposée par Bopp du sanscrit *vâri* « eau » est insoutenable), il est libre à nous de tracer une ligne qui rattache ensemble la racine et son rejeton, et nous n'avons nullement lieu de supposer que dans les temps anciens les mots nouveaux aient été créés avec moins de hardiesse que de nos jours. Jean-Paul a appelé le langage « un dictionnaire de métaphores fanées » ; c'est bien cela en effet, et il est du devoir de l'étymologiste de tâcher de rendre à ces métaphores leur vivacité et leur fraîcheur première. Si donc on dit aujourd'hui en français *eau morte* en parlant de l'eau qui ne coule point (1), et en anglais *dead water* dans le même sens, pourquoi les Aryens de la branche septentrionale n'auraient-ils pas pu tirer un de leurs noms pour la mer de la racine *mar* « mourir » ? Il était naturel qu'ils eussent encore d'autres noms pour la mer outre celui que nous venons de rappeler ; et plus la nation était poétique, plus son vocabulaire devait être richement pourvu de ces noms. Les Grecs qui, de tous les peuples aryens, étaient les plus familiers avec la mer, l'appelaient non point l'eau morte, mais *thálassa* (de *tarássō*), l'élément agité, *háls*,

---

(1) Pott, dans *Kuhn's Zeitschrift*, II, 107.

«l'onde salée», *pélagos* (de *plázō*) «l'élément qui bat de ses flots», *póntos* « le grand chemin » (1).

Revenons maintenant au sens originel de *mar* et de *mal*, lequel, comme nous l'avons vu, était «broyer» ou «écraser», en parlant surtout de la mouture du blé et des coups de poing des combattants. De cette racine les Grecs ont dérivé un de leurs personnages mythologiques, *Moliōn*, nom qui signifierait, d'après Hésychius, combattant en général, mais qui est surtout connu, dans les fables de la Grèce, par les deux *Moliŏnes*, qui n'avaient qu'un corps, mais deux têtes, quatre pieds et quatre mains. *Héraclès* lui-même ne put les vaincre quand ils se battirent contre lui pour défendre leur oncle *Augias* et son troupeau de trois mille bœufs. Plus tard il les tua en tombant sur eux à l'improviste. Ces héros ayant été appelés originairement *Moliŏnes* ou *Molionidæ*, c'est-à-dire «broyeurs», la fable raconta par la suite qu'ils étaient fils de *Molionē*, le moulin, et d'*Actōr*, celui qui y amène le grain. Quelques mythologues (2) ont identifié ces jumeaux avec le tonnerre et l'éclair, et il est curieux que le nom de la foudre de *Thor* ait été dérivé de la même racine; car le marteau *Miölnir* (3), que Thor agite, signifie simplement le «briseur». Chez les peuples slaves, encore, *molnija* est un nom de l'éclair; et dans

---

(1) Curtius, dans *Kuhn's Zeitschrift*, 1, 33.
(2) Friedreich, *Realien in der Iliade und Odyssee*, p. 562. Preller, *Griechische Mythologie*, II, 165.
(3) Grimm, *Deutsche Mythologie*, 164, 1171. Grimm rattache *le marteau sacré* au marteau de Thor. « Ils s'imaginaient que le marteau sacré était suspendu derrière la porte de l'église, et que le fils pouvait l'aller chercher quand le père avait soixante-dix ans, pour lui en asséner un coup sur la tête, comme étant alors décrépit et désormais inutile. » — *Haupt's Zeitschrift*, V, 72.

les chants serbes *Munja* est représentée comme étant la sœur de *Grom*, le tonnerre, et elle est devenue un personnage mythologique.

Outre ces combattants héroïques, il y a encore dans la mythologie grecque deux géants jumeaux, connus sous le nom d'*Aloadæ* : ce sont *Éphialte* et *Otus*. Dans leur orgueil ils entassèrent l'Ossa sur l'Olympe, et le Pélion sur l'Ossa, comme une autre Tour de Babel, afin d'escalader la demeure des dieux. Ils furent défaits par Apollon. Le nom de ces géants a à peu près la même signification que celui des *Moliones*. Il dérive de *alōé* « aire à battre le blé », et signifie « batteurs en grange ». Il s'agit de savoir s'il est possible de faire remonter à la racine *mal* ces mots *alōé* et *áleuron*, et *tà áleura* « farine de froment ». On dit quelquefois, sans jamais le prouver, que les mots grecs peuvent prendre un *m* initial euphonique. Mais on peut prouver par plusieurs exemples analogues que des mots grecs qui avaient dans l'origine un *m* initial le perdent quelquefois. C'est là assurément un changement violent et pour lequel il ne paraît pas qu'il y ait aucune nécessité physiologique, car il n'est pas plus difficile de prononcer un *m* initial qu'une voyelle initiale. Cependant les exemples ne nous manquent pas, et c'est par cette analogie que nous devons nous laisser guider. Ainsi *móschos* « pousse tendre » se trouve aussi sous la forme *óschos* ou *óschē* « jeune branche ». Au lieu de *mía* « une », nous trouvons *ía* dans Homère. Bien plus, au lieu de notre mot même *áleuron* « farine de froment », Helladius cite une autre forme, *maléuron* [1]. Si main-

---

[1] Μώλωψ « marque de coups » semble avoir de l'affinité avec οὐλή « cicatrice ».

tenant nous comparons le grec et le latin, nous voyons que les Grecs désignaient par le mot *oulaí* et *olaí*, ce que les Romains appelaient *mola*, c'est-à-dire la farine, ou plutôt les grains d'épeautre grossièrement moulus et mêlés de sel, qu'on répandait sur la tête des victimes dans les sacrifices : on suppose seulement que les *oulaí* étaient des grains d'orge et non pas d'épeautre (1). Nous appuyant sur ces exemples, nous pouvons, ce me semble, admettre comme chose possible la chute d'un *m* initial en grec, ce qui nous permettrait de rattacher à la racine *mar* les noms et des Moliones et des Aloades (2). Et si ces deux couples de géants dérivent leurs noms de la racine *mar*, il semble extrêmement probable que de la même source sont issus Mars et Arès, le prisonnier des Aloades. En sanscrit la racine *mar* donne *Marut*, l'orage, littéralement le *broyeur* ou le *briseur* (3) ; et dans le caractère des Maruts, les compagnons d'Indra dans sa lutte quotidienne contre Vritra, il est facile de découvrir les germes de divinités guer-

---

(1) Cf. Buttman, *Lexilogus*, p. 450.

(2) Otus et Éphialte, le vent (*váta*) et l'ouragan.

(3) M. Kuhn prend *Marut* pour un participe en *at*, et l'explique comme signifiant « mourant » ou « mort ». Il pense que les Maruts avaient été dans l'origine les âmes décédées, et qu'ils vinrent par la suite à prendre le caractère de divinités de la tempête, parce que les âmes étaient conçues comme étant des esprits, des souffles ou des vents. Rien cependant dans les hymnes des védas ne confirme cette supposition. Dans *Pilumnus*, frère de *Picumnus*, tous deux compagnons de Mars, nous avons un nom qui a encore la même signification, c'est-à-dire *broyeur*. *Jupiter Pistor*, aussi, était originairement le dieu qui écrase avec la foudre (Preller, *Römische Mythologie*, p. 173), et les *Molæ Martis* semblent fondées sur une conception analogue de la nature de Mars. [Sur Picumnus et Pilumnus, voir *les Dieux de l'ancienne Rome*, mythologie romaine de L. Preller, traduction de M. Dietz, p. 236. Paris, Didier et Cie, 1866. Tr.]

rières. La même racine expliquerait pleinement le latin Mars, Martis (1), et aussi le grec Árēs, Áreos, si nous considérons le caractère incertain du *m* initial. *Marmar* et *Marmor*, vieux noms latins de Mars, sont des formes redoublées; et dans l'osque *Mâmers* le *r* de la syllabe redoublée est supprimé. *Mâvors* est plus difficile à expliquer (2), car il n'y a pas d'exemple en latin d'un *m* dans le corps d'un mot se changeant en *v*. Mais, quoiqu'il n'y ait aucune difficulté étymologiquement à dériver le nom indien *Marut*, le nom latin *Mars*, et le nom grec *Árēs*, d'une seule et même racine (3), il n'y a rien dans les légendes de Mars ni dans celles d'Arès, qui nous montre bien clairement qu'ils aient été des représentants de l'orage. Mars à Rome et Arès en Thrace, quoique leur culte fût borné aux limites d'un petit territoire, devinrent tous deux des divinités tutélaires suprêmes. Le seul lien qui rattache

---

(1) Le suffixe dans *Mars, Martis*, est différent de celui de *Marut*. Le sanscrit *Marut* est *Mar-vat*; *Mars, Martis*, est formé comme *pars, partis*, qui se trouve correspondre avec le sanscrit *par-us* ou *par-van*. Le grec Ἄρης est formé différemment, mais la forme éolienne Ἄρευς se rapprocherait davantage de *Marut*. — Kuhn, *Zeitschrift*, I, 376.

(2) Voir Corssen, dans *Kuhn's Zeitschrift*, II, 1-35.

(3) M. Kuhn fut le premier qui, dans *Haupt's Zeitschrift*, V, 491, fit voir que *Marut* et *Mars* étaient apparentés quant à la racine; mais il dérivait les deux mots de la racine *mar* prise dans le sens de « *mourir* ». D'autres dérivations sont discutées par Corssen, dans *Kuhn's Zeitschrift*, II, 1. Il cite Cicéron (*Nat. Deor.*, II, 28) : « Jam qui magna verteret Mavors » ; Cedrenus (*Corp. Byz. Niebuhr*, t. I, p. 295, 21 ff.) : ὅτι τὸν Μάρτεμ οἱ Ῥωμαῖοι μόρτεμ ἐκάλουν οἱονεὶ θάνατον, ἢ κινητὴν τῶν τεχνῶν, ἢ τὸν παρ' ἀρρένων καὶ μόνων τιμώμενον; Varro *Ling. Lat.*, V, § 37, ed. O. Müller) : « Mars ab eo quod maribus in bello praeest, aut quod ab Sabinis acceptus, ibi est Mamers. » Voir aussi Leo Meyer, dans *Kuhn's Zeitschrift*, V, 387.

ces deux divinités classiques aux Maruts indiens, c'est leur caractère guerrier ; et si nous prenons Indra pour l'exterminateur de l'hiver et des ténèbres, et le vainqueur constant dans la lutte contre les puissances hostiles de la nature, alors, comme chef des Maruts qui lui servent d'armée, il ressemble d'une manière plus marquée à Mars, le dieu du printemps, qui donne la fertilité et qui détruit le mal (1). Dans Arès, Preller a découvert la personnification du ciel troublé par l'orage, bien qu'il n'eût aucune idée d'une parenté entre Arès et les Maruts (2).

(1) Voir Preller, *Römische Mythologie*, p. 300 et suiv. [*Les Dieux de l'ancienne Rome, Mythologie romaine* de L. Preller, trad. de M. Dietz, p. 216. Paris, 1866.]

(2) Preller, *Griechische Mythologie*, p. 202-203 : « Enfin ce même rapport avec des faits naturels se découvre dans divers récits figurés de l'Iliade, et notamment dans la description de la lutte entre Arès et Athéné, qui, comme déesse de l'air pur et de l'éther, est l'ennemie naturelle d'Arès qu'elle a coutume de traiter fort durement. Ainsi (Iliade, V, 583), elle le blesse par le bras de Diomède, mais Arès descend avec un vacarme (ἔβραχε) semblable à celui que font neuf ou dix mille hommes dans la mêlée, puis il s'élève au ciel sous forme de nuage obscur. De même (Iliade, XXI, 400), Athéné blesse Arès d'un coup de pierre, et il tombe et couvre dans sa chute sept arpents de terre ; sa chevelure se mêle à la poussière ; on entend le cliquetis de ses armes. Ici encore nous sommes frappés comme par un de ces antiques tableaux de la nature, où les phénomènes physiques, l'orage, l'averse, la tempête violente et les bruits de l'air, paraissent comme les actes d'un drame mythique céleste dont les personnages habituels sont Zeus, Héra, Athéné, Héphaïstos, Arès et Hermès. Toutefois ce caractère général d'Arès ne tarde pas à s'effacer devant son caractère plus spécial de dieu sanglant de la guerre. » Cf. aussi *Iliade*, XX, 51 :

Αὖε δ' Ἄρης ἑτέρωθεν, ἐρεμνῇ λαίλαπι ἶσος;

et *Iliade*, IX, 4 :

Ὡς δ' ἄνεμοι δύο πόντον ὀρίνετον ἰχθυόεντα,
Βορέης καὶ Ζέφυρος, τώ τε Θρῄκηθεν ἄητον.

Nous n'avons jusqu'à présent examiné que les rejetons directs de la racine *mar*, sans prendre en considération les modifications diverses dont cette racine elle-même est susceptible. Ce sujet est d'une très-grande importance, mais il est hérissé de difficultés plus grandes encore et entouré de mille incertitudes. Dans une leçon précédente j'ai dit que les grammairiens hindous avaient réduit toutes les richesses de leur langue à environ dix-sept cents racines (1). Ces racines une fois concédées, il ne restait plus en sanscrit un seul mot qui n'eût son explication. Mais la vérité est que beaucoup de ces racines sont elles-mêmes des mots dérivés. Ainsi, outre *yu* « joindre », nous avons trouvé *yuj* « unir », et *yudh* « se mêler dans une bataille ». Ici *j* et *dh* sont évidemment des lettres modificatives qui ont dû originairement avoir une signification. Une autre racine *yaut*, dans le sens de « joindre » ou « coller ensemble », doit aussi être regardée comme une variété dialectique de *yuj*.

Voyons maintenant comment les mêmes faits se produisent pour notre racine MAR. Comme *yu* forme *yudh*, ainsi *mar* forme *mardh* ou *mṛidh*, et cette racine existe en sanscrit dans le sens de « détruire, tuer »; de là *mṛidh* « ennemi » (2).

De même encore que *yu* produit *yuj*, de même *mar* produit *marj* ou *mṛij*. Cette racine se rencontre très-fréquemment : elle signifie « frotter », non pas avec le sens de détruire comme *mṛidh*, mais avec les sens de *nettoyer* ou *purifier*. Telle est sa signification

---

(1) Voir *Leçons sur la Science du Langage* (Cours de 1861), p. 285 de notre 1ʳᵉ édition, et p. 337 de notre 2ᵉ. [Tr.]

(2) *Rigvéda*, VI, 53, 4. *Vi mṛidhaḥ jahi*, « tue les ennemis ».

ordinaire en sanscrit, laquelle nous explique le nom sanscrit du chat, *mârjâra*, littéralement l'animal qui se frotte ou se nettoie toujours. En grec nous trouvons le verbe *omórg-ny-mi* « essuyer ». Mais cette signification générale a été particularisée en grec, en latin, en germanique et en slave, et par le changement de *r* en *l* on a formé la racine *malg* « passer doucement la main sur les mamelles de la vache », c'est-à-dire « traire ». Ainsi *mélgō* et *amélgō* signifient en grec « traire »; en latin *mulgere* a la même signification. En ancien haut-allemand nous trouvons le substantif *milchu* « lait », d'où ont été formés de nouveaux dérivés verbaux avec le sens de « traire ». En lithuanien *milzti* signifie à la fois *traire* et *passer doucement la main sur*. Le latin empêche ces deux significations congénères de se confondre, en les exprimant par deux mots distincts *mulgere* et *mulcere*, et ceci nous fait découvrir une troisième modification de *mar*, une ténue gutturale ou palatale venant s'ajouter à la fin de la racine et nous donnant *march*, comme le sanscrit *yâch* « demander » vient de *yâ* « aller » (*ambire* ou *adire*). Par un procédé semblable, mais avec une intention différente, on a formé le latin *marcus* « gros marteau » ou « pilon », lequel était usité à Rome comme nom propre, *Marcus, Marcius, Marcianus, Marcellus*, et, dans des temps plus rapprochés de nous, nous le retrouvons encore dans le nom historique de Charles Martel. En sanscrit, au contraire, le verbe *mṛiś*, terminé par le *ś* palatal, exprime l'idée de caresser doucement, et avec certaines prépositions ce verbe vient à signifier repasser dans l'esprit, méditer, penser. Comme *mori* « mourir » signifiait primitivement « se faner », ainsi *marcere* nous représente la même idée sous une forme secondaire. *Marcere* signifie « être languissant, affaibli, fané », et il est accompagné de l'adjectif *marcidus* « fané, languissant, débile ». En grec nous devons citer l'adjectif *malakós* « doux », originairement « frotté ou poli », et qui finit par prendre le sens figuré de mou, languissant; efféminé (1).

Une des modifications les plus régulières de *mar* serait *mrâ*, et nous la trouvons en effet sous la forme *mlâ* qui signifie en sanscrit « se dessécher, se faner ». *Ml* étant souvent rendu en grec par *bl,* nous ne risquons pas beaucoup de nous tromper en rapportant à ce thème le mot *bláx* qui signifie « mou de corps et d'esprit », et le gothique *malsk-s* « sot » (2). *Mou* et *sot* sont employés comme synonymes dans bien des langues, et il n'est nullement improbable que l'adjectif *môros* « sot » a pu venir de notre racine *mar,* et a eu dans le principe la signification de *mou.*

Ici nous voyons comment l'esprit passe, par toute une série de transitions, d'une acception à une autre qui rappelle la première et qui en diffère pourtant à certains égards; comment ce qui, à un point de vue, paraît usé et détruit, est considéré comme lisse et brillant quand on le regarde d'un point de vue différent; et comment le génie créateur de l'homme a réussi à exprimer ces deux idées au moyen du même élément radical. Nous avons vu qu'on s'était arrêté dans *omórgnymi* au sens de frotter ou essuyer, et dans *amélgō* à

---

(1) Cf. le latin *lēvis;* si ἁμαλός « mou » est mis pour μαμαλός, il peut appartenir à la même racine. Il faut cependant prendre en considération l'attique ἀμαλός.

(2) Curtius, *Griech. Etym.,* I, 303.

celui de frotter en pressant ou de traire; et nous pouvons voir comment un troisième mode de frottement, celui qui consiste à arracher ou à cueillir, est exprimé en grec par *mérgō* ou *amérgō*.

Si nous supposons notre racine *mar* renforcée à l'aide d'une labiale finale, au lieu de la gutturale finale que nous venons d'examiner, nous avons *marp*, thème que nous rencontrons souvent chez les poëtes grecs. On le traduit généralement par « prendre, saisir », et on l'identifie avec *harpázō*, mais nous apercevons des traces de sa signification primitive dans des expressions comme *géras émarpse* (1), « la vieillesse l'a usé », *chthóna márpte podoîin* (2), « il a frappé ou pilé le sol avec ses pieds ».

Occupons-nous maintenant de ce nouveau thème *marp*, et n'oublions pas qu'il peut revêtir les formes *malp* et *mlap*; rappelons-nous ensuite que *ml* peut se permuter en grec avec *bl*, et de cette manière nous arrivons au nouveau thème *blap*, bien connu par le verbe *bláptō* « j'endommage, j'empêche, je blesse ». Ce *bláptō* survit encore dans l'anglais *to blame*, et dans le français *blâmer*, pour *blasmer*, corruption de *blasphémer*. Le grec *blasphēmeîn* est mis pour *blapsiphēmeîn*, c'est-à-dire faire usage de paroles injurieuses; et dans *blapsi* nous voyons le verbe *bláptō*, rejeton légitime de notre racine *mar*.

Une des racines les plus fécondes sorties de la racine primitive *mar* est *mard*. On la rencontre en sanscrit dans *mṛdnāti* (9ᵉ conjugaison), et dans *mradati* (1ʳᵉ conjugaison), avec le sens de « frotter, polir »; mais elle

(1) *Odys.*, XXIV, 390.
(2) *Il.*, XIV, 228.

est usitée aussi, surtout lorsqu'elle est accompagnée de prépositions, dans le sens de « écraser, soumettre, vaincre ». Cette racine nous donne le sanscrit *mṛidu* « mou » (1), le latin *mollis* (*mard*, *mald*, *mall*), l'ancien slave *mladu* (*maldu*), et l'anglais *mellow*, quoique ce dernier mot ait été formé par un suffixe différent. Dans tous ces mots ce qui est usé et réduit en poussière a été pris pour représenter ce qui est uni et doux au toucher, et de cette dernière idée on a passé facilement à la douceur morale et à la bonté. La poussière elle-même reçut son nom de la même racine sous sa forme la plus simple, et *mṛid*, après avoir signifié « poussière », est venu ensuite à avoir le sens de *sol* en général ou de *terre*.

Le gothique *malma* « sable » appartient à la même classe de mots, ainsi que l'allemand moderne *zermalmen* « broyer », et le gothique *malvjan*, employé par Ulfilas avec le même sens.

En latin cette racine a donné naissance à plusieurs mots. *Malleus* « marteau » est probablement mis pour *mardeus*; et si *martellus* n'est pas une autre forme pour *marcellus*, il peut revendiquer également la même descendance. Sous une forme secondaire nous retrouvons encore notre racine dans *mordēre* « mordre », originairement « broyer » ou « tourmenter ».

On a rapproché avec raison l'anglais *to smart* « causer une douleur aiguë » de ce verbe latin *mordēre*, le *s* étant une lettre formative que nous rencontrerons en-

---

(1) Curtius (*Griech. Etym.*, 1, 92) fait remarquer l'exemple analogue de τέρην « tendre », si cet adjectif dérive de τερ, comme dans τείρω. Dans ce cas, le substantif *terra* pourrait être expliqué comme le sanscrit *mṛid* « poussière, terre ».

core. Dans *the wound smarts* « la blessure cuit », *smart* a proprement le sens de *mordre*. De cette manière ce mot s'est dit de toutes les douleurs aiguës, et en allemand *Schmerz* signifie douleur en général (1).

Cette racine *mard*, le grec *méldein* « liquéfier », prend régulièrement en anglais la forme *malt* ou *melt* « fondre »; et il n'y a pas le moindre doute que l'anglais *to melt* n'ait signifié originairement « amollir », sinon par les coups du marteau, du moins par les langues ardentes de la flamme, et par l'action de la chaleur absorbée. L'allemand *schmelzen* a exactement la même force, et il est usité à la fois comme verbe transitif et comme verbe intransitif. Et maintenant observons avec quel art procède le langage. Il fallait une expression pour rendre l'influence de l'homme qui attendrit d'autres hommes par des regards, des gestes, des paroles, ou des prières. Comment trouver cette expression? On prit la même racine qui avait précédemment servi à rendre l'idée d'aplanir une superficie raboteuse, ou d'amollir une substance dure; et, avec une légère modification, la racine *mard* fut fixée en sanscrit sous la forme *mṛid* ou *mṛil* « adoucir, rendre propice » (2). Dans ce sens, ce mot se disait surtout en parlant des dieux qu'il fallait rendre favorables par des prières et des sacrifices. Quelquefois aussi il s'appliquait dans un sens intransitif aux dieux eux-mêmes que l'on implorait en leur demandant de s'adoucir,

(1) Cf. Ebel, dans *Kuhn's Zeitschrift*, VII, 226; l'auteur fait également remonter à cette racine le grec σμερδαλέος « terrible », et le gothique *marzjan* « endommager ». Voir aussi Benary, dans *Kuhn's Zeitschrift*, IV, 48.

(2) Le d lingual se montre régulièrement dans le sanscrit *mṛiṇmaya* « fait de terre ».

c'est-à-dire de devenir propices; et des prières que nous traduisons aujourd'hui par « Soyez-nous propices », signifiaient dans l'origine « Fondez-vous ou Soyez doux pour nous, ô dieux ».

De cette même source est issu le gothique *mild*, anglais *mild* « doux »; et c'est d'elle encore que le lithuanien reçoit le nom qui désigne l'amour, *meile*. En grec nous trouvons *meília* « présents que l'on donne pour rendre heureux ou pour apaiser », et des dérivés tels que *meíllissō* « flatter, séduire », et *meílichos* « doux, agréable ».

C'était là une manière de comprendre l'action de fondre, mais il y en avait une autre également naturelle; on pouvait représenter par la même image les ardents désirs ou les regrets profonds. Nous pourrions dire en anglais, en parlant d'un homme, *he melts in love, in grief*, et en allemand *er zerschmilzt, er vergeht vor Liebe*, et les Grecs disaient dans le même sens *meledaínō*, proprement je fonds, c'est-à-dire je m'inquiète, je soigne, et *meledónē* « inquiétude, soin, chagrin ». Hésychius explique *meldómenos* aussi comme signifiant « désirant » (1). Mais il y a plus. Nous avons déjà vu des exemples qui prouvent assez clairement que le *m* initial de *mar* tombe quelquefois. Nous sommes donc fondés à identifier le grec *éldomai* avec une forme primitive *méldomai*. Et que signifie *éldomai* en grec? Il signifie désirer une chose, mourir d'envie d'avoir une chose (2); c'est-à-dire, ce verbe a exacte-

---

(1) Cf. Curtius, *Griech. Etym.*, II, 167.

(2) En valaque *dor* signifie « désir », mais c'est en réalité le même mot que l'italien *duolo* « deuil, chagrin ». Cf. Diez, à ce mot. Une construction analogue en latin est *Corydon ardebat Alexin*.

ment la signification qu'il devrait avoir, s'il était dérivé de la racine que nous avons dans *méldō* « je fonds ».

Nous pouvons même faire un pas de plus. Nous avons vu dans *márptō* « je saisis » que la racine *mar* a été élevée à la forme *marp*. Le verbe *mélpein* aussi est usité en grec avec le sens de rendre propice (1), originairement, amollir ou fondre. Et si nous cherchons des formes correspondantes sans *m* initial, nous trouvons *élpomai* qui signifie « j'espère », mais qui a dû signifier primitivement « je désire ». Il n'est pas sans importance de remarquer qu'Hésychius cite la forme même à laquelle nous devrions nous attendre dans cette supposition, à savoir *mólpis*, au lieu de la forme plus ordinaire *élpis* « espérance » (2).

Dans ces recherches, nous avons vu plus d'une fois la racine *mar* précédée d'un *s* que nous avons traité simplement comme étant un élément modificatif, ajouté à la racine afin de distinguer des mots qu'il était utile de ne pas confondre. Sans vouloir nous rendre compte de l'origine véritable de ce *s*, laquelle a fait dernièrement le sujet de débats très vifs entre MM. Pott et Curtius, nous pouvons supposer sans discussion aucune que la racine sanscrite *smar* est étroitement apparentée à la racine *mar*; et il n'est pas difficile de découvrir (3) comment la signification de *smar* « se rappeler » a pu être tirée de *mar* « broyer ». Nous avons vu à plusieurs

---

(1) Curtius, *Griech. Etym.*, I, 293, μέλπειν τὸν θεόν.
(2) Curtius, *ibid.*, II, 167.
(3) Curtius cite *smar* comme étant une des racines qui, sinon depuis le commencement, « du moins, avant la séparation aryenne, avaient pris une signification entièrement intellectuelle ». *G. E.*, I, 84.

reprises que l'idée de fondre a passé à celles d'aimer, d'espérer et de désirer, et nous trouverons que le sens originel de *smar* en sanscrit est *désirer* et non pas *se rappeler*. Ainsi en sanscrit *smara* signifie « amour », et ce mot ressemble beaucoup au lithuanien *meile* « amour », c'est-à-dire ce qui fait fondre. De cette signification de *désirer* sont sortis de nouveaux sens, tels que s'arrêter sur un objet, y rêver, y penser, et puis s'en souvenir. Cette initiale, le *s* spécifique, ne paraît pas dans les autres langues aryennes. Nous avons en latin *memor, memoria, memorare*, ayant tous le sens spécial de se souvenir; mais en grec *mérmaírō* signifie simplement « je médite, je m'inquiète, je suis en peine »; *mérimna* signifie « anxiété », et même *mártyr* ne signifie pas nécessairement un homme qui se rappelle, mais qui s'occupe de, qui aime, qui soutient une chose (1).

En étudiant ce groupe de mots, et en démêlant leurs acceptions diverses, mon principal but a été de mettre en lumière le développement graduel des idées, et la lente marche de l'esprit s'élevant des idées individuelles aux idées générales, des idées matérielles aux idées intellectuelles, des idées concrètes aux idées abstraites. Frotter ou polir a conduit à l'idée de rendre propice; user et faner sont des expressions que l'on a appliquées à cette flétrissure de l'âme, produite par les espérances déçues et par le cœur blessé; et des idées telles que *mémoire* et *martyre* sont revêtues de mots pris à la même source.

(1) Cf. ἰόμωρος, ἐγχεσίμωρος, signifiant quelqu'un qui s'occupe de flèches, de lances, etc.; Benary, dans *Kuhn's Zeitschrift*, IV, 53; et ἴστορες θεοί, Ἄγραυλος, Ἐνυάλιος, Ἄρης, Ζεύς, Preller, *Griechische Mythologie*, p. 205.

Les destinées et la fortune de cette seule racine *mar* ne composent qu'un court chapitre de l'histoire et du développement des langues aryennes; mais il suffit pour nous donner quelque idée de la force et de l'élasticité des racines, et pour nous faire voir l'empire illimité qu'exerce la métaphore sur la formation des idées nouvelles.

HUITIÈME LEÇON.

LA MÉTAPHORE.

Importance extrême attachée par Locke à l'étude des mots ou du langage, pour aider aux progrès de la philosophie et à la découverte de la vérité. — Esprit qui régnait dans les écoles philosophiques du dix-huitième siècle. — Esprit de l'*École historique* du dix-neuvième siècle. — Locke est le premier à exposer clairement ce fait, que *tous* les mots exprimant des idées immatérielles sont dérivés par une métaphore de mots exprimant des idées sensibles. — Fondements sur lesquels repose cette théorie. Exemples d'expressions métaphoriques. — La théorie de Locke combattue par Cousin. — Définition de la métaphore. — Rôle de la métaphore dans la formation du langage. — Deux sortes de métaphore : la métaphore *radicale* et la métaphore *poétique*. — Double tendance dans le langage primitif : *homonymie* et *polyonymie*. — Période *mythique* ou *mythologique* dans l'histoire du langage et de la pensée. — Exemples de métaphore *radicale*: *Arkah* « soleil » et « hymne »; *riksha* « étoile » et « ours ». Origine du nom de la Grande-Ourse. Origine de *Septentriones* et de *Boves et Temo*. Mythe des *Harits* dans l'Inde et de *Charis* en Grèce. — Métaphores poétiques.

Peu de philosophes ont découvert aussi clairement l'importance du rôle que joue le langage dans toutes les opérations de notre esprit, et ont aussi constamment insisté sur la nécessité d'étudier l'influence des mots sur la pensée, que l'a fait Locke dans son *Essai sur l'entendement humain*. Des quatre livres qui composent ce grand ouvrage, il y en a un tout entier, le troisième, qui est consacré aux mots ou au langage en général. Au temps où écrivait Locke, on n'avait encore donné que peu d'attention à la philosophie du langage, et l'auteur, craignant qu'on ne l'accusât d'avoir attaché à ce sujet une importance exagérée, crut devoir se défendre contre un pareil reproche dans les termes suivants : — « Il pourra peut-être sembler à certaines personnes que, dans ce que je viens de dire dans ce troisième livre concernant les mots, je me sois étendu beaucoup plus longuement que ne le demandait un aussi mince sujet. J'avoue que tout cela aurait pu être renfermé dans un cadre plus étroit; mais j'étais bien aise d'arrêter mon lecteur sur un argument qui me paraît nouveau et un peu en dehors de la route battue (je suis certain que je n'y avais jamais songé quand je commençai à écrire); afin qu'en le fouillant jusqu'au fond, et en le retournant sur toutes ses faces, il s'en trouvât une partie quelconque qui frappât tous les esprits, et donnât occasion aux plus opiniâtres ou aux plus négligents de réfléchir sur un égarement général qui est peu remarqué, quoiqu'il soit d'une extrême conséquence. Quand on songera à tout le bruit qui se fait autour des essences, et combien toutes sortes de sciences, de discours et de conversations sont infectées et embrouillées par la négligence et la confusion qui sont mises dans l'emploi et dans l'application des mots, on jugera peut-être que ce n'est pas peine perdue que de mettre cette erreur complétement à nu. Et l'on me pardonnera d'avoir exposé longuement un argument que, pour ces raisons, je crois devoir être inculqué dans l'esprit des hommes, parce que les fautes qu'ils commettent communément dans ce genre ne sont pas seulement les plus grands obstacles à la vraie science, mais sont tenues en telle estime qu'elles passent pour la science elle-même. Les hommes verraient souvent qu'il ne se trouve que bien peu ou peut-être point de raison et de vérité mêlé avec ces opinions qui les enflent et dont ils sont tout bouffis, s'ils voulaient seulement porter les yeux au-delà des termes qui sont en vogue, et observer quelles idées sont ou ne sont pas comprises sous ces mots dont ils se trouvent si bien armés de tous points, et avec lesquels ils portent si bravement leurs coups autour d'eux. Je m'imaginerai avoir rendu quelque service à la vérité, à la paix et à la science, si, en développant cette matière, je puis faire réfléchir les hommes sur l'emploi qu'ils font eux-mêmes du langage, et si je leur donne lieu de soupçonner que ce qui est si fréquent chez les autres se peut bien aussi rencontrer chez eux, et qu'ils peuvent quelquefois employer dans leurs discours et dans leurs écrits de fort bons mots consacrés par l'usage, auxquels ils n'attachent qu'un sens très-vague, et même peu ou point de signification. C'est pourquoi, ce n'est que raison qu'ils s'observent exactement eux-mêmes sur ce point, et ne repoussent pas la critique des autres (1). »

Et ailleurs (2), en terminant son ouvrage, et en résumant les résultats de ses recherches, Locke dit encore : « Car, puisque aucune des choses que l'esprit contemple n'est présente à l'entendement, excepté l'esprit lui-même, il est nécessaire que quelque autre chose se présente à lui comme signe ou représentation

---

(1) Locke, *Essai sur l'entendement*, III, 5, 16.
(2) *Ibid.*, IV, 21, 4.

de la chose qu'il considère : ce sont les idées. Et parce que la scène des idées qui constituent les pensées d'un homme ne saurait être découverte immédiatement à la vue d'un autre homme, ni être conservée ailleurs que dans la mémoire (laquelle n'est pas un dépôt fort sûr), pour ces raisons, il nous faut aussi avoir des signes de nos idées, afin de pouvoir nous communiquer nos pensées les uns aux autres et les conserver pour notre propre usage. Les signes que les hommes ont trouvés le plus commodes, et dont par conséquent ils se servent généralement, sont les sons articulés. *C'est pourquoi la considération des idées et celle des mots, en tant qu'ils sont les grands instruments de la connaissance, n'occupent pas une petite place dans les contemplations de ceux qui veulent embrasser la vue de la connaissance humaine dans toute son étendue. Et si les idées et les mots étaient pesés distinctement et dûment observés, peut-être nous offriraient-ils une autre logique et une autre critique que celles que nous avons connues jusqu'ici.* »

Mais, quoique Locke fût si vivement pénétré de l'importance du rôle du langage dans les opérations de notre entendement, il n'a jamais vu que les mots et les idées générales sont inséparables, qu'ils ne sauraient exister les uns sans les autres, et que prétendre que des sons articulés ont été adoptés arbitrairement pour signifier des idées déterminées, c'est faire une simple supposition qui n'est appuyée sur aucune preuve. Locke ne semble pas s'être jamais rendu nettement compte de la marche que dut suivre l'esprit dans la création des noms, et, bien qu'il admette souvent la difficulté, et parfois même l'impossibilité pour les hommes de manifester les idées générales sans l'aide des signes extérieurs du langage, nous ne le voyons jamais mettre en doute pour un seul instant la théorie reçue de son temps, à savoir, qu'à une certaine époque de l'histoire du monde, les hommes avaient accumulé un trésor de conceptions générales encore dépourvues de noms, auxquelles, quand arriva le temps des communications intellectuelles et des relations sociales, ils eurent la sagesse d'apposer ces étiquettes phonétiques que nous appelons les mots.

Le siècle où vivait et écrivait Locke n'avait pas mis en honneur ces recherches sur l'histoire primitive de l'humanité qui, depuis deux générations, ont captivé l'attention des plus éminents philosophes. Au lieu de recueillir les plus vieux débris du langage, de la poésie et de la religion non-seulement des Grecs et des Romains, mais de toutes les nations du monde; au lieu de s'efforcer de pénétrer le plus avant possible dans la vie réelle des pères de la race humaine, pour apprendre ainsi par quelles voies nous sommes arrivés, dans nos pensées et dans nos mots, à être ce que nous sommes, les grandes écoles philosophiques du dix-huitième siècle se contentaient d'édifier des théories; elles exposaient comment le langage avait pu prendre naissance, comment la religion avait pu être révélée ou inventée, et comment la mythologie avait pu être coordonnée par des prêtres, des poëtes ou des hommes politiques dans le dessein d'instruire, d'amuser, ou de tromper les peuples. De tels systèmes, si ingénieux et si plausibles qu'ils soient et quoiqu'ils règnent encore en maîtres dans beaucoup de nos manuels d'histoire et de philosophie, devront disparaître devant l'esprit de ce que nous pouvons appeler l'*École historique* du dix-neuvième siècle. Les principes de cette école et ceux de ses devancières sont diamétralement opposés : ces dernières commençaient par des théories sans se préoccuper des faits ; la nouvelle école part des faits sans s'élever encore jusqu'aux théories. Les systèmes de Locke, de Voltaire, de Rousseau, et, à une époque plus récente, de Comte, sont clairs, intelligibles, et parfaitement rationnels ; les faits recueillis par les savants tels que Wolf, Niebuhr, F. Schlegel, Humboldt, Bopp, Burnouf, Grimm, Bunsen et autres, sont des fragments épars, et les inductions qu'on peut tirer de leur examen sont incomplètes, obscures, et opposées à beaucoup de nos idées reçues. Néanmoins l'étude de l'antiquité de l'homme, la paléontologie de l'esprit humain, ne pourra plus jamais être considérée comme une lice ouverte aux théoriciens, quelque hardis et quelque brillants qu'ils soient ; elle devra désormais être cultivée suivant les principes qui ont fait produire de si riches moissons à d'autres sciences d'induction. Ce n'est pas manquer de respect pour les grands hommes des siècles précédents que de dire que leurs écrits eussent été fort différents s'ils avaient vécu de nos jours. En présence des résultats obtenus par la philologie comparée, Locke aurait supprimé, je pense, tout le troisième livre de son *Essai sur l'entendement humain*, et son zélé et ingénieux disciple, Horne Tooke, nous aurait donné un tout autre volume de *Récréations de Purley*. Cependant, nonobstant leurs défauts, et je dirai même à cause de leurs défauts, il n'est pas de livres qui offrent au linguiste autant d'enseignements que l'*Essai* de Locke et les *Récréations* de Horne Tooke ; et il y a même beaucoup de points touchant au développement moderne du langage que ces deux philosophes ont traités et éclaircis avec une supériorité que n'ont point atteinte ceux mêmes qui sont venus après eux.

Ainsi c'est Locke qui le premier fit ressortir clairement et nettement ce fait, aujourd'hui pleinement confirmé par les recherches de la philologie comparée, que tous les mots qui expriment des conceptions immatérielles ont été dérivés métaphoriquement de mots qui signifiaient des idées sensibles. Toutes les racines, c'est-à-dire tous les éléments matériels du langage, expriment des impressions extérieures et des impressions extérieures seulement; et puisque tous les mots, même les plus abstraits et les plus sublimes, dérivent de racines, la philologie comparée apporte des preuves décisives à l'appui des conclusions auxquelles Locke était arrivé et qu'il exposait dans les termes suivants (1) :

« Une chose qui pourra aussi nous aider un peu à découvrir l'origine de toutes nos notions et de toutes nos connaissances, c'est d'observer combien nos mots dépendent des idées sensibles et ordinaires, et comment ceux que l'on emploie pour représenter des actions et des notions toutes distinctes des sens, tirent leur origine de ces idées sensibles d'où on les fait passer à des significations plus abstraites pour représenter des idées qui ne tombent pas sous les sens : ainsi les mots *imaginer*, *saisir*, *comprendre*, *adhérer*, *concevoir*, *inculquer*, *dégoûter*, *confusion*, *tranquillité*, etc., sont tous empruntés aux opérations de choses sensibles, et sont appliqués à certains modes de la pensée. *Esprit* signifiait primitivement « souffle », et *ange* « messager »; et

---

(1) *Essai sur l'entendement humain*, III, 1, 5.

je ne doute pas que *si l'on pouvait faire remonter à leurs sources les mots de toutes les langues, on ne trouvât que les noms qui expriment les choses qui ne tombent pas sous nos sens ont tiré leur première origine d'idées sensibles*. De là nous pouvons jusqu'à un certain point conjecturer de quelle sorte étaient et d'où étaient dérivées les notions qui remplissaient l'esprit de ceux qui commencèrent les premiers à se servir du langage ; et nous pouvons encore voir par là que dans l'acte même d'imposer des noms aux choses, la nature suggéra inopinément aux hommes l'origine et le principe de toutes leurs connaissances, puisque, pour donner des noms qui pussent faire connaître aux autres les opérations qu'ils sentaient en eux-mêmes ou toute autre idée qui ne tombât pas sous leurs sens, ils durent emprunter des mots aux idées sensibles ordinaires, afin, par ce moyen, de faire comprendre plus facilement aux autres les opérations qu'ils sentaient en eux-mêmes et qui ne se révélaient au dehors par aucune manifestation sensible. Quand les hommes se trouvèrent en possession de noms connus et adoptés pour exprimer ces opérations intérieures de leur esprit, ils étaient à même de rendre par des mots toutes leurs autres idées, attendu qu'elles pouvaient seulement se composer soit de perceptions extérieures et sensibles, soit des opérations intérieures de leur esprit s'exerçant sur ces perceptions : car, ainsi qu'il a été prouvé, nous n'avons absolument aucune idée qui ne soit venue originairement des objets sensibles et extérieurs, ou que nous ne sentions produite en nous par le travail intérieur et conscient de notre esprit. »

Ce passage, bien qu'un peu embarrassé et obscur,

est un passage classique et a fourni matière à de nombreux commentaires favorables et défavorables. Quelques-uns des partisans de Locke, et en particulier Horne Tooke, se sont appuyés sur cette assertion que tous les mots abstraits ont eu dans l'origine une signification matérielle, pour prouver que toutes nos connaissances sont bornées à ce que nous pouvons apprendre par les sens ; et telle était la force apparente de leurs arguments qu'aujourd'hui encore les adversaires des théories matérialistes se croient obligés de contester les faits allégués par Locke, au lieu d'examiner si de ces faits découlent nécessairement les conséquences que l'on a prétendu en tirer. Or il semble que les faits avancés par Locke soient au-dessus de tout doute. *Spiritus* dérive incontestablement du verbe *spirare* qui signifie « respirer ». *Animus* « âme, esprit » a une origine semblable, et dérive, comme nous le dit Cicéron (1), de *anima* « souffle, air ». La racine en est *an*, qui signifie en sanscrit « souffler », et qui a donné naissance au sanscrit *an-ila* « vent », et au grec *án-emos* (même signification). De même le grec *thymós* « âme » vient de *thýein* « s'élancer, se précipiter avec fureur », sanscrit *dhu* « secouer, agiter ». *Dhu* nous donne en sanscrit *dhûli* « poussière » (l'anglais *dust* « poussière » vient de la même racine), et *dhûma* « fumée », latin *fumus*. En grec cette même racine a produit *thýella* « ouragan », et *thymós* « âme », en

---

(1) Cic. *Tuscul.*, 1, 9, *sub fin*. « Animum autem alii animam, ut ferè nostri : ipsum declarat nomen : nam et agere animam, et efflare dicimus ; dicimus et animosos, et bene animatos, et ex animi sententia : ipse autem *animus* ab *anima* dictus est. Zenoni Stoico animus ignis videtur. »

tant que l'âme est le siège des passions. Platon est dans le vrai quand il dit (*Crat.*, p. 419) que *thymós* « âme » a été ainsi nommé ἀπὸ τῆς θύσεως καὶ ζέσεως τῆς ψυχῆς. *Imaginer* a dû certainement signifier dans sa conception originelle « former une image, une peinture dans l'esprit »; mais même cette conception est beaucoup trop compliquée pour avoir pu être rendue par une racine simple. *Imago* est pour *mimago*, comme *imitor* pour *mimitor*, grec *miméomai*, mots qui sont tous issus de la racine *mâ* « mesurer », et qui, par conséquent, ont tous signifié originairement « mesurer à plusieurs et plusieurs reprises, copier, imiter ». *Comprendre* a signifié « saisir une chose par l'esprit, s'en emparer, s'en rendre maître »; *adhérer* à une opinion signifiait « rester uni, attaché à cette opinion »; *concevoir*, de *cum* et de *capere*, signifiait « prendre ensemble, réunir des choses dans l'esprit, s'en faire une représentation mentale »; *inculquer*, de *in* et *calcare*, signifiait « faire pénétrer de force dans l'esprit », comme on enfonce un objet dans la terre en appuyant avec le talon (*calce*); *instiller* des erreurs, c'était les verser dans l'esprit goutte à goutte; *dégoûter* était produire le contraire d'un goût, c'est-à-dire inspirer de l'aversion pour quelque objet; la *confusion* signifiait l'action de mêler ensemble des choses hétérogènes, et la *tranquillité* était le calme, et spécialement le calme de la mer.

Examinez n'importe quels mots qui expriment des objets qui ne sauraient tomber immédiatement sous les sens, et vous n'aurez pas de peine à vous convaincre de la vérité de l'assertion de Locke, et à voir que ces mots dérivent invariablement d'autres mots qui, dans leur signification primitive, désignaient des objets des sens.

Je citerai d'abord une liste de métaphores cafres :

Mots	Sens propre	Sens figuré
beta	battre	punir
dhlelana	manger ensemble	avoir des relations ensemble
fa	mourir	être malade
hlala	être assis	demeurer, vivre,
ihlati	buisson	refuge [continuer
ingcala	fourmi ailée	adresse extraordinaire
nncwadi	sorte de plante bulbeuse	livre, verre
inja	chien	un inférieur
kolwa	être satisfait	croire
lila	pleurer	déplorer
mnandi	doux	content, agréable
yauka	être cassé en deux	être entièrement mort
umsila	queue	messager de cour
zidhla	se manger	être fier
akasiboni	il ne nous voit pas	il ne daigne pas nous regarder
nikela indhlebe	donner l'oreille	écouter attentivement
ukudhla ubomi	manger la vie	vivre
ukudhla umntu	manger quelqu'un	confisquer ses biens
ukumgekeza inkloko	casser la tête	fatiguer quelqu'un
ukunuka umntu	flairer quelqu'un	l'accuser de sorcellerie (1)

Tribulation dérive de *tribulum*, sorte de herse que les anciens Romains traînaient sur les épis pour séparer le grain de la paille, et qui consistait en une grille de bois garnie en dessous de cailloux pointus ou de dents de fer. Entre l'état des cœurs harcelés et déchirés par les traverses de la vie et l'état des épis dé-

---

(1) Kuhn's *Zeitschrift*, VII, 62.

chirés par les pointes du *tribulum,* il y a une ressemblance si évidente et si frappante qu'après avoir été une fois remarquée, elle ne pouvait plus guère être oubliée. *Tribulum* lui-même vient du verbe *terere* « frotter ou broyer ». Si maintenant un homme se trouve tellement accablé par la conscience de ses fautes qu'il en peut à peine respirer, ou lever les yeux, ou porter plus longtemps le fardeau qui l'oppresse, et qu'il se sent écrasé et broyé par ce poids, il peut tout naturellement se dire *contrit,* c'est-à-dire broyé (de ce même verbe *terere*), et il peut dépeindre l'état de son esprit comme étant de la *contrition.*

Le français *penser* est le latin *pensare,* qui signifie proprement « peser », et qui nous reporte à *pendere* « pendre ». *Être en suspens* signifie littéralement être suspendu et en oscillation. *Suspendre son jugement,* c'est le garder en suspens, l'empêcher de se fixer.

Doute, comme le latin *dubium,* exprime littéralement la position entre deux points, car *dubium* vient de *duo,* de même que l'allemand *zweifel* « doute » se rattache à *zwei* « deux ».

Le verbe anglais *to believe* « croire » est généralement identifié avec l'allemand *belieben* « trouver à son gré, approuver », latin *libet* « il plaît ». Mais *to believe,* de même que l'allemand *glauben* « admettre, croire », n'a pas simplement signifié dans l'origine « approuver ». Nous devons faire remonter ces deux mots à la racine *lubh,* laquelle a conservé son sens primitif dans le sanscrit *lobha* « désir », et dans le latin *libido* « désir violent, irrésistible ». On prit la même racine pour exprimer cette passion irrésistible de l'âme qui entraîne l'homme, avec une force que rien ne saurait arrêter, à contredire ce qui semble être le témoignage de ses sens, et à renverser ce qui semble constituer les lois de sa raison (*credo quia absurdum*), pour lui faire embrasser quelque vérité qui seule peut satisfaire les aspirations naturelles de son être. Tel est le sens originel et strict du verbe anglais *to believe,* bien qu'il en soit venu, avec le temps, à ne signifier quelquefois que « penser, présumer, supposer ». C'est ainsi que *I love,* dérivé de la même racine que *to believe,* et qui exprimait proprement l'amour le plus profond et le plus ardent, est employé parfois comme synonyme de *I like.*

Truth « vérité » a été expliqué par Horne Tooke comme venant de la troisième personne du singulier de l'indicatif présent du verbe *to trow* (*troweth*). Cette étymologie nous apprendrait bien peu de chose, car *to trow* n'est qu'un verbe dérivé signifiant « tenir pour vrai », et venant de *true* « vrai ». Mais qu'est-ce que ce mot *true?* c'est le sanscrit *dhruva* (1), et il signifie « ferme, solide, ce qui tient bon », de *dhar* « tenir ».

Un autre mot qui signifie « vrai » en sanscrit est *satya*, adjectif formé du participe présent du verbe auxiliaire *as* « être ». *Sat* est le latin *ens* « étant » ; de là *satya* « vrai », grec *eteós* (même signification), anglais *sooth*. Quand j'identifie le sanscrit *sat* avec le latin *ens*, on pourra penser que la ressemblance entre

---

(1) Voir Pott, *Etymologische Forschungen*, II, p. 364 ; Kern, dans *Kuhn's Zeitschrift*, VIII, 400. Il ne faut pas oublier que, dans *satya*, le *t* appartient au thème, et que l'élément dérivatif n'est pas *tya*, grec σώς, mais *ya*. Il peut être douteux que ἐύς représente le même suffixe que *ya* en sanscrit. Voir, cependant, Bopp, *Grammaire comparée*, § 109ª, 2 ; et § 956. *Sattva* signifie en sanscrit « étant » et « un être ».

ces deux mots n'est guère frappante. Pourtant *ens* est indubitablement mis pour *sens*, qui reparaît dans *præsens*. D'autre part, le nominatif singulier de *sat* est *san*, parce qu'en sanscrit aucun mot ne peut se terminer par *ns*. Mais l'accusatif singulier est *santam* qui équivaut à *sentem*, et le nominatif pluriel *santas* qui équivaut à *sentes*; en sorte qu'il ne peut pas exister le moindre doute sur l'identité des deux mots en sanscrit et en latin.

Et comment le langage a-t-il exprimé ce qui semblerait être la plus immatérielle de toutes les conceptions, si tant était que ce fût même une conception rationnelle, je veux dire le *néant*? Cela a été fait de la seule manière possible, à savoir, par la négation de quelque chose de réel et de palpable, ou par la comparaison avec quelque objet de nos sens. *Rien* s'est dit en sanscrit *asat* « non-étant », en latin *nihil*, c'est-à-dire *nihilum* (1), lequel est mis pour *nifilum*, c'est-à-dire *ne — filum*, et signifie « pas un fil ». Le mot

---

(1) Cf. Kuhn, *Zeitschrift*, 1, 544. Dietrich cite des exemples semblables de voyelles abrégées comme *cognĭtus* et *nōtus*, *pejĕro* et *jūro*. Bopp a évidemment renoncé à l'étymologie qu'il avait proposée pour *nihil* dans la première édition de sa *Grammaire comparée*, puisqu'il l'a supprimée dans la seconde édition. Il est regrettable qu'un savant aussi exact que M. White, dans son excellent *Dictionnaire latin-anglais*, ne cite jamais que la première édition de l'ouvrage de Bopp.

Quant au fait de *h* prenant la place de *f*, nous savons qu'en espagnol tout *f* latin est représenté par *h*, comme *hablar = fabulari*, *hijo = filius*, *hierro = ferrum*, *hilo = filum*. Mais en latin même ces deux lettres se remplacent constamment. Au lieu de *hircus*, les Sabins disaient *fircus*; au lieu de *hœdus*, *fœdus*; au lieu de *harena*, *farena*. Bien plus, on cite des doublets en latin, tels que *hordeum* et *fordeum*, *hostis* et *fostis*, *hariolus* et *fariolus*. Voir Corssen, *Aussprache der Lateinischen Sprache*, p. 46.

rien lui-même n'est plus qu'une simple altération de *rem,* accusatif de *res,* et il conserve encore son sens négatif malgré la chute de la particule négative qui le précédait originairement. C'est ainsi que *ne pas* vient de *non passum; ne point* de *non punctum.* Le français *néant* et l'italien *niente* sont le latin *non ens.* Et maintenant considérez pour un instant de quelle manière les fables prennent naissance comme par la magie du langage. Il était parfaitement correct de dire qu'on donnait *nihilum,* c'est-à-dire pas même un fil. On parlait alors d'un rien relatif; on niait, en réalité, que l'on donnât quelque chose. De même il est parfaitement correct de dire, en entrant dans une chambre vide, « Il n'y a rien ici », entendant par là non pas qu'il ne s'y trouve absolument rien, mais seulement que nous n'y voyons pas les choses qu'on s'attend à rencontrer dans une chambre. Mais à force de répéter constamment de telles phrases, il se forme graduellement dans l'esprit une vague idée d'un néant, et *Nihil* devient le nom de quelque chose de positif et de réel. Les hommes commencèrent de bien bonne heure à parler du néant comme si c'était quelque chose ; et ils tremblèrent à cette idée de l'*anéantissement* que le cerveau d'un fou peut seule concevoir. L'expression anglaise *to be annihilated*, si elle avait un sens, ne pourrait signifier étymologiquement (et dans ce cas nous pouvons aussi ajouter logiquement) qu'être réduit à quelque chose qui n'est pas un fil ; et sûrement cet état ne nous offrirait rien de bien terrible, puisque, selon la logique la plus rigoureuse, il comprendrait tout le domaine de l'existence, avec la seule exception de ce qu'on entend par *fil.* Pourtant que de spéculations, que de craintes, que de délirantes frayeurs à propos de ce *Nihil* — simple mot, et rien autre chose ! Nous voyons grandir et dépérir les objets qui nous entourent, nous assistons à la naissance et à la mort des êtres vivants, mais nous ne voyons jamais que rien soit perdu ou anéanti. Or ce qui ne tombe pas sous nos sens, et ce qui contredit tous les principes de notre raison, n'a aucun droit à être exprimé dans le langage. Nous pouvons nous servir des noms d'objets matériels pour exprimer des objets immatériels, si ces derniers peuvent être conçus rationnellement. Nous pouvons, par exemple, concevoir des puissances qui échappent à nos sens, mais qui ont néanmoins une réalité matérielle. Nous pouvons les appeler des *esprits,* littéralement « des souffles, des brises », tout en comprenant parfaitement bien que par *esprits* nous entendons autre chose que de simples brises. On a pu les appeler en anglais *ghosts,* nom qui se rattache à *gust, yeast, gas,* et autres vapeurs presque imperceptibles. Mais le néant, le néant absolu, qui n'est ni visible, ni concevable, ni imaginable, n'aurait jamais dû trouver une expression ni une place dans le dictionnaire d'êtres raisonnables.

Maintenant, si nous considérons comment on parle du néant, et avec quels accents déchirants des poëtes le chantent ; si nous nous rappelons que le néant a été, et qu'il est encore, un des principaux éléments de la plupart des systèmes philosophiques; qu'on l'a fait entrer jusque dans le domaine de la pensée religieuse, et que, sous le nom de *Nirvâna,* il est devenu le terme suprême où aspirent les millions de sectateurs du Bouddha; si nous réfléchissons à tout cela, nous pourrons peut-être, dès ce moment et au début de nos investigations, commencer à apprécier l'influence du langage sur la pensée, et nous nous étonnerons moins de voir que les nations de l'antiquité ont laissé prendre le caractère de puissances surnaturelles ou de personnalités divines aux noms des objets naturels, tels que le ciel, le soleil, la lune, l'aurore et les vents, et qu'elles ont offert un culte et des sacrifices à des noms abstraits, comme le Destin, la Justice ou la Victoire. Dans notre emploi du mot *néant* il y a autant de mythologie que dans les parties les plus absurdes de la phraséologie mythologique de l'Inde, de la Grèce et de Rome : et si nous attribuons l'usage que nous faisons de ce mot à une maladie du langage, dont il nous est possible d'expliquer les causes, nous devrons admettre que, dans la mythologie ancienne, le langage avait été comme atteint de délire et qu'il n'était plus ce que par sa nature il devait être, à savoir, l'expression des impressions reçues par les sens, ou des conceptions d'un esprit raisonnable.

Mais revenons à cette affirmation de Locke, que tous les noms des objets immatériels sont dérivés de noms d'objets sensibles. Beaucoup de philosophes, ainsi que je l'ai fait remarquer, au lieu d'aborder courageusement et de discuter les conclusions que l'on prétend être des corollaires de la proposition de Locke, ont mieux aimé mettre en doute l'exactitude de son observation.

Voici par quel argument M. Cousin, dans son *Histoire de la philosophie au XVIIIe siècle* (1), s'efforce

---

(1) Paris, 1841. Vol. II, p. 274.

de combattre l'assertion de Locke : — « Je vais vous donner, dit-il, deux mots, et je vous demanderai de les réduire à des mots primitifs qui expriment des idées sensibles. Prenez le mot *je* ou *moi*. Ce mot, au moins dans toutes les langues qui me sont connues, est irréductible, indécomposable, primitif ; et il n'exprime aucune idée sensible, il ne représente rien que le sens que l'intelligence y attache ; c'est un pur, un véritable signe, sans nul rapport à aucune idée sensible. Le mot *être* est exactement dans le même cas ; il est primitif, et tout intellectuel. Je ne sache aucune langue où le mot français *être* soit exprimé par un mot correspondant qui représente une idée sensible ; donc il n'est point vrai que toutes les racines du langage soient, en dernière analyse, des signes d'idées sensibles. »

Il faut reconnaître que le français *je*, qui est le sanscrit *aham*, est un mot d'étymologie douteuse. Il appartient aux plus anciennes formations du langage aryen, et il n'y a rien de surprenant à ce que les matériaux dont ce mot fut formé aient disparu, même en sanscrit. Nous pouvons, en anglais, expliquer des mots tel que *myself*, ou *your honour*, mais, avec les ressources fournies par l'anglais seul, ce serait en vain que nous essayerions d'analyser les pronoms *I, thou,* et *he*.

Il en est de même pour le sanscrit *aham*, qui a descendu le courant du langage depuis des âges si reculés, qu'auprès d'eux les Védas ne datent, pour ainsi dire, que d'hier. Mais quoique l'étymologie d'*aham* soit incertaine, aucun savant n'a jamais douté que ce mot, comme tous les autres, ne doive avoir une étymologie, et être dérivé d'une racine soit attributive, soit démonstrative. Ceux qui veulent tirer *aham* d'une racine attributive, ont songé à la racine *ah* « respirer, parler » (1). Ceux qui veulent le faire venir d'une racine démonstrative, nous renvoient au védique *gha*, le sanscrit plus moderne *ha* « celui-ci », employé comme le grec *hóde*. Dans une leçon précédente nous avons vu comment le pronom de la première personne est exprimé en chinois, et encore que des expressions comme « serviteur dit », au lieu de « je dis » (2),

(1) Dans mon *Histoire de la littérature sanscrite*, p. 21, j'ai pensé qu'il était possible de rattacher *ah-am* au sanscrit *áha* « je dis », grec ἤ, latin *ajo* et *nego*, et même au gothique *ahma* (pour *agma*) « esprit », mais je ne le pense plus aujourd'hui. Je ne me rends pas non plus à l'opinion de Benfey (*Sanskrit grammatik*, § 773), qui dérive *aham* de la racine pronominale *gha* avec un *a* prosthétique. C'est un mot qui, pour le présent, doit rester sans généalogie.

(2) [Tome Ier, page 39 de la traduction française. Dès que M. Max Müller eut publié en Angleterre son *Cours de* 1863, l'éminent sinologue M. Stanislas Julien voulut bien lui faire remarquer, dans cette partie de ses *Leçons*, une omission qui ne pourrait qu'induire les lecteurs en erreur. L'emploi des mots *koua-jin*, *tch'in*, etc., au lieu du pronom *ngò* « je », n'est pas d'un usage général, et n'a lieu que dans certains cas particuliers que M. Stanislas Julien a énumérés comme il suit :

« Dans la haute antiquité, les *reguli* (princes feudataires) employaient seuls l'expression *kouà-jin* (l'homme de peu de vertu — c'est ainsi que les commentateurs chinois l'expliquent).

« *Tch'in* (sujet) est employé par un ministre parlant à l'empereur, ou par un homme du peuple ou un magistrat parlant à un *regulus*.

« Après *th'siĕ*, il faudra supprimer le mot *voleur*. Le mot *th'siĕ* signifie ordinairement *furari*, mais jamais *fur*, voleur.

« Dans le cas particulier dont il s'agit, il signifie (dit Morrison, *Dict. chin.*, part. II, n° 10696) : *private, applied by persons to their own thoughts, sentiment or sentiments, denoting that such is their private or humble opinion.*

« Le mot *yû* (simple, ignorant) n'est guère employé que par les

puissent nous sembler modernes et artificielles, elles ne le sont pas en chinois, et elles nous montrent, en tout cas, que même une idée aussi incolore que *je* peut rencontrer des signes assez pâles et assez ternes pour l'exprimer (1).

Quant au verbe *être*, le cas est différent. C'est le latin *esse*, changé en *essere* et contracté (2). La racine en est donc *as*, qui, dans toutes les langues aryennes, a fourni la matière du verbe auxiliaire. Il est vrai que,

---

commentateurs lorsqu'ils font une observation ; la formule ordinaire est *yu-ngan* (l'ignorant remarque ou fait remarquer).

« Les *reguli* se désignent encore par *kou*, l'orphelin, *pou-ko*, *non bonus*.

« Lorsqu'on parle à quelqu'un, on remplace élégamment le pronom *ngò* par des expressions modestes, ou extrêmement humbles, par exemple, *siao-jou*, le petit lettré, *ti*, le frère cadet, même en parlant à un homme plus jeune que soi. Pour dire *vous* à quelqu'un on dira *hiong* (mon frère aîné) même lorsque cette personne est plus jeune. On déprécie et l'on rabaisse tout ce qui nous appartient, et l'on rehausse ce qui appartient aux autres. On dit *pi-liu*, ma pauvre maison, *tsien-sing*, mon vil nom de famille ; on dit par contre *kao-sing*, le haut nom de famille, pour votre nom, *ling-niu-tseu*, la noble jeune fille, pour votre fille, *tsun-fou-jin*, l'honorable dame, pour votre femme, etc. Pour demander son nom au premier venu, un Chinois dira *kao-sing* (quel est votre) haut nom de famille, *koueï-ming?* (votre) honorable petit nom ? L'autre, même s'il est d'un rang distingué, dira (mon) vil nom de famille, (mon) obscur petit nom (sont tels...). »]

(1) Jean-Paul, dans *Levana*, p. 32, dit : « *Je* (si nous exceptons Dieu, qui est en même temps le véritable Moi et le véritable Toi) est l'idée la plus haute et la plus incompréhensible qui puisse être exprimée par le langage, ou contemplée par l'esprit. Tout est là ; c'est là tout le domaine de la vérité et de la conscience, lequel, sans *Moi*, n'est rien. Il faut que nous l'attribuions à Dieu, aussi bien qu'aux êtres inconscients, si nous voulons concevoir l'être du premier et l'existence des autres. »

(2) Cf. Diez, *Lexicon*, au mot *essere*.

même en sanscrit, cette racine est complétement dépouillée de tout caractère sensible; elle signifie *être*, et rien de plus. Mais il y a en sanscrit un dérivé de la racine *as*, à savoir, *asu*, et dans ce substantif *asu*, qui signifie « le souffle vital », la signification originelle de la racine *as* a été conservée. Pour donner naissance à un nom comme *asu*, la racine *as* a dû signifier « respirer », puis « vivre », et ensuite « exister », et il faut qu'elle ait traversé toutes ces phases, avant de pouvoir être employée comme le verbe auxiliaire abstrait que nous trouvons non-seulement en sanscrit, mais dans toutes les langues aryennes. N'était que ce seul dérivé *asu* « vie » a été conservé en sanscrit, il serait impossible de deviner quelle a été, dans l'origine, la signification matérielle de la racine *as* « être ». Mais quand ce substantif ne se fût pas trouvé en sanscrit, le linguiste eût été fondé à supposer comme avéré que la racine *as* dut exprimer primitivement une idée sensible. Et même en français, quoique l'infinitif *être* puisse sembler un mot entièrement abstrait, l'imparfait *j'étais* et le participe *été* sont clairement dérivés du latin *stare* « se tenir debout », et ils nous montrent avec quelle facilité une idée aussi définie que celle de *se tenir debout* peut se réduire à l'idée abstraite d'*être*. Si nous jetons les yeux sur d'autres langues, nous verrons constamment que le verbe français *être* y est rendu par des mots correspondants qui ont exprimé, dans l'origine, une idée sensible. Le verbe anglais *to be* est dérivé du sanscrit *bhû*, lequel, comme nous l'apprend le grec *phyō*, a signifié originairement « croître » (1).

(1) Voir Max Müller, *Essay on the Aryan and Aboriginal Languages of India*, p. 344.

I was se rattache au gothique *visan,* qui signifie « demeurer »

Mais quoique, sur ce point, le linguiste doive se ranger du côté de Locke, et admettre, sans une seule exception, le caractère matériel de tous les mots, rien ne saurait être plus convaincant que la manière dont M. Cousin écarte les conclusions que certains philosophes, mais non assurément Locke lui-même, semblent vouloir tirer de ces prémisses. « De plus, ajoute M. Cousin, quand cela serait vrai, même absolument, ce qui n'est pas, voici seulement ce qu'il faudrait en conclure. L'homme est porté d'abord par l'action de toutes ses facultés hors de lui-même et vers le monde extérieur ; ce sont les phénomènes du monde extérieur qui le frappent les premiers ; ce sont donc ces phénomènes qui reçoivent les premiers noms ; les premiers signes sont empruntés aux objets sensibles ; ils sont teints en quelque sorte de leurs couleurs. Lorsque ensuite l'homme, en se repliant sur lui-même, atteint plus ou moins distinctement des phénomènes intellectuels, qu'il avait bien entrevus d'abord, mais confusément ; et lorsqu'il veut exprimer ces nouveaux phénomènes de l'âme et de la pensée, l'analogie le porte à rattacher les signes qu'il cherche aux signes qu'il possède déjà, car l'analogie est la loi de toute langue naissante ou développée : de là les métaphores dans lesquelles l'analyse résout la plupart des signes des idées morales les plus abstraites. »

Rien n'est plus juste que ce raisonnement par lequel M. Cousin met sur leurs gardes ceux qui voudraient revendiquer l'observation de Locke comme un argument en faveur d'une philosophie purement sensualiste.

La métaphore est un des plus puissants instruments qui aient servi à la construction du langage humain, et nous ne pouvons guère nous figurer comment, sans elle, aucune langue aurait jamais pu s'élever au-dessus des plus simples rudiments. *Métaphore* signifie en général le fait de transporter un nom de l'objet auquel il appartient proprement à d'autres objets qui participent, en une façon ou en une autre, aux propriétés du premier. L'opération mentale qui a donné à la racine *mar* le sens de « rendre propice » n'était autre que celle-ci : les hommes ont aperçu quelque analogie entre la surface unie et douce obtenue par le frottement et par la polissure, et cette douceur de la physionomie et de la voix, ainsi que ce calme du regard que de bonnes paroles produisent même chez un ennemi. C'est ainsi qu'en parlant d'une grue, nous appliquons à une machine le nom d'un oiseau. On avait été frappé par une sorte de ressemblance entre l'oiseau aux hautes jambes baissant son long bec pour prendre sa nourriture, et ces grandes et grossières machines pour élever des poids. En grec, aussi, *géranos* avait ces deux significations. Voilà une métaphore. Et quand nous parlons de remarques piquantes, de paroles brûlantes, de ferventes prières, d'articles cinglants, toutes ces expressions sont des métaphores. En latin *spiritus* a signifié originairement « souffle » ou « vent ». Mais quand il s'est agi de nommer le principe de vie existant au-dedans de l'homme ou de l'animal, on choisit naturellement pour l'exprimer le signe extérieur de ce principe vital, à savoir, le souffle de la bouche. C'est pourquoi nous trouvons en sanscrit *asu,* souffle et vie, et en latin *spiritus,* souffle et vie. Et quand on s'aperçut qu'il y avait encore quelque autre chose à nommer, non pas la vie purement animale, mais ce qui est soutenu par cette vie animale, on fit choix du même mot, dans les dialectes latins modernes, pour exprimer l'élément spirituel de l'homme, en tant qu'il est opposé à l'élément purement matériel ou animal. Tout cela est de la métaphore.

Nous lisons dans le Véda, II, 3, 4 (1) : — « Qui a vu le premier-né lorsque celui qui n'avait pas de forme (littéralement, os) portait celui qui avait une forme. Où était la vie (*asuḥ*), le sang (*asṛik*), le soi (*âtmâ*) de la terre ? Qui est allé demander ceci à quelqu'un qui le sût ? »

Ici *vie, sang, soi*, sont autant d'essais pour exprimer ce que nous appellerions *cause*.

Mais considérons maintenant pour un moment que ce que certains philosophes, et spécialement Locke, ont indiqué comme étant une particularité de quelques mots, tels que *saisir, comprendre, sonder, imaginer, esprit*, et *ange*, a dû être, en réalité, un trait caractéristique de *toute une période* dans l'histoire primitive du langage. Aucun progrès n'était possible dans la vie intellectuelle de l'homme sans la métaphore. La plupart des racines qui ont été découvertes jusqu'à présent, avaient primitivement une signification matérielle, et une signification si générale et si compréhensive, qu'elles pouvaient facilement s'appliquer à beaucoup d'objets spéciaux (2). Nous trouvons des racines signi-

---

(1) Max Müller, *History of sanskrit Literature*, p. 20.

(2) Les racines exprimant des idées générales sont devenues plus communément des racines à sens restreint; l'opération contraire ne s'est pas produite aussi souvent: toutefois, il faut le reconnaître, les deux procédés ont été employés.

fiant « frapper, briller, ramper, croître, tomber », mais nous ne rencontrons jamais de racines primitives exprimant des états ou des actions qui ne tombent pas sous les sens, ni même de racines exprimant des actes particuliers, tels que pleuvoir, tonner, grêler, éternuer, essayer, secourir. Cependant la parole humaine a été, pour l'esprit humain, une bonne ménagère : avec fort peu de chose elle a su faire beaucoup. Tout en ne disposant que d'une très-faible provision de racines matérielles, comme celles que nous venons de citer, elle a pu vêtir décemment l'innombrable progéniture de l'esprit, n'ayant négligé aucune idée, aucun sentiment, excepté, peut-être, ce petit nombre d'idées et de sentiments que quelques poëtes nous disent être inexprimables.

Ainsi, de racines signifiant « briller, être éclatant » on a formé des noms pour le soleil, la lune, les étoiles, les yeux de l'homme, l'or, l'argent, le jeu, la joie, le bonheur, l'amour. Avec des racines signifiant « frapper, » il a été possible de nommer une hache, un coup de foudre, un poing, une attaque de paralysie, une remarque frappante, et un coup de fortune. De racines signifiant « aller », on a dérivé des noms pour les nuages, pour le lierre, pour les plantes grimpantes, pour les reptiles, pour les serpents, pour les bestiaux, pour les biens meubles et immeubles. Avec une racine signifiant « tomber en poussière » on a formé des expressions pour la maladie et la mort, pour le soir et la nuit, pour la vieillesse, et pour le déclin de l'année.

Il faut maintenant tâcher de distinguer deux sortes de métaphore, que j'appellerai la métaphore *radicale* et la métaphore *poétique*. Je dis qu'il y a métaphore *radicale* lorsqu'une racine qui signifie « briller » est employée pour former les noms, non-seulement du feu ou du soleil, mais aussi du printemps, de la clarté du matin, de la brillante lumière de la pensée, ou de cette joie de l'âme qui éclate en hymnes de louange. Les langues anciennes sont remplies de métaphores semblables, et sous le microscope de l'étymologie presque chaque mot laisse apercevoir des traces de sa première conception métaphorique.

Toute distincte est la métaphore *poétique,* par laquelle un verbe ou un nom déjà créés et attachés à quelque action ou à quelque objet déterminés sont transportés poétiquement à quelque autre action ou à quelque autre objet. Par exemple, lorsque les rayons du soleil sont appelés les mains ou les doigts du soleil, les noms qui signifient mains et doigts existaient déjà, et sont appliqués, par une figure poétique, aux rayons qui sortent de ce corps lumineux. Par le même procédé, les nuages sont appelés des montagnes, les nuées grosses de pluie sont des vaches célestes aux pesantes mamelles, la nue qui recèle la foudre est un bouc ou une peau de bouc, le soleil est un cheval, ou un taureau, ou un oiseau gigantesque, l'éclair est une flèche ou un serpent.

Ce qui est vrai des noms est également vrai des verbes. Un verbe tel que « donner naissance » se dit, par exemple, de la nuit qui produit, ou, pour parler plus correctement, qui précède le jour, aussi bien que du jour qui précède la nuit. Un des noms du soleil le représente comme engendrant l'aurore, parce que l'approche du jour donne naissance à l'aurore; un autre de ces noms le désigne comme l'amant de l'aurore, parcequ'il la suit comme l'époux suit l'épouse; et enfin on raconte que le soleil fait périr l'aurore, parce que l'aurore disparaît dès que le soleil se lève. En se plaçant à un autre point de vue on peut dire que l'aurore donne naissance au soleil, parce que le soleil semble sortir de son sein; on peut dire qu'elle meurt ou qu'elle disparaît après avoir donné naissance à son fils brillant, parce qu'elle doit nécessairement cesser d'exister dès que le soleil se montre. Toutes ces métaphores, si pleines qu'elles soient de contradictions, étaient parfaitement intelligibles pour les anciens poëtes, quoiqu'elles soient souvent, pour notre intelligence moderne, des énigmes difficiles à expliquer.

Dans le *Rig-Véda* (X, 189) (1), où est décrit le lever du soleil, nous lisons que l'aurore s'approche du soleil, et qu'elle rend le dernier soupir au moment même où le soleil commence à respirer. Les commentateurs se livrent aux explications les plus fantastiques de cette expression, sans se douter de la conception si simple du poëte, laquelle, après tout, est très-naturelle.

Considérons donc qu'il y a eu, nécessairement et réellement, une période dans l'histoire de notre race où toutes les pensées qui dépassaient l'horizon étroit de la vie de chaque jour devaient être exprimées au moyen de métaphores, et rappelons-nous que ces métaphores n'étaient pas encore devenues ce qu'elles sont pour nous, des expressions purement conventionnelles et traditionnelles, mais qu'elles étaient senties et comprises, moitié dans leur acception originelle, et moi-

---

(1) Voir Max Müller, *Die Todtenbestattung der Brahmanen* p. XI.

tié dans leur acception modifiée. Nous verrons alors qu'une telle période de la pensée et du langage a dû être marquée par des caractères bien différents de ceux que présente la langue des siècles postérieurs.

Un des premiers effets qui devaient alors naturellement se produire était que des objets entièrement distincts en eux-mêmes, et qui, dans l'origine, avaient été conçus comme distincts par l'intelligence humaine, devaient néanmoins recevoir un même nom. S'il y avait une racine signifiant « briller, ranimer, réjouir », cette racine pouvait être appliquée à l'aurore, qui apparaît brillante après la sombre nuit, à une source d'eau, qui jaillit du rocher et réjouit le cœur du voyageur, et au printemps qui réveille la terre après le sommeil de l'hiver, image de la mort. Le printemps, la source d'eau, le point du jour, portaient ainsi le même nom et étaient, comme Aristote les appelle, des *homonymes*. D'autre part, un même objet pouvait frapper l'esprit humain de manières différentes. Le soleil pouvait être appelé celui qui réchauffe et qui féconde, ou bien celui qui brûle et qui tue; la mer pouvait être nommée la barrière aussi bien que le pont, ou que la grande route du commerce; les nuées pouvaient être désignées comme des vaches de couleur éclatante et aux pesantes mamelles, ou comme des démons noirs et rugissants. Chaque jour qui naît le matin pouvait être appelé le jumeau de la nuit qui succède à ce jour, ou encore tous les jours de l'année pouvaient être appelés soit des frères, soit autant de têtes de bétail qui sont conduites chaque matin à leurs pâturages célestes, et renfermées la nuit dans l'étable obscure d'Augias. De cette sorte un seul et même objet recevait plusieurs noms, et devenait, pour me servir de l'expression des stoïciens, *polyonymique*, c'est-à-dire portant plusieurs noms. Or, de tout temps, on a fait remarquer comme une particularité de ces langues appelées anciennes, ce fait qu'elles ont beaucoup de mots pour nommer une même chose, lesquels mots sont quelquefois appelés des synonymes; on a observé également que les mots de ces langues ont souvent des significations très-nombreuses. Toutefois ces langues que nous appelons anciennes, comme le sanscrit des Védas, ou le grec d'Homère, ne sont en réalité que des langues très-modernes; je veux dire que l'on y découvre des preuves manifestes qu'elles ont déjà passé par des périodes de développement et de dépérissement, avant de devenir telles qu'elles se montrent à nous dans les plus anciens documents littéraires de l'Inde et de la Grèce. Quel a donc dû être l'état de ces langues dans leurs périodes vraiment primitives, avant que les nombreux vocables qui auraient pu servir, et qui avaient servi en effet à désigner des objets divers, se fussent restreints à ne plus désigner chacun qu'un seul objet, avant que chaque objet, qui aurait pu avoir et qui avait eu différents noms, ne portât plus qu'un nom unique! Même de nos jours nous reconnaissons qu'un nom en dit quelquefois beaucoup : combien cela dut être plus vrai encore aux temps primitifs de l'enfance de l'homme!

J'appellerai dorénavant *mythique* ou *mythologique* cette période de l'histoire du langage et de la pensée que je viens de tâcher de décrire comme étant caractérisée par deux tendances que nous pouvons nommer la tendance *homonymique* et la tendance *polyony-*

mique (1); et je m'efforcerai de montrer que bien des problèmes qui concernent l'origine et la propagation des mythes, et qui jusqu'à présent ont passé pour des énigmes, deviennent intelligibles si on les examine en les rattachant à ces phases primitives que doivent nécessairement traverser le langage et la pensée.

Cependant, avant d'expliquer plus complétement ma pensée, je crois qu'il est bon de commencer par mettre mes auditeurs en garde contre deux erreurs, dans lesquelles ce nom de *période mythique* pourrait les faire tomber. Ce que j'appelle ici *période* n'en est pas une dans le sens strict de ce mot, et n'a pas de limites fixes qui puissent être établies avec une exactitude chronologique. Dans l'histoire de toutes les nations il y a un temps où le caractère mythologique prédomine à un tel degré que nous pouvons désigner cette époque comme la période mythologique, de même que nous pourrions appeler le siècle où nous vivons le siècle des découvertes. Mais les tendances qui caractérisent la période mythologique, quoiqu'elles perdent nécessairement beaucoup de cette influence qu'elles exerçaient, à une certaine époque, sur tous les mouvements de l'intelligence, continuent néanmoins, sous différents déguisements, à se faire sentir dans tous les temps, même dans le nôtre, qui est peut-être le moins porté de tous vers la métaphore, la poésie et la mythologie.

En second lieu, quand je parle d'une période mythologique, je ne me sers pas de ce terme *mythologique* dans le sens restreint où on l'emploie généralement,

---

(1) Augustinus, *De Civ. Dei*, VII, 16. « Et aliquando unum deum res plures, aliquando unam rem deos plures faciunt. »

à savoir, comme un mot qui se rapporte nécessairement à des récits touchant des dieux, des héros et des héroïnes. Dans l'acception où je le prends, ce mot peut s'appliquer à toutes les sphères de la pensée et à toutes les classes de mots; cependant, pour des raisons que nous expliquerons plus tard, les idées religieuses sont les plus sujettes à être revêtues d'une expression mythologique. Toutes les fois qu'un mot quelconque, après avoir d'abord été employé métaphoriquement, est employé sans que l'on ait une conception claire des degrés par lesquels il a passé de sa signification originelle à son sens métaphorique, il y a danger de mythologie; toutes les fois que ces degrés sont oubliés et remplacés par des degrés artificiels, nous avons de la mythologie, ou, si je puis m'exprimer ainsi, nous avons une maladie du langage, soit que ce langage traite d'intérêts religieux ou d'intérêts profanes. Pour quelle raison j'emploie ce terme *mythologique* dans ce sens étendu qui n'est justifié par l'usage ni de la Grèce ni de Rome, c'est ce que l'on comprendra quand nous arriverons à voir que ce qui est communément appelé la mythologie n'est qu'une partie d'une phase beaucoup plus générale par laquelle toute langue doit passer à un moment ou à un autre de son existence.

Après ces remarques préliminaires, j'aborde maintenant l'examen de quelques exemples de ce que j'ai appelé la métaphore *radicale* et la métaphore *poétique*.

Les cas de métaphore radicale, quoique nombreux dans les langues monosyllabiques et les langues agglutinantes, sont moins fréquents dans les langues à flexions comme le sanscrit, le grec et le latin. Et cela s'explique facilement. Quand on souffrit de l'embar=

ras causé par des mots qui n'exprimaient plus distinctement l'intention de celui qui parlait, cet embarras même amena cette nouvelle période dans la vie du langage que nous appelons la période des *flexions*. Parce que l'on sentit l'importance d'établir une distinction entre le *brillant*, c'est-à-dire le soleil, et le *brillant*, c'est-à-dire le jour, et le *brillant*, c'est-à-dire la richesse, pour ce motif la racine *vas* « être brillant » fut modifiée par la flexion et donna alors *vi-vas-vat* « le soleil », *vas-ara* « jour », et *vas-u* « richesse ». Dans une langue monosyllabique et dans beaucoup de langues agglutinantes, la seule racine *vas* aurait été regardée comme suffisante pour exprimer, *pro re natâ*, n'importe laquelle de ces significations. Cependant les langues à flexions nous offrent aussi de fréquents exemples de métaphore radicale dont quelques-uns, ainsi que nous le verrons, ont donné lieu à des méprises très-anciennes, et ont produit, avec le temps, de la mythologie.

Ainsi il y a en sanscrit une racine *ark* ou *arch*, qui signifie « être brillant » ; mais, comme la plupart des verbes primitifs, cette racine était employée à la fois avec un sens transitif et intransitif, et signifiait ainsi « être brillant », et «rendre brillant» Seulement, dans ce langage ancien, *rendre brillant* signifiait plus qu'il ne signifie chez nous. Rendre brillant voulait dire « réjouir, égayer, célébrer, glorifier», et nous le trouvons constamment employé dans ces différents sens par les antiques poëtes du Véda. Or, par une opération très-simple et très-intelligible, le sens de cette racine *arch* pouvait être transporté au soleil, ou à la lune, ou aux étoiles; on pouvait les appeler tous *arch* ou *rich* sans faire aucun changement dans la forme extérieure de la racine. Rien, que nous sachions, n'empêche que *rich*, comme substantif, n'ait eu réellement toutes ces significations durant la période la plus ancienne des langues aryennes. Mais, si nous regardons les branches de cette famille de langues qui ont atteint leur entier développement, nous trouvons que, sous sa forme la plus simple, *rich* a été dépouillé de tous ses sens, à l'exception d'un seul ; il ne signifie qu'un chant de louange, un hymne qui réjouit le cœur et fait rayonner le visage des dieux, ou bien qui rend leur puissance manifeste et éclatante (1). Toutefois les autres sens que *rich* aurait pu exprimer n'étaient pas entièrement abandonnés ; ils étaient seulement plus nettement définis par des modifications grammaticales nouvelles et distinctes apportées à la même racine. Ainsi, pour exprimer « lumière » ou « rayon » on forma le masculin *archí*, et bientôt aussi le neutre *archís*. Ni l'un ni l'autre de ces noms ne sont jamais usités dans le sens de « louange », lequel reste attaché à *rich* ; ils n'ont que le sens de « lumière » et « splendeur. »

Un nouveau dérivé fut encore formé d'une manière toute régulière, à savoir, le nom masculin *arkáḥ*. Ce mot signifie également « lumière » ou « rayon de lumière », mais il a été adopté comme le nom propre de la lumière par excellence, le soleil. *Arkáḥ* devint donc, par une métaphore très-naturelle, un des nombreux noms du soleil ; mais, par une autre métaphore

---

(1) Le passage dans la *Vâjasaneyi sanhitá*, 13, 39, « *riché tvá ruché tvá* », ou bien contient un exemple isolé de l'ancienne signification de la racine, laquelle est conservée dans un proverbe, ou bien nous offre un simple badinage étymologique.

que nous avons déjà expliquée, *arkáh*, avec exactement le même accent et le même genre, était aussi employé dans le sens d'« hymne de louange ». Or nous avons ici un exemple évident d'une métaphore radicale en sanscrit. Ce n'est pas le mot *arkáh*, dans le sens de soleil, qui fut transporté, par un vol hardi de l'imagination, à un hymne de louange, ni *vice versâ*. Une même racine *arch*, sous une forme absolument identique, fut attribuée d'une manière indépendante à deux conceptions distinctes. Si l'on venait à oublier la raison de l'attribution indépendante d'une même racine à ces deux idées, soleil et hymne, il y avait danger de mythologie, et effectivement nous trouvons dans l'Inde qu'un mythe s'était formé à ce sujet, et la fable racontait que les hymnes de louanges étaient émanés du soleil ou avaient été originairement révélés par lui.

Notre racine *arch* nous fournit un autre exemple de la même espèce de métaphore, qui diffère cependant légèrement de celle que nous venons d'examiner. De *rich*, dans le sens de « brillant », il était possible de former un dérivé *rikta*, dans le sens de « éclairé, éclatant ». Cette forme n'existe pas en sanscrit; mais, comme *kt*, en sanscrit, est sujet à être changé en *ks* (1), nous pouvons reconnaître dans *riksha* le même

---

(1) Kuhn, dans la *Zeitschrift für die Wissenschaft der Sprache*, 1, 153, fut le premier à indiquer l'identité du sanscrit *riksha* et du grec ἄρκτος; dans leur application mythologique. Il prouva qu'en sanscrit *ksh* représentait un *kt* primitif, dans *takshan* « charpentier, » grec τέκτων; dans *kshi* « habiter », κτίζω; dans *vakshas*, latin *pectus*. Curtius, dans ses *Grundzüge*, a ajouté à ces exemples *kshan* « tuer », grec κταν; Aufrecht (Kuhn's *Zeitschrift*, VIII, 71), *kshi* « tuer », κτι; Leo Meyer (V. 374), *ksham* « terre », grec χθών. On

dérivé de *rich*. *Riksha,* dans le sens de brillant, est devenu le nom de l'Ours, soit à cause de ses yeux brillants, soit à cause de sa peau brune et brillante (1). Ce même nom, *riksha,* fut donné en sanscrit aux étoiles, les *brillantes*. Il est usité comme masculin et comme neutre dans le sanscrit plus moderne; mais comme masculin seulement dans le Véda. Dans un passage du Rig-Véda, I, 24, 10, nous lisons ce qui suit : « Les étoiles fixées en haut, que l'on voit la nuit, où vont-elles le jour? » Il est curieux de remarquer que le commentateur n'est pas satisfait de cette traduction de *riksha* dans le sens d'étoiles en général, mais il invoque la tradition des *Vâjasaneyins,* afin de montrer que les étoiles ici désignées par le nom de *rikshas* sont bien la même constellation qui, dans le sanscrit plus moderne, est appelée « les sept Rishis », ou « les sept Sages ». Ce sont les étoiles que l'on ne voit jamais se coucher pendant la nuit; en parlant d'elles, on pouvait donc demander avec un à-propos particulier où elles vont le jour? Quoi qu'il en soit, la tradition est là, et il s'agit de savoir si on peut l'expliquer. Or rappelons-nous que la constellation ici appelée les

---

peut encore y ajouter *kshi* « posséder », κτάομαι; et peut-être *kshu* « éternuer », πτύω, si ce mot est mis pour κτύω.

(1) Grimm (*D. W.* aux mots *Auge* et *Bär*) compare *riksha*, *Bär*, non-seulement avec ἄρκτος, *ursus*, lithuanien *lokis* (au lieu de *olkis, orkis*), irlandais *art* (au lieu de *arct*), mais aussi avec l'ancien haut-allemand *elah*, lequel n'est pas l'ours, mais l'élan, l'*alces* décrite par César, *B. G.*, VI, 27. Cependant cette *alces*, l'ancien haut-allemand *elah*, se confondrait mieux avec *risa* ou *risya*, une sorte de chevreuil dont il est fait mention dans le Véda (*Rv.*, VIII, 4, 10), et dont Weber (*K. Z.*, VI, 320) a eu raison de rapprocher *ircus*, forme primitive de *hircus*. Quintil., I, 5, 20.

Rikshas, dans le sens de « les brillantes », serait, en sanscrit, l'homonyme de *les Ours.* Rappelons-nous aussi que la même constellation, apparemment sans rime ni raison, est appelée par les Grecs et par les Romains l'*Ourse,* au singulier, *árktos* et *ursa.* On peut trouver que cette constellation ressemble à un chariot, mais on n'y saurait découvrir l'ombre d'une ressemblance avec une ourse. Vous allez maintenant comprendre l'influence des mots sur la pensée, et assister à la naissance spontanée de la mythologie. Le nom de *riksha* était appliqué à l'ours, pour désigner l'animal à la robe brune et brillante, et, dans ce sens, il devint un nom très-vulgaire dans le sanscrit plus moderne, en grec et en latin. Le même nom, signifiant « les brillantes », avait été appliqué par les poëtes védiques aux étoiles en général, et plus particulièrement à cette constellation, qui, dans les régions septentrionales de l'Inde, était la plus marquante. La signification étymologique de *riksha,* comme simple appellatif des étoiles brillantes, était oubliée; l'acception populaire de *riksha* « ours » était connue de tout le monde. Et ainsi, il arriva que quand les Grecs eurent quitté leur patrie primitive et se furent établis en Europe, ils gardèrent le nom de *Árktos* pour ces étoiles qui continuaient toujours à occuper la même place et à briller du même éclat dans le firmament; mais, ignorant la raison pour laquelle ces étoiles avaient originairement reçu ce nom, ils cessèrent d'en parler comme étant *árktoi,* ou plusieurs ourses, et les désignèrent sous le nom de l'Ourse, ou de la Grande-Ourse, y adjoignant un gardeur d'ourse, *Arcturus* (*oûros,* « gardien »), et même, par la suite, une Petite-Ourse. Ainsi le nom des régions arctiques repose sur une erreur qui s'est produite au sujet d'un mot qui fut créé, il y a des milliers d'années, dans l'Asie centrale ; et ce regard jeté sur les antiques annales du langage humain fait cesser l'étonnement avec lequel bien des observateurs réfléchis, en contemplant ces sept étoiles brillantes, se sont demandé ce qui avait jamais pu leur faire donner le nom de la Grande-Ourse.

De l'autre côté, les Hindous oublièrent aussi la signification originelle de *riksha*. Ce mot devint un simple appellatif, apparemment avec deux sens, « étoile » et « ours ». Toutefois, dans l'Inde, cette dernière acception l'emporta sur l'autre, et, à mesure que *riksha* se fixa de plus en plus comme nom de l'animal, il perdit, au même degré, sa connexion avec les étoiles. Aussi lorsque, dans la suite des temps, leurs sept sages furent familièrement connus de tout le monde sous le nom des sept Rishis, les sept Rikshas, ne se rattachant plus à rien, flottèrent comme à la dérive vers les sept Rishis, et bien des fables surgirent touchant l'habitation des sept poëtes dans les sept étoiles. Telle est l'origine d'un mythe.

Le seul point douteux de l'histoire de ce mythe de la Grande-Ourse est l'incertitude qui règne sur l'exacte signification mythologique de *riksha* « ours ». Nous ne voyons pas pourquoi d'entre tous les animaux l'ours aurait été appelé le « brillant » (1). Il est vrai qu'il y a beaucoup de noms dont nous ne saurions découvrir la raison, et il nous faut souvent nous contenter du

---

(1) Voir cependant des remarques de Welcker sur le loup, dans sa *Griechische Götterlehre*, p. 64.

simple fait que tel nom est dérivé de telle racine, et que, par conséquent, il avait originairement telle signification. L'ours était le roi des animaux pour beaucoup de nations septentrionales qui ne connaissaient pas le lion ; et il serait difficile de dire pourquoi les anciens Germains l'appelaient *Goldfusz*, « aux pattes d'or ». Mais, quand il faudrait renoncer à dériver *riksha* de *arch*, les derniers chapitres de l'histoire de ce mot n'en resteraient pas moins les mêmes. Nous aurions *riksha* « étoile » dérivé de *arch* « briller » se confondant avec *riksha* « ours », dérivé de quelque autre racine telle que, par exemple, *ars* ou *ris* « blesser » ; mais cela ne changerait rien à la raison pour laquelle certaines étoiles furent plus tard conçues comme étant des ourses. Il faut dire aussi que l'ours est peu connu dans le Véda. Dans les deux passages du Rig-Véda, où se rencontre *riksha*, Sâyana explique ce mot comme signifiant « nuisible » et « feu », et non pas dans le sens d'*ours*. Mais dans la littérature plus moderne on trouve très-souvent *riksha* « ours ».

Un autre nom de la Grande-Ourse (originairement les sept ourses, ou en réalité les sept étoiles brillantes) est *septemtriones*. Les deux mots qui forment ce nom sont quelquefois séparés ; par exemple, dans ce vers

<blockquote>Quas nostri septem soliti vocitare triones (1).</blockquote>

Varron (L. L., VII, 73-75), dans un passage qui n'est pas très-clair, nous dit que *triones* était le nom que, même de son temps, les bouviers donnaient à leurs

---

(1) Vers traduit d'Aratus, dans Cic., *De Nat. Deor.*, II, 41, 105.

bœufs occupés au labour (1). Si nous pouvions tenir pour certain le fait que les bœufs ont été appelés *triones*, nous pourrions accepter l'explication de Varron, et nous devrions admettre qu'à une certaine époque les sept étoiles furent conçues comme étant sept bœufs. Mais la vérité est que *trio* n'est jamais employé dans ce sens, excepté par Varron, pour les besoins d'une étymologie, et nulle part ailleurs les sept étoiles ne sont appelées les sept bœufs, mais seulement « les bœufs et le timon », *boves et temo*, dénomination qui leur convient bien mieux. *Boōtēs* « le bouvier », nom donné à cette même étoile que nous avons déjà vu appeler *Arcturus*, impliquerait seulement que la charrue (*hámaxa*) était conçue comme tirée par deux ou trois bœufs, mais non pas qu'on parlât jamais des sept étoiles comme étant autant de bœufs. Quoiqu'il soit impossible, dans ces sortes de questions, d'être bien affirmatif, il semble assez probable que ce nom de *triones*, qui ne peut certainement pas venir de *terra*, a pu être un vieux nom pour *étoile* en général. Nous avons vu que les étoiles étaient appelées en sanscrit *star-as* « celles qui répandent, qui sèment la lumière »; et le latin *stella* n'est qu'une contraction de *sterula*. L'anglais *star*, l'allemand *Stern*, sont issus de la même source. Mais, outre *star*, nous trouvons en sanscrit un autre nom pour étoile, à savoir, *târâ*, où le *s* initial de la racine est perdu. Une telle perte n'est nullement rare (2), e

---

(1) *Triones* enim *boves* appellantur a bubulcis etiam nunc maxume quom arant terram ; e quis ut dicti valentes *glebarii* qui facile proscindunt glebas, sic omnis qui terram arabant a terra *terriones*, unde *triones* ut dicerentur e detrito.

(2) Voir Kuhn, *Zeitschrift*, IV, 4 et suiv.

trio, en latin, pourrait alors représenter une forme originelle *strio* « étoile ». *Strio* « étoile » étant devenu inusité, comme *riksha*, le nom de *Septentrionés* serait resté purement traditionnel ; et si, comme Varron nous le dit, il y avait en latin un nom vulgaire pour bœuf, savoir, *trio* (qu'il faudrait alors dériver de *tero* « je broie »), les paysans, en parlant des *septem triones* « les sept étoiles », se seraient naturellement imaginé qu'ils parlaient de sept bœufs.

Mais, si je doute que les sept étoiles aient jamais suggéré à elles seules l'idée de sept animaux, soit ours, soit bœufs, j'ai également peine à croire qu'on ait jamais parlé des sept étoiles comme étant *temo* « le timon ». Varron dit qu'on les nommait *boves et temo* « les bœufs et le timon », mais non pas qu'elles étaient appelées ou « les bœufs », ou « le timon ». Nous pouvons bien imaginer que les quatre étoiles soient prises pour des bœufs, et les trois pour le timon ; ou encore que l'on prenne les quatre étoiles pour le chariot, une étoile pour le timon, et les deux autres pour les bœufs ; mais je ne pense pas qu'il ait jamais pu venir à l'idée de personne d'appeler les sept étoiles réunies « le timon ». Mais alors on pourrait objecter que *temo*, en latin, ne signifie pas seulement « timon » mais « voiture », et qu'on devrait par conséquent le regarder comme un équivalent de *hámaxa*. Cela serait possible, seulement on n'a jamais prouvé que *temo* ait signifié « voiture » en latin. Sans doute Varron l'affirme, mais nous n'en avons d'autre preuve que son assertion (1). Car si Juvénal dit (sat. IV, 126) :

(1) *L. L.*, VII, 75. Temo dictus a tenendo, is enim continet jugum. Et plaustrum appellatum, a parte totum, ut multa.

De temone Britanno excidet Arviragus,

temo signifie réellement ici « timon », les Bretons ayant coutume de combattre en se tenant debout sur le timon de leurs chars (1). Et dans les autres passages (2), où *temo* est supposé signifier char en général, il ne désigne que notre constellation, ce qui ne peut prouver en aucune façon que *temo* seul ait jamais eu le sens de char.

Temo est mis pour *tegmo*, et dérive de la racine *taksh* qui donne également *tignum* « poutre ». En français *timon* ne signifie pas *voiture*, pas plus que *Deichsel* en allemand, et Þixl ou Þisl (3) en anglo-

(1) Cæs., *B. G.*, IV, 33 ; V, 16.
(2) Stat., *Theb.*, I, 692 :

   Sed jam temone supino
 Languet hyperboreæ glacialis portitor Ursæ.

Stat., *Theb.*, I, 370 :

   Hyberno deprensus navita ponto,
 Cui neque temo piger, neque amico sidere monstrat
 Luna vias.

Cic., *De nat. Deor.*, II, 42, 109 (traduisant Aratus) :

  Arctophylax, vulgo qui dicitur esse Bootes,
  Quod quasi temone adjunctam præ se quatit Arcton.

Ovid., *Met.*, X, 447 :

   Interque triones
 Flexerat obliquo plaustrum temone Bootes.

Lucan., IV, 523 :

  Flexoque Ursæ temone paverent.

Propert., III, 5, 35 :

  Cur serus versare *boves et plaustra* Bootes.

(3) En anglo-saxon, Þisl est employé comme nom de la constellation du *Chariot*, comme *temo*.

saxon, lesquels mots dérivent aussi, en stricte conformité avec la loi de Grimm, de la même racine que *temo*, c'est-à-dire de *tvaksh*, ou *taksh*. Au contraire, l'anglais *team* « attelage » n'a aucune connexion avec *temo* ou *timon*, mais vient du verbe anglo-saxon *teon* « tirer », allemand *ziehen*, gothique *tiuhan*, latin *duco*. Il signifie « tir » et l'expression *a team of horses* signifie littéralement un *tir* de chevaux, une file de chevaux, *ein Zug Pferde*. Cependant le verbe *teon*, comme l'allemand *ziehen*, avait aussi le sens de « élever »; et de même que nous trouvons en allemand *ziehen*, *Zucht*, et *züchten*, ainsi, en anglo-saxon, *team* a signifié « progéniture »; *teamian* (que, pour plus de clarté, nous écrivons *to teem* en anglais) prit le sens de « produire, propager », et enfin de « abonder ».

D'après la nature même du langage, les méprises mythologiques telles que celle qui a donné naissance aux fables concernant la Grande-Ourse doivent être plus fréquentes dans les idiomes anciens que dans les langues modernes. Néanmoins les mêmes accidents mythologiques arrivent dans le français et dans l'anglais modernes. Quand les Hindous parlaient des sept étoiles brillantes, les *Rikshas*, comme étant l'Ours, leur erreur n'était pas plus grande que ne serait la nôtre si, en parlant de *walnut* « noix », nous nous figurions que ce mot a quelque rapport avec *wall* « mur ». *Walnut* est l'anglo-saxon *wealh-hnut*, en allemand *Wälsche Nuss*. *Wälsch* signifie originairement en allemand « étranger, barbare », et ce nom était spécialement appliqué par les Allemands aux Italiens. Et aujourd'hui encore l'Italie est appelée *Welschland* en Allemagne. Les envahisseurs saxons donnèrent le même nom aux Celtes qui habitaient les Iles Britanniques : ils les appelaient en anglo-saxon *wealh*, au pluriel *wealas*. Walnut a donc signifié originairement « noisette étrangère ». En lithuanien la noix porte le nom de « noisette italienne »; en russe on l'appelle « noisette grecque » (1). Quel est l'Anglais qui, en parlant de *walnut*, songe à la signification de ce mot, « noisette étrangère »? Si ce n'est qu'il se trouve que les noix ne sont pas des fruits d'espalier, il est fort présumable que les maîtres d'école auraient déjà insisté pour faire épeler le mot avec deux *l*, et que plus d'un jardinier aurait planté ses noyers contre le mur.

Il y a une soupe qu'on nomme *soupe de Palestine*. Elle est faite, me dit-on, avec des topinambours, que nous appelons en anglais *Jerusalem artichokes* « artichauts de Jérusalem », mais ce nom provient d'une simple erreur : le topinambour, appartenant à la famille des hélianthes, et ressemblant au tournesol, fut appelé en italien *girasole*, de *gyrus* « cercle, tour », et *sol* « soleil ». De là les *Jerusalem artichokes* et les *Palestine soups*!

Nous nous contenterons de rapporter ici un autre exemple, parce que nous aurons à revenir sur ce sujet de la mythologie moderne. Une des sept merveilles (2) du Dauphiné est *la Tour sans venin*, près de Grenoble. On raconte que les animaux venimeux meurent dès

---

(1) Pott, *E. F.*, II, 127. *Itóliskas rëssutys; Gréczkoi orjech*. L'allemand *Lamberts-Nuss* est *nux Lombardica*. Au lieu de *Walnut*, nous trouvons *Welshnut, Philos. Transact.*, XVIII, p. 819, et *Walshnut* dans *Gerarde's Herbal*. Dans la table de ce dernier ouvrage, *Walnut* est écrit avec deux *l*, et vient après *Wallflower*.

(2) De Brosses, *Formation mécanique des langues*, II, 133.

qu'ils en approchent. Quoiqu'on ait fait cette expérience et qu'elle ait invariablement manqué, cependant bien des gens du pays croient aussi fermement que jamais à la vertu miraculeuse de cette localité. Ils en appellent au nom même de *la Tour sans venin*, et si les plus éclairés d'entre eux consentent à admettre que la tour a pu perdre, de nos jours, ce caractère miraculeux, ils n'en maintiennent pas moins qu'elle le possédait certainement autrefois. Cependant le véritable nom de la tour et de la chapelle qui se trouve tout près est *San Verena* ou *Saint Vrain*. Ce nom se changea d'abord en *san veneno*, et puis en *sans venin*.

Mais il faut revenir à la mythologie ancienne. Il y a en sanscrit une racine GHAR, qui, comme *ark*, signifie « être brillant » et « rendre brillant » (1). Elle fut employée originairement en parlant du luisant de la graisse et de l'onguent. Ce sens primitif est conservé dans certains passages du Véda, où l'on dit que le prêtre ranime le feu en y éparpillant des parcelles de beurre. Cette racine ne signifie jamais saupoudrer ou éparpiller en général, mais toujours éparpiller une substance luisante et grasse (*beglitzern*) (2). Cette racine a donné *ghṛita*, le *ghee* moderne, qui signifie beurre fondu, et en général toute matière onctueuse (*Schmalz*), la graisse de la terre et la grasse vapeur des nuées. *Ghṛita* signifie aussi « luisant, brillant »; c'est pourquoi l'aurore est appelée *ghṛitápratíká* « à la face brillante ». On a encore formé avec le même mot une

(1) Cf. *Kuhn's Zeitschrift*, 1, 154, 566 ; III, 346 (Schweizer), IV, 354 (Pictet).
(2) *Rv.* II, 10, 4. *Jigharmy agním havíshá ghṛiténa* « j'oins ». ou « je fais briller le feu avec des oblations de graisse ».

épithète pour le feu, *ghritánirnij* « aux vêtements brillants », littéralement « aux vêtements dégouttants de graisse ». Les chevaux d'Agni (le feu) sont aussi appelés *ghritáprishthâh*, littéralement « au dos couvert de graisse », mais, suivant le commentateur, « bien nourris, luisants ». Les mêmes chevaux sont appelés *vitaprishthâ* « au beau dos », *ghritasnâh* « baignés de graisse, luisants, arrosés ». D'autres dérivés de cette racine *ghar* sont *ghriṇá* « chaleur du soleil », et dans le sanscrit plus moderne *ghriṇâ* « chaleur du cœur » ou « pitié », mais aussi « fougue » ou « mépris ». *Ghriṇi* aussi signifie « l'ardeur brûlante du soleil ». *Gharmá* désigne la chaleur en général, et peut se dire de tout ce qui est chaud, du soleil, du feu, du lait chaud, et même de la chaudière et de la bouillotte. Ce mot est le même que le grec *thermós*, et que le latin *formus* « chaud ».

Au lieu de la racine *ghar* nous trouvons aussi la racine *har*, légère modification de la première et ayant la même signification. Cette racine a produit plusieurs dérivés. Deux dérivés fort connus sont *hári* et *harít*, qui tous deux signifiaient originairement « brillant, resplendissant » Or rappelons-nous que, quoique le soleil et l'aurore soient conçus de temps en temps par les poëtes védiques comme étant eux-mêmes des chevaux (1), c'est-à-dire des chevaux qui font une course, ce fut chez ces poëtes une conception plus familière de représenter le soleil et l'aurore comme tirés par des chevaux. Ces chevaux sont très-naturelle-

---

(1) Max Müller, *Essay on comparative Mythology*, p. 82. Böhtlingk-Roth, *Wörterbuch*, au mot *aśva*.

ment appelés *hári* ou *harít* « brillants, éclatants »; et beaucoup de noms semblables leur sont appliqués, tels que *aruṇá*, *arushá*, *rohít*, etc. (1), lesquels expriment tous l'éclat de la couleur avec ses diverses nuances. Après quelque temps, ces adjectifs devinrent des substantifs. De même que *hariṇá*, après avoir signifié « d'un fauve éclatant », est devenu le nom propre de l'antilope; de même qu'en anglais nous disons *a bay* quand nous voulons parler de *a bay horse* « un cheval bai », ainsi les poëtes védiques parlèrent des *Harits* comme étant les chevaux du Soleil et de l'Aurore, des deux *Haris*, comme étant les chevaux d'Indra, des *Rohits*, comme étant les chevaux d'Agni (le feu). Après quelque temps, la signification étymologique de ces mots fut perdue de vue, et *hari* et *harit* devinrent les noms traditionnels des chevaux par lesquels on représentait l'Aurore et le Soleil, ou que l'on supposait être attelés à leurs chars. Quand le poëte védique dit : « Le Soleil a attelé les Harits pour sa course, » que signifiait originairement ce langage ? Rien de plus que ce qui frappe tous les yeux, à savoir, que ces brillants rayons que l'on voit le matin dans l'orient, avant le lever du soleil, s'élançant du point de l'horizon où ils sont réunis jusqu'au haut du ciel et jaillissant dans toutes les directions avec la rapidité de l'éclair, font monter après eux le globe lumineux du soleil, comme des coursiers traînent le char d'un guerrier. Mais quelle main est assez ferme pour tenir les rênes du langage ? Les *Harits* « les brillants » s'échappent comme des chevaux emportés, et bientôt

(1) Cf. Max Müller, *Essay on comparative Mythology*, pp. 81-83.

eux, qui étaient originairement l'Aurore ou les rayons de l'Aurore, reparaissent pour être attelés comme des chevaux au char de l'Aurore. Ainsi nous lisons (*Rv.*, VII, 75, 6) : « On voit les chevaux éclatants qui nous amènent l'Aurore brillante. »

Si l'on demande comment il a pu se faire que des rayons de lumière fussent désignés sous le nom de *chevaux*, la réponse la plus naturelle serait que c'était là une de ces expressions poétiques dont tout le monde peut se servir. Mais, si nous observons le développement du langage et de la poésie, nous découvrons que beaucoup des expressions poétiques des temps plus modernes reposent sur le même principe métaphorique que nous avons vu remplir un rôle si important dans la formation primitive des noms, et nous trouvons que ces expressions furent suggérées aux poëtes plus modernes par des poëtes plus anciens, c'est-à-dire par les créateurs du langage même qu'ils parlaient. Ainsi, dans le cas actuel, nous pouvons voir que le même nom qui fut donné aux flammes du feu, savoir *vahni*, servait aussi de dénomination pour le cheval, *vahni* étant dérivé d'une racine *vah* « porter, transporter ». Il y a plusieurs autres noms communs à la fois aux rayons de lumière et aux chevaux, de sorte que l'idée de cheval devait naturellement traverser l'esprit quand on prononçait ces noms des rayons lumineux. Et nous voici encore une fois plongés dans la mythologie, car toutes les fables concernant Hélios « le soleil » et ses chevaux découlent irrésistiblement de cette source.

Mais il y a plus encore. Rappelez-vous qu'un des noms donnés aux chevaux du Soleil était *Harit;* rappelez-vous aussi que dans la pensée des créateurs du langage ces chevaux du Soleil étaient les rayons de l'Aurore, ou, si vous le voulez, l'Aurore elle-même. Dans quelques passages l'Aurore est simplement appelée *aśvâ* « la jument », originairement « la lumière qui court ». Cependant, même dans le Véda, les *Harits* ne sont pas toujours représentés comme étant de simples chevaux, mais ils prennent quelquefois, comme l'Aurore, un aspect plus humain. Ainsi (*Rv.*, VII, 66, 15) on les appelle les Sept Sœurs, et, dans un autre passage (IX, 86, 37), on les représente avec de belles ailes. Voyons maintenant si nous pouvons apercevoir quelque trace de ces *Harits* ou « brillants » dans la mythologie grecque, laquelle, comme la mythologie sanscrite, n'est qu'un autre dialecte de la mythologie commune à toute la famille aryenne. Si tant est que leur nom se trouve en grec, ce ne peut être que sous la forme *Charis, Charites*. Ce nom, comme vous le savez, existe; mais quelle en est la signification? Il ne veut jamais dire « un cheval ». Dans l'esprit des poëtes grecs ce nom n'a jamais traversé la phase qui est si ordinaire dans la poésie des bardes de l'Inde. Il a conservé son sens étymologique de « éclat resplendissant », et il est devenu ainsi le nom de la plus brillante clarté du ciel, l'aurore. Dans Homère, *Charis* est encore un des nombreux noms d'*Aphrodite*, et, comme Aphrodite, elle est appelée l'épouse d'*Héphæstos* (1). *Aphrodite*, celle qui est née de la mer,

(1) *Il.*, XVIII, 382 :

Τὴν δὲ ἴδε προμολοῦσα Χάρις λιπαροκρήδεμνος,
Καλή, τὴν ὤπυιε περικλυτὸς Ἀμφιγυήεις.

Dans l'*Odyssée*, la femme d'Héphæstos est Aphrodite; et Nägelsbach, n'apercevant pas le caractère synonymique des deux noms,

était originairement l'aurore, le plus beau de tous les spectacles de la nature; et c'est pourquoi il est tout naturel que, dans l'esprit des Grecs, elle ait été élevée au rang de la déesse de la beauté et de l'amour. De même que l'aurore est appelée dans le Véda *Duhitâ Divaḥ* « la fille de Dyaus », de même *Charis* « l'Aurore » est pour les Grecs la fille de *Zeus*. Un des noms d'Aphrodite, *Argynnis*, que les Grecs dérivaient du nom d'un lieu sacré sur les bords du Céphise, où était morte Argynnis la bien-aimée d'Agamemnon, a été identifié (1) avec le sanscrit *arjunî* « la brillante », nom de l'Aurore. Par la suite des temps les différents noms de l'aurore cessèrent d'être compris, et *Eos* (*Ushas*), comme étant le plus intelligible d'entre eux, devint en Grèce le principal représentant de la divinité du matin, dont le char était tiré, ainsi que dans le Véda, par ses chevaux brillants. *Aphrodite*, née de la mer, appelée aussi *Enalia* (2) et *Pontia*, devint la déesse de la beauté et de l'amour, et fut plus tard dégradée par un mélange de mythologie syrienne. *Charis*, au contraire, se confondit avec les *Charites* (3),

est allé jusqu'à attribuer à un autre poëte le passage de l'*Odyssée* (VIII, 266 et suiv.), parce que, dit-il, le système des noms est trop fermement établi dans Homère, pour qu'une telle variation soit possible. Il considère également le mariage d'Héphæstos comme une pure allégorie (*Homerische Theologie*, p. 114).

(1) Sonne, dans *Kuhn's Zeitschrift*, X. 350. Rv. 1, 49, 3. *Arjuna*, nom d'Indra mentionné dans les *Brâhmanas*, etc.

(2) Cf. *Ápyâ yóshâ*, Rv. X, 10, 4; *ápyâ yóshaṇâ*, 11, 2.

(3) Kuhn, *Zeitschrift*, I, 518; X, 125. Ce même changement d'une divinité en plusieurs s'est produit dans le cas des *Mœræ*, les destins. Les passages d'Homère où il est fait mention de plus d'une *Mœra*, sont considérés comme apocryphes (*Od.* VII, 197; *Il.* XXIV, 49); mais chez Hésiode et les poëtes postérieurs, il est souvent question de

lesquelles, au lieu d'être, comme dans l'Inde, les coursiers de l'Aurore, furent changées, par une transformation également naturelle, en des compagnes des divinités brillantes, et particulièrement d'Aphrodite « qu'elles baignent à Paphos et frottent d'huile » (1), comme en souvenir de leur descendance de la racine *ghar*, laquelle, ainsi que nous l'avons vu, signifiait « oindre, rendre brillant avec de l'huile ».

On a cru élever contre l'histoire du mot *charis*, telle qu'elle est présentée ici, une objection qui ferait tomber notre explication, en disant qu'en grec il serait impossible de séparer *charis* d'autres mots d'un sens général. « Que ferons-nous, dit Curtius (2), de *cháris, chará, chairō, charízomai, charíeis?* » Mais il serait extraordinaire que de tels mots n'existassent pas, si la racine *ghar* s'était desséchée, immédiatement après avoir produit ce seul nom, *Charis*. Ces mots que Curtius énumère ne sont que des rejetons collatéraux de la même racine qui a produit les *Harits* dans l'Inde et *Charis* en Grèce. Un des dérivés de la racine *har* fut emporté par le courant de la mythologie; les autres restèrent sur leur sol natal. C'est ainsi que la racine *dyu* ou *div* donne naissance, entre autres mots, au nom de *Zeus*, en sanscrit *Dyaus;* est-ce à dire pour cela que le même mot n'ait pas pu être employé dans le sens originel de « ciel », et produire d'autres substantifs exprimant la lumière, le jour, et des notions semblables? Le mot même qui, dans la plupart des

plusieurs *Mœræ*. (Voir Nägelbach, *Nachhomerische Theologie*, p. 150; Welcker, *Griechische Götterlehre*, p. 53.)

(1) *Od.* VII, 364.
(2) Curtius, *G. E.* I, 97.

langues slaves, signifie « éclat » est devenu en illyrien, sous la forme *zora*, le nom de l'aurore (1). Devons-nous supposer qu'en grec *Charis* commença par avoir le sens de « grâce, beauté », et que cette idée générale aurait ensuite été élevée au rang d'une divinité née de l'abstraction? Il serait difficile de trouver dans Homère une autre divinité semblable, originairement simple conception abstraite (2), et pourtant faite de chair et d'os comme *Charis*, la femme d'Héphæstos. Ou bien faudra-t-il supposer que *Charis* fut d'abord, pour une raison ou pour une autre, la femme d'Héphæstos, et que son nom se réduisit plus tard à signifier éclat (3) ou charme en général, de sorte qu'on put dire qu'une autre déesse, Athéné, répandait *charis* ou du charme sur toute la personne d'un héros? Ici encore je doute qu'on puisse trouver un exemple analogue dans Homère. Au contraire, tout devient clair et naturel, si nous admettons que de la racine *ghar* ou *har* « être gras, être luisant », fut dérivé, outre *harit* « l'éclatant » cheval du Soleil en sanscrit, et *Charis* « la brillante » Aurore en grec, le substantif *charis* signifiant « éclat » et « graisse », puis « contentement » et « agrément ou charme » en général, suivant une métaphore si ordinaire dans le langage ancien. Il peut nous sembler étrange que la *charis*, cette grâce indescriptible de la poésie et de l'art grecs, soit issue d'une racine signifiant « être gras, être graisseux ». Cependant, comme

---

(1) Pictet, *Origines*, I. 155. Sonne, dans *Kuhn's Zeitschrift*, X, 354.
(2) Voir Kuhn, *Herabholung des Feuers*, p. 17.
(3) Sonne, *loco cit.* X, 355-6.

des enfants gras et joufflus deviennent en grandissant ces « Lilians délicates et éthérées » dont nous parle le poëte, ainsi arrive-t-il pour les mots et pour les idées. Le Psalmiste (CXXXIII, 2) ne recule pas devant des métaphores plus hardies encore : « Voyez combien il est bon et combien il est agréable pour des frères d'habiter ensemble dans l'union ! C'est comme cet onguent précieux versé sur la tête, lequel coulait sur la barbe d'Aaron, et tombait jusqu'aux bords de ses vêtements. » Quand le mot grec *cháris* eut grandi, et pris le sens de « charme », qu'il répondit à l'idée que représentait ce mot pour la plus finement cultivée de toutes les races, sans doute le mot réagit sur la *Charis* et les *Charites* de la mythologie, et en fit la personnification de tout ce que les Grecs avaient appris à appeler gracieux et charmant ; aussi à la longue devient-il quelquefois difficile de dire si ce substantif *charis* est employé comme appellatif ou comme nom propre mythologique. Néanmoins, quoique les deux mots convergent ainsi l'un vers l'autre dans le grec plus moderne, leurs points de départ sont clairement distincts, au moins aussi distincts que ceux de *arka* « soleil » et *arka* « hymne de louange », que nous avons examinés plus haut, ou que *Dyaus*, Zeus, nom masculin, et *dyaus*, nom féminin, signifiant « ciel » et « jour ». Lequel des deux mots est le plus ancien, l'appellatif ou le nom propre, *Charis* « l'Aurore brillante », ou *charis* « la grâce », c'est là une question à laquelle il est impossible de répondre, bien que Curtius se prononce en faveur de la priorité de l'appellatif. Cela est loin d'être aussi certain qu'il se l'imagine. Je suis pleinement d'accord avec lui quand il dit « qu'aucune étymologie de n'importe quel nom propre ne peut être satisfaisante si elle ne suffit pas à expliquer les noms appellatifs qui se rattachent à ce nom propre » ; mais notre étymologie de *Charis* n'est pas dans ce cas. Au contraire, elle met à nu les racines les plus profondes d'où nous pouvons suivre sans interruption aucune tous les rejetons congénères de ce mot, et dans leurs formes et dans leurs significations; et elle ne redoute pas l'examen le plus approfondi des savants qui étudient la philologie comparée et de ceux qui aiment la mythologie ancienne (1).

Dans les exemples que nous avons étudiés jusqu'à présent, un malentendu mythologique fut causé par le fait qu'une seule et même racine dut fournir les noms de conceptions différentes, en sorte que, après un certain laps de temps, les deux noms furent supposés être un seul et même nom, ce qui fit transporter à l'un la signification de l'autre. Il y avait un point de ressemblance entre l'ourse *brillante* et les étoiles *brillantes*, lequel autorisait les anciens créateurs du langage à dériver les deux noms d'une seule et même racine. Mais quand la ressemblance sous le rapport d'une qualité était prise pour une identité de substance, la mythologie devenait inévitable. J'appelle mythologie le fait que les sept étoiles brillantes étaient appelées *Arktos* et étaient supposées signifier « l'ourse » ; et il est important d'observer que ce mythe n'a aucune connexion, quelle qu'elle soit, avec des idées religieuses ni avec les prétendus dieux de l'antiquité. La légende de *Kallisto*, la bien-aimée de *Zeus*, et la mère d'Arkas, n'a rien à faire

---

(1) Voir l'*Appendice* à la suite de cette leçon.

avec le choix primitif du nom de ces étoiles. Au contraire, Kallisto était supposée avoir été changée en l'*Arktos* ou la Grande-Ourse, parce qu'elle était mère d'*Arkas*, c'est-à-dire de la race arcadienne ou des ours, et son nom, ou celui de son fils, rappelait aux Grecs le terme qui, depuis une haute antiquité, avait désigné pour eux la constellation septentrionale. Ici donc nous avons de la mythologie indépendante de la religion, nous avons un malentendu mythologique dont le caractère ressemble beaucoup à celui de ces méprises que nous avons signalées dans *Palestine soup* et dans *la Tour sans venin*.

Considérons maintenant une autre classe d'expressions métaphoriques. La première classe comprenait les cas qui devaient leur origine à ce fait que deux conceptions substantiellement distinctes reçurent leur nom d'une même racine appliquée différemment. La métaphore était contemporaine de la formation des mots ; la racine elle-même et sa signification avaient été modifiées en étant adaptées aux différentes conceptions qui attendaient une expression. C'est là la *métaphore radicale*. Si, au contraire, nous prenons un mot comme *étoile* et que nous l'appliquions à une *fleur*; si nous prenons le mot *navire* et que nous l'appliquions à un *nuage*, ou le mot *aile* pour l'appliquer à une *voile*; si nous appelons le soleil *cheval*, ou la lune *vache*; ou, pour parler de verbes, si nous prenons *mourir* et que nous l'employions pour le soleil couchant, ou si nous lisons « Le clair de lune *embrasse* la terre, et les rayons du soleil *baisent* la mer » (1),

---

(1) Cox, *Tales of the Gods and Heroes*, p. 55.

nous avons dans toutes ces expressions des *métaphores poétiques*. Cette classe de métaphores se rencontre aussi très-fréquemment dans l'histoire du langage et de la pensée antiques. C'était, par exemple, une idée très-naturelle pour des gens qui observaient les rayons dorés du soleil jouant, pour ainsi dire, avec le feuillage des arbres, de parler de ces rayons projetés comme s'ils étaient des mains ou des bras. Ainsi nous voyons que, dans le Véda (1), *Savitar* (un des noms du soleil) est surnommé « à la main d'or ». Qui aurait pensé qu'une métaphore aussi simple pût jamais causer une méprise mythologique? Pourtant nous trouvons que les commentateurs du Véda voient dans cette épithète appliquée au soleil, non point la splendeur dorée de ses rayons, mais l'or qu'il porte dans ses mains, et qu'il est prêt à répandre sur ses pieux adorateurs. On tire de cette antique épithète toute naturelle une sorte de morale, et les hommes sont encouragés à adorer le soleil parce qu'il a dans les mains de l'or à donner à ses prêtres. Nous avons en allemand ce proverbe *Morgenstunde hat Gold im Munde*, « l'heure du matin a de l'or dans la bouche » ; c'est le même enseignement que porte avec lui le proverbe anglais :

> *Early to bed, and early to rise,*
> *Makes a man healthy, and wealthy, and wise.*

« Se coucher et se lever de bonne heure, c'est ce qui

---

(1) *Rv.* I, 22, 5, *hiraṇyapáṇim ûtaye Savitáram upa hvaye.*
I. 35, 9, *hiraṇyapáṇiḥ Savitá vicharshaṇiḥ ubhe dyáváprithiví antar íyate.*
I. 35, 10. *hiraṇyahasta.*

donne la santé, la richesse et la sagesse. » Mais l'origine du proverbe allemand est mythologique. C'est la conception de l'aurore comme étant la lumière dorée (quelque ressemblance analogue à celle qui existe entre *aurum* et *aurora*), qui suggéra l'expression proverbiale ou mythologique « l'Aurore à la bouche d'or », — car nombre de proverbes sont de la mythologie réduite en miettes. Mais revenons au soleil *à la main d'or*. On n'en fit pas seulement un enseignement : on en tira aussi un mythe que consacra la piété. Soit qu'on ne vît réellement pas la signification naturelle du Soleil *à la main d'or*, soit qu'on ne voulût pas la voir, toujours est-il que les anciens traités théologiques des Brahmanes (1) racontent que le Soleil s'était coupé la main pendant un sacrifice, et que les prêtres l'avaient remplacée par une main artificielle faite d'or. Plus tard même le Soleil, sous le nom de Savitar, devient prêtre lui-même, et une légende raconte qu'il se trancha la main pendant un sacrifice, et que les autres prêtres lui fabriquèrent une main d'or.

Toutes ces légendes, tous ces mythes que nous avons examinés jusqu'à présent sont assez clairs ; ils ressemblent aux fossiles de l'époque la plus récente, et l'on ne saurait se méprendre sur les rapports de ressemblance qui les rattachent aux espèces existantes. Mais, si nous creusons un peu plus profondément, la ressemblance est moins facile à saisir, quoiqu'on puisse l'établir par des recherches soigneuses. Si le dieu allemand *Tyr*, que Grimm identifie avec le dieu-soleil du sanscrit (2), est représenté comme

---

(1) *Kaushítaki-bráhmaṇa*, loc. cit. et *Sáyaṇa*.
(2) *Deutsche Mythologie*, XLVII, p. 187.

n'ayant qu'une main, c'est que le surnom *à la main d'or* avait fait concevoir le Soleil comme ayant une main artificielle, et plus tard, par une conclusion strictement logique, comme n'ayant qu'une seule main. Chaque nation inventa sa propre histoire concernant la manière dont *Savitar* et *Tyr* avaient perdu leur main; et tandis que les prêtres de l'Inde imaginèrent que *Savitar* s'était blessé la main dans un sacrifice, les chasseurs du Nord racontèrent que *Tyr* avait placé sa main, comme gage, dans la gueule du loup, et que le loup l'avait emportée. Grimm compare cette légende de *Tyr* qui place sa main, comme gage, dans la gueule du loup, et qui la perd de cette manière, avec une légende indienne de *Sûrya* ou *Savitar*, le soleil, qui saisit un animal destiné au sacrifice et qui perd la main par sa morsure. Cette explication est possible, mais elle a besoin d'être confirmée, surtout une autre origine ayant été trouvée pour le dieu allemand Tyr *à la main unique*. Tyr est le dieu de la victoire, ainsi que Wackernagel le fait observer, et, la victoire ne pouvant être que d'un côté, on a bien pu se figurer et représenter dans le langage le dieu de la victoire comme n'ayant qu'une seule main (1).

Les Grecs ne faisaient qu'une simple métaphore poétique lorsqu'ils parlaient des étoiles comme étant les yeux de la nuit. Mais quand ils parlent d'*Argos* « qui voit tout » (*Panóptēs*), et qu'ils nous disent que son corps est tout couvert d'yeux, nous avons évidemment là de la mythologie (2).

---

(1) *Schweitzer Museum*, I, 107.
(2) *Rv.* I, 19, 4; 38, 15; 52, 15. Kuhn, *Zeitschrift*, 1, 521.

L'expression est aussi parfaitement intelligible quand les poëtes du Véda parlent des *Maruts*, les vents, les orages, comme étant des chanteurs. Il n'y a là rien de plus que quand les poëtes parlent de la musique des vents ; et en allemand l'expression *der Wind singt* « le vent chante » ne signifie rien autre chose que « le vent souffle ». Mais lorsque les Maruts sont appelés non-seulement des « chanteurs », mais des « musiciens » (et même, dans le Véda, de « sages poëtes »), alors le langage a dépassé ses limites, et nous lance dans la région des fables.

Quoique cette distinction entre la métaphore *radicale* et la métaphore *poétique* soit tout à fait essentielle, et nous aide plus que toute autre chose à obtenir une perception claire de l'origine des idées, nous devons admettre qu'il y a des cas où cette distinction ne s'établit pas aisément. Si des poëtes modernes appellent les nuages des montagnes, c'est là évidemment une métaphore poétique, car le mot montagne, par lui-même, ne signifie jamais « nuage ». Mais lorsque nous voyons que dans le Véda les nuages sont constamment appelés *parvata*, et que *parvata* signifie étymologiquement « noueux ou âpre », il est difficile de dire d'une manière positive si, dans l'Inde, les nuages étaient appelés des montagnes par une simple métaphore poétique, ou si, dès le commencement, les nuages et les montagnes avaient été conçus comme étant pleins de saillies et d'ondulations, et avaient, pour cette raison, été appelés *parvata*. Quoi qu'il en soit, le résultat est le même, à savoir, de la mythologie; car s'il est dit dans le Véda que les Maruts ou les orages font trembler les montagnes (1. 39, 5), ou qu'ils traversent les montagnes (I. 116, 20), bien que cette expression ait signifié originairement que les orages agitent les nuages, ou passent à travers les nuages, elle est venue à signifier, aux yeux des commentateurs plus modernes, que les Maruts secouaient réellement ou déchiraient les montagnes.

APPENDICE

DE LA HUITIÈME LEÇON.

Le docteur Sonne, dans plusieurs savants articles publiés dans le *Journal de Kuhn* (X. 96, 161, 321, 401), a soumis à la critique la plus rigoureuse ma conjecture au sujet de l'identité de *harit* et de *cháris*. Sur la plupart des points je suis entièrement d'accord avec lui, ainsi qu'il le verra par l'exposé plus développé de mes vues que j'ai fait dans cette leçon, et je lui ai la plus grande reconnaissance pour toutes les lumières nouvelles qu'il a jetées sur ce sujet en le traitant de la manière la plus complète. Nous différons quant à la signification originelle de la racine *ghar*, qui, d'après le docteur Sonne, désignerait l'effusion de la lumière, tandis que j'y attache le sens de « être gras, être luisant ». Cependant nous nous rencontrons encore dans l'explication de mots tels que *ghṛiṇâ* « pitié », *háras* « courroux », *hṛiṇi*, colère, *hṛiṇite* « il est irrité » (p. 100). Le docteur Sonne explique ces sens en en rapprochant les mots russes *kraska* « couleur », *krasnoi* « rouge, beau », *krasa* « beauté », *krasnjeti* « rougir », *krasovatisja* « se réjouir ». Il a certainement raison de révoquer en doute l'identité de *chaírō* et du sanscrit *hrish*, le latin *horreo*, et d'expliquer *chaírō* comme étant la forme grecque de *ghar* « être brillant et content » conjuguée comme la quatrième classe de verbes. Quant à l'identité du sanscrit *haryati* « il désire » et du grec *thélei*, elle me paraît douteuse.

Le docteur Sonne ne dit pas pour quelle raison il préfère identifier *cháris, cháritos*, avec le sanscrit *hári*, plutôt qu'avec *harít*. Est-ce à cause de l'accent? Je n'hésite pas à penser qu'il y avait une forme *cháris* qui correspondait à *hári*, et c'est d'elle que je dériverais l'accusatif *chárin*, au lieu de *chárita*, et aussi les adjectifs comme *charíeis* (harivat). Mais je conserverais certainement le thème que nous avons dans *harít*, afin d'expliquer des formes comme *cháris, cháritos*. Rien au monde ne prouve que *chárit* ait jamais subi, en grec, la même métamorphose que le sanscrit *harít*, et que ce mot ait jamais exprimé pour un esprit grec l'idée de *cheval*. Les mythes grecs et les mythes sanscrits, comme les mots grecs et les mots sanscrits, doivent être traités comme collatéraux à une même tige et non point comme subordonnés les uns aux autres; et je ne sache pas que j'aie jamais rapporté des mythes grecs à des mythes sanscrits, ou des mots grecs à des mots sanscrits, comme à leurs prototypes. Ce que j'avais dit des *Charites* était fort peu de chose. Voici ce que j'ai écrit à la page 81 de mon *Essai sur la Mythologie comparée :* — « Dans d'autres passages, cependant, les Harits revêtent une forme plus humaine; et de même que l'aurore qui est quelquefois appelée simplement *aśvá* « la jument », est bien connue sous le nom de « la sœur », ainsi ces Harits sont quelquefois appelées les Sept Sœurs » (VII, 66, 15); et dans un passage (IX, 86, 37), nous les trouvons désignées comme les *Harits* « aux belles ailes ». *Après cela j'ai à peine besoin de dire que nous avons ici le prototype des Charites grecques.* »

Si en quelque autre occasion j'avais dérivé des mythes grecs de mythes sanscrits, ou, comme parle le docteur Sonne, des mythes *ethniques* d'autres mythes *ethniques*, au lieu de dériver les deux séries de mythes d'une source aryenne commune ou *pro-ethnique*, mes paroles auraient pu donner lieu à un malentendu (1). Mais par ces paroles, telles qu'elles se trouvent dans mon *Essai*, je voulais seulement indiquer qu'après avoir fait remonter les *Harits* à leur plus haute origine, et après avoir montré comment, partant de là, elles étaient entrées dans leur carrière mythologique dans l'Inde, nous pouvions découvrir, dans leur forme la plus ancienne, le moule où fut coulé le mythe des *Charites* grecques, tandis que des surnoms comme « les sœurs » et « aux belles ailes » pouvaient faire supposer que des conceptions qui étaient restées stériles dans la mythologie indienne, avaient produit sous le ciel de la Grèce ces charmantes formes humaines que nous avons tous appris à admirer dans les Grâces

(1) Je dois mentionner cependant que M. Cox, dans l'*Introduction* de ses *Tales of the Gods and Heroes*, p. 67, a pris mes paroles dans le même sens que le docteur Sonne. « Les chevaux du Soleil, dit-il, sont appelés *Harits*, et dans ces *Harits* nous avons le prototype des *Charites* grecques, transmutation inverse, car tandis que, dans les autres cas, la personnalité humaine est changée en une personnalité animale, ici les animaux sont transformés en jeunes filles. »

de l'Hellas. Une courte phrase qui se trouve vers la fin de mon *Essai* (p. 86) prouvera que j'avais reconnu l'identité personnelle, si je puis m'exprimer ainsi, de la *Charis* grecque, *Aphrodite,* l'aurore, et de l'*Ushas* du sanscrit, l'Aurore : — « *Eros* est le plus jeune des dieux, le fils de *Zeus,* l'ami des *Charites,* aussi le fils de la *Charis* principale, *Aphrodite,* dans laquelle il est difficile de ne pas découvrir une *Eros* féminine (une *Ushâ* « aurore », au lieu d'un *Agni aushasya*) ».

Le docteur Sonne verra ainsi que nos routes, même quand elles ne coïncident pas exactement, sont parallèles, et que nous travaillons tous deux dans un même esprit et avec les mêmes objets en vue.

NEUVIÈME LEÇON.

LA MYTHOLOGIE DES GRECS.

Excellence du génie grec, chefs-d'œuvre qu'il a produits dans toutes les sciences et dans tous les arts. — Étranges absurdités et horreurs de la religion grecque. — Les philosophes grecs sont frappés de ces énormités, et reconnaissent un Dieu unique et parfait. Xénophane, Héraclite, Pythagore, Anaxagore, Protagoras, Socrate, Platon, Épicure, Chrysippe. — Protestations des poëtes grecs contre l'immoralité attribuée aux dieux. Pindare, Euripide. — Trois systèmes d'herméneutique appliqués par les Grecs à l'interprétation de leurs fables : système *éthique*, système *physique*, système *historique*. Ces systèmes dans les temps modernes. — Révolution opérée dans l'étude des mythologies anciennes par la philologie comparée. — La Mythologie comparée. Principes fondamentaux de cette science, et méthode qui y doit être suivie. — Importance capitale du Rig-Véda pour l'interprétation des fables de l'antiquité.

Ceux qui connaissent l'histoire de la Grèce, et qui ont appris à estimer à leur prix toutes les qualités intellectuelles, morales et artistiques de l'esprit grec, se sont souvent demandé avec étonnement comment une telle nation avait pu accepter, avait pu tolérer, pour un instant, une religion comme la sienne. Nous savons tous ce que les habitants de la petite ville d'Athènes ont accompli dans la philosophie, dans la poésie, dans l'art, dans la science et dans la politique; et notre admiration pour eux est décuplée quand l'étude d'autres littératures, comme celles de l'Inde, de la Perse et de la Chine, nous met à même de comparer l'œuvre des Grecs avec ce qui a été fait par les autres nations de l'antiquité. C'est aux Grecs que nous autres, peuples de l'Europe, héritiers d'une fortune accumulée par un labeur intellectuel de vingt ou trente siècles, nous devons les éléments de nos sciences et de nos arts, de presque tout, à l'exception de la religion ; et quelque étrange que ce soit à dire, peu de personnes, je pense, me contrediront, quand j'affirmerai que les chefs-d'œuvre de ces ancêtres éloignés, nos premiers maîtres, les chants d'Homère, les dialogues de Platon, les discours de Démosthène et les statues de Phidias, s'ils se sont vu disputer la palme, n'ont pas encore du moins été surpassés par les plus nobles créations de leurs descendants et de leurs disciples. Comment les Grecs sont-ils arrivés à être ce qu'ils étaient, et comment, seuls entre toutes les nations, ont-ils ouvert presque toutes les mines de la pensée que l'humanité a exploitées depuis lors? comment ont-ils inventé et porté à la perfection presque tous les styles de la poésie et de la prose qu'ont cultivés après eux les plus grands esprits de notre race? comment ont-ils jeté le fondement solide des principaux arts et des principales sciences, dans certains desquels ils ont obtenu des triomphes qu'aucun de leurs successeurs n'a pu égaler? c'est là un problème que nul historien et nul philosophe n'ont encore pu résoudre. Semblable à sa déesse Athéné, le peuple d'Athènes semble s'élancer tout armé dans l'arène de l'histoire, et, si nous tournons les yeux vers l'Égypte, vers la Syrie ou vers l'Inde, nous voyons qu'elles n'ont fourni que bien peu de ces germes qui ont pris un si merveilleux développement sur le sol de l'Attique.

Mais plus nous admirons le génie natif de la race hellénique, plus nous éprouvons de surprise à la vue de ce qu'a d'absurde et de cru leur religion, telle que la tradition nous la présente. Leurs philosophes les plus anciens savaient aussi bien que nous que la divinité, pour être la divinité, ne peut être moins que parfaite, qu'elle doit être une et non multiple, et qu'elle ne saurait avoir ni parties ni passions; cependant, ils croyaient à plusieurs dieux, et ils leur attribuaient à tous, et plus particulièrement à Jupiter, presque tous les vices et toutes les faiblesses qui déshonorent la nature humaine. Leurs poëtes avaient une aversion instinctive pour tout ce qui était excessif ou monstrueux; cependant ils racontaient de leurs dieux des traits qui donneraient le frisson aux plus sauvages des Peaux-Rouges : qu'Ouranos fut mutilé par son fils Kronos; que Kronos avala ses propres enfants, et qu'après des années de digestion, il vomit toute vivante sa progéniture tout entière; qu'Apollon, le plus beau de leurs dieux, pendit Marsyas à un arbre et l'écorcha tout vif; que Déméter, sœur de Zeus, mangea de l'épaule de Pélops qui avait été égorgé et rôti par son propre père, Tantale, pour faire un régal pour les dieux. Je ne veux pas ajouter d'autres horreurs, ni m'arrêter sur des crimes dont le nom même ne peut plus être mentionné parmi nous, mais que le Grec le plus cultivé était obligé de raconter à ses fils et à ses filles en leur apprenant l'histoire de leurs dieux et de leurs héros.

Ce qui serait un problème de solution plus difficile que celui de l'origine de ces fables elles-mêmes, ce serait que les Grecs, tels que nous les connaissons, ne se fussent jamais émus de tout ceci, et qu'ils ne se fussent jamais demandé comment de telles choses pouvaient exister, et comment de pareilles histoires avaient pu se former. Mais disons-le à l'honneur de la Grèce : quoique ses philosophes n'aient pas réussi à expliquer l'origine de ces fables religieuses, ils en avaient certainement été révoltés depuis les temps les plus reculés. Xénophane, qui, autant que nous pouvons le savoir, vivait avant Pythagore, accuse Homère et Hésiode d'avoir attribué aux dieux tout ce qui est déshonorant parmi les hommes, le vol, l'adultère et la perfidie (1). Il remarque que les hommes semblent avoir créé leurs dieux et leur avoir donné leur propre esprit, leur voix et leur figure; que les Éthiopiens représentaient leurs dieux noirs et camus, et que les Thraces représentaient les leurs avec des cheveux roux et des yeux bleus, absolument comme les bœufs et les lions, s'ils savaient peindre, peindraient leurs dieux comme des bœufs et des lions (2). Lui-même déclare

(1) Πάντα θεοῖς ἀνέθηκαν Ὅμηρος θ'Ἡσίοδός τε,
ὅσσα παρ' ἀνθρώποισιν ὀνείδεα καὶ ψόγος ἐστίν.....
Ὡς πλεῖστ' ἐφθέγξαντο θεῶν ἀθεμίστια ἔργα,
κλέπτειν μοιχεύειν τε καὶ ἀλλήλους ἀπατεύειν.
Cf. Sextus Emp. adv. Math., I, 289; IX, 193.

(2) Ἀλλὰ βροτοὶ δοκέουσι θεοὺς γεγενῆσθαι,
τὴν σφετέρην τ'αἴσθησιν ἔχειν φωνήν τε δέμας τε ....
Ἀλλ' εἴτοι χεῖράς γ'εἶχον βόες ἠὲ λέοντες,
ἢ γράψαι χείρεσσι καὶ ἔργα τελεῖν ἅπερ ἄνδρες,
καί κε θεῶν ἰδέας ἔγραφον καὶ σώματ' ἐποίουν
τοιαῦθ' οἷόν περ καὐτοὶ δέμας εἶχον ὁμοῖον,
ἵπποι μέν θ'ἵπποισι, βόες δέ τε βοῦσιν ὁμοῖα.
Cf. *Clem. Alex., Strom.*, V, p. 601 C.

de la manière plus nette et la plus positive (et cela près de 600 ans avant notre ère) que « Dieu est un, le plus grand entre les dieux et les hommes, ne ressemblant aux hommes ni dans la forme ni dans la pensée » (1). Il appelle les combats des Titans, des géants et des centaures, « des inventions des ancêtres » (πλάσματα τῶν προτέρων) (2), et il demande que la divinité soit louée dans de saints récits et dans des chants purs.

La plupart des grands philosophes de la Grèce adoptaient des sentiments semblables. Héraclite semble avoir regardé le système homérique de théologie, si nous pouvons l'appeler ainsi, comme un verbiage irréligieux. Suivant Diogène Laërce (3), Héraclite déclarait qu'Homère, et Archiloque également, méritaient d'être chassés des assemblées publiques et d'être battus. Le même auteur rapporte une histoire d'après laquelle Pythagore aurait vu dans les enfers l'âme d'Homère suspendue à un arbre, et entourée de serpents comme punition pour ce qu'il avait dit des dieux (4). Évidemment les vues de ces philosophes sur la nature des dieux étaient bien plus hautes et plus nobles que celles des poëtes homériques qui représentaient leurs dieux comme ne valant guère mieux, dans bien

---

(1) Εἷς Θεὸς ἔν τε θεοῖσι καὶ ἀνθρώποισι μέγιστος,
οὔ τι δέμας θνητοῖσι ὁμοίιος οὐδὲ νόημα.
Cf. *Clem. Alex.*, *l. c.*

(2) Cf. *Isocrates*, II, 38 (*Nägelsbach*, p. 45).

(3) Τόν θ' Ὅμηρον ἔφασκεν ἄξιον ἐκ τῶν ἀγώνων ἐκβάλλεσθαι καὶ ῥαπίζεσθαι, καὶ Ἀρχίλοχον ὁμοίως. — Diog. Laert., IX, 1.

Ἠσέβησε, εἰ μὴ ἠλληγόρισε, Ὅμηρος. — Bertrand, *Essai sur les Dieux protecteurs des héros grecs et troyens dans l'Iliade*, p. 143.

(4) Φησὶ δ' Ἱερώνυμος κατελθόντα αὐτὸν εἰς ᾅδου τὴν μὲν Ἡσιόδου ψυχὴν ἰδεῖν πρὸς κίονι χαλκῷ δεδεμένην καὶ τρίζουσαν, τὴν δ' Ὁμήρου κρεμαμένην ἀπὸ δένδρου καὶ ὄφεις περὶ αὐτὴν ἀνθ' ὧν εἶπον περὶ θεῶν. — Diog. Laert., VIII, 2

des cas, que l'homme. Mais, à mesure que la politique se mêla à la religion, il devint de plus en plus dangereux de donner expression à ces doctrines plus sublimes, ou de vouloir expliquer les mythes homériques autrement qu'au pied de la lettre. Anaxagore, qui essaya de donner aux légendes homériques une interprétation morale, qui expliqua, dit-on, les noms des dieux allégoriquement, et qui alla jusqu'à appeler le Destin un nom vide, fut jeté en prison à Athènes, et ne réussit à en sortir que grâce à la protection puissante de son ami et élève Périclès(1). Protagoras, autre ami de Périclès, fut chassé d'Athènes, et ses livres furent brûlés sur la place publique, parce qu'il avait dit qu'il ne pouvait rien savoir concernant les dieux, s'ils existaient ou s'ils n'existaient pas (2). Quoique Socrate n'eût jamais attaqué les traditions sacrées et les légendes populaires (3), il fut soupçonné de ne pas croire bien fermement à l'ancienne théologie homérique, et il dut souffrir le martyre. Après la mort de Socrate, les Athéniens, comme pour se dédommager d'avoir perdu la liberté politique, s'accoutumèrent à jouir d'une plus grande liberté de pensée. Platon déclarait que bien des mythes avaient une signification symbolique ou allégorique, mais il insistait

---

(1) Δοκεῖ δὲ πρῶτος, καθά φησι Φαβωρῖνος ἐν παντοδαπῇ ἱστορίᾳ, τὴν Ὁμήρου ποίησιν ἀποφήνασθαι εἶναι περὶ ἀρετῆς καὶ δικαιοσύνης· ἐπὶ πλέον δὲ προστῆναι τοῦ λόγου Μητρόδωρον τὸν Λαμψακηνόν, γνώριμον ὄντα αὐτοῦ, ὃν καὶ πρῶτον σπουδάσαι τοῦ ποιητοῦ περὶ τὴν φυσικὴν πραγματείαν. — Diog. Laert., II, 11.

(2) Περὶ μὲν θεῶν οὐκ ἔχω εἰδέναι οὔθ' ὡς εἰσίν, οὔθ'ὡς οὐκ εἰσίν· πολλὰ γὰρ τὰ κωλύοντα εἰδέναι, ἥ τ' ἀδηλότης καὶ βραχὺς ὢν ὁ βίος τοῦ ἀνθρώπου. Διὰ ταύτην δὲ τὴν ἀρχὴν τοῦ συγγράμματος ἐξεβλήθη πρὸς Ἀθηναίων· καὶ τὰ βιβλία αὐτοῦ κατέκαυσαν ἐν τῇ ἀγορᾷ, ὑπὸ κήρυκος ἀναλεξάμενοι παρ' ἑκάστου τῶν κεκτημένων. — Diog. Laert., IX, 51. Cicero, *Nat. Deor*., I, 23, 63.

(3) Grote, *History of Greece*, vol. I, p. 504.

néanmoins pour que les poëmes homériques, tels qu'ils étaient, fussent bannis de sa république (1). Rien ne peut être plus explicite et plus formel que les paroles attribuées à Épicure : « Les dieux existent assurément, mais ils ne sont pas ce que le vulgaire les croit être. Celui-là n'est pas impie qui nie les dieux de la foule, mais bien celui qui impute aux dieux les opinions de la foule (2). »

Dans des temps postérieurs, on tenta un accommodement entre la mythologie et la philosophie. On rapporte que Chrysippe (mort en 207 avant notre ère), après avoir, dans un premier livre, exposé ses vues sur les dieux immortels, en écrivit un second pour montrer comment elles pouvaient être conciliées avec les fables d'Homère (3).

Et ce ne sont pas seulement les philosophes qui ont senti les difficultés que soulevaient les dieux, tels qu'Homère et Hésiode les avaient représentés. La plupart des anciens poëtes étaient tourmentés par les mêmes doutes, et ils se trouvent sans cesse embarrassés dans des contradictions dont ils ne savent comment se tirer. Ainsi, dans les *Euménides* d'Eschyle (au vers

---

(1) Οὓς Ἡσίοδός τε, εἶπον, καὶ Ὅμηρος ἡμῖν ἐλεγέτην καὶ οἱ ἄλλοι ποιηταί· οὗτοι γάρ που μύθους τοῖς ἀνθρώποις ψευδεῖς συντιθέντες ἔλεγόν τε καὶ λέγουσιν. — Plat., *Polit.* β. 377 d. Grote, *History of Greece*, I, 593.

(2) Diog. Laert., X, 123. Ritter et Preller, *Historia Philosophiæ*, p. 419. Θεοὶ μὲν γάρ εἰσιν· ἐναργὴς δέ ἐστιν αὐτῶν ἡ γνῶσις· οἵους δ'αὐτοὺς οἱ πολλοὶ νομίζουσιν οὐκ εἰσίν· οὐ γὰρ φυλάττουσιν αὐτοὺς οἵους νομίζουσιν. Ἀσεβὴς δ'οὐχ ὁ τοὺς τῶν πολλῶν θεοὺς ἀναιρῶν, ἀλλ' ὁ τὰς τῶν πολλῶν δόξας θεοῖς προσάπτων.

(3) In secundo autem libro Homeri fabulas accommodare voluit ad ea quæ ipse primo libro de diis immortalibus dixerit. — Cic., *Nat. Deor.*, 1, 15. Bertrand, *Sur les Dieux protecteurs*, etc. (Rennes, 1858), p. 38.

640), le chœur demande comment Zeus avait pu commander à Oreste de venger le meurtre de son père, lui qui avait détrôné son propre père, et qui l'avait chargé de chaînes. Pindare, qui aime à entremêler des traditions touchant les dieux et les héros dans ses chants de victoire, s'alarme tout-à-coup s'il rencontre quelque trait qui déshonore les dieux. « O ma bouche, s'écrie-t-il, rejette loin de moi cette parole; car c'est une mauvaise sagesse que d'injurier les dieux (1). » Son criterium pour juger de la mythologie semble avoir été fort simple et droit, à savoir, que rien, dans ces récits, ne peut être vrai, qui soit un déshonneur pour les dieux. Toute la poésie d'Euripide oscille entre ces deux extrêmes : ou bien le poëte impute aux dieux toutes les injustices et tous les crimes que la fable leur attribue, ou bien il change de face et nie la vérité des anciens mythes, parce qu'ils racontent des dieux ce qui est incompatible avec la nature divine. Ainsi, tandis que dans l'Ion (2) les dieux, même Apollon, Jupiter et Neptune, sont accusés de tous les crimes, nous lisons dans une autre tragédie (3) : « Je ne pense pas que les dieux aiment les unions illé-

---

(1) *Olymp.*, IX, 38, ed. Bœkh. Ἀπό μοι λόγον τοῦτον, στόμα, ῥίψον· ἐπεὶ τό γε λοιδορῆσαι θεοὺς ἐχθρὰ σοφία.

(2) *Ion*, 444, ed. Paley :

Εἰ δ', οὐ γὰρ ἔσται, τῷ λόγῳ δὲ χρήσομαι,
δίκας βιαίων δώσετ' ἀνθρώποις γάμων,
σὺ καὶ Ποσειδῶν Ζεύς θ'ὅς οὐρανοῦ κρατεῖ,
ναοὺς τίνοντες ἀδικίας κενώσετε.....
        οὐκέτ' ἀνθρώπους κακοὺς
λέγειν δίκαιον, εἰ τὰ τῶν θεῶν κακὰ
μιμούμεθ', ἀλλὰ τοὺς διδάσκοντας τάδε.

Cf. *Herc. fur.*, 339.

(3) *Herc. fur.*, 1341, ed. Paley :

gitimes, et je n'ai jamais cru et jamais je ne croirai qu'ils s'attachent eux-mêmes des chaînes aux mains, ou que l'un soit maître d'un autre. Car un dieu, s'il est réellement dieu, n'a besoin de rien : ce sont là de misérables histoires des poëtes! » et ailleurs (1) : « Si les dieux font quelque chose de mal, ce ne sont pas des dieux. »

Ces citations, auxquelles j'en pourrais ajouter bien d'autres, suffiront pour montrer que les plus réfléchis des Grecs étaient aussi choqués de leur mythologie que nous le sommes nous-mêmes. Ils n'auraient pas été des Grecs s'ils n'avaient pas vu que ces fables étaient déraisonnables, s'ils n'avaient pas compris que l'ensemble de leur mythologie présentait un problème qui s'imposait aux méditations du philosophe et qui attendait de lui sa solution. Si les Grecs n'ont pas réussi à donner cette solution, s'ils ont préféré un compromis entre ce qu'ils savaient être vrai et ce qu'ils savaient être faux, si les plus grands de leurs sages ont parlé avec réserve sur ce sujet ou l'ont évité entièrement, ces mythes, ne l'oublions pas, que nous manions aujourd'hui aussi librement que le géologue manie ses ossements fossiles, étaient alors des choses vivantes, des choses sacrées, imprimées par les parents dans l'esprit de leurs enfants, acceptées sans discussion par

---

 Ἐγὼ δὲ τοὺς θεοὺς οὔτε λέκτρ' ἃ μὴ θέμις
 στέργειν νομίζω, δεσμά τ' ἐξάπτειν χεροῖν,
 οὔτ' ἠξίωσα πώποτ' οὔτε πείσομαι,
 οὐδ' ἄλλον ἄλλου δεσπότην πεφυκέναι·
 δεῖται γὰρ ὁ θεός, εἴπερ ἔστ' ὄντως θεός,
 οὐδενός· ἀοιδῶν οἵδε δύστηνοι λόγοι.

Voir *Euripide*, éd. Paley, vol. I. Préface, p. xx.

(1) Eur. *Fragm. Belleroph.*, 300 : Εἰ θεοί τι δρῶσιν αἰσχρὸν, οὐκ εἰσὶν θεοί.

une foi naïve, sanctifiées par le souvenir de ceux qui n'étaient plus, sanctionnées par l'État, et formant la base sur laquelle quelques-unes des institutions les plus vénérables avaient été élevées et reposaient depuis des siècles. Il nous suffit de savoir que les Grecs se sont montrés surpris et non satisfaits de ces fables, dont l'origine devait être expliquée dans un siècle exempt des préjugés anciens.

Les principales solutions qui s'offrirent aux Grecs lorsqu'ils examinèrent le problème de l'origine de leur mythologie, peuvent se classer dans trois catégories, que j'appellerai l'interprétation *éthique*, l'interprétation *physique* et l'interprétation *historique*, suivant les différents objets que les créateurs de la mythologie étaient supposés avoir eus en vue (1).

Voyant combien la religion était un instrument puissant pour imposer aux individus et pour maintenir dans l'ordre les sociétés politiques, certains Grecs s'imaginèrent que les histoires qui dépeignaient l'omniscience et l'omnipotence des dieux, et racontaient les récompenses qu'ils accordaient aux bons et les punitions qu'ils infligeaient aux méchants, avaient été inventées par les sages d'autrefois pour rendre les hommes meilleurs et plus faciles à gouverner (2). Cette explication, quoique extrêmement superficielle et ne s'appuyant sur aucune preuve, était soutenue par un grand nombre des anciens; et Aristote lui-même, tout en admettant, comme nous le verrons, un fondement

---

(1) Cf. Augustinus, *De Civ. Dei*, VII, 5. De paganorum secretiore doctrina physicisque rationibus.

(2) Cf. Wagner, *Fragm. Trag.*, III, p. 102. Nägelsbach, *Nachhomerische Theologie*, pp. 435, 445.

plus profond pour la religion, inclinait à considérer la forme mythologique de la religion grecque comme une invention qui avait pour but de persuader les âmes, comme un instrument qui rendait de grands services en fortifiant la loi et maintenant l'ordre. Cicéron, en examinant cette doctrine, pouvait bien s'écrier : « Ceux-là ont détruit toute religion de fond en comble qui ont dit que la croyance aux dieux immortels avait été inventée par des hommes sages en vue du bien public, pour que ceux qui ne pouvaient être amenés par la raison à s'acquitter de leur devoir y fussent amenés par la religion (1). » Et si l'on soutenait que les parties utiles de la mythologie avaient été inventées par des hommes sages, le même raisonnement devait, ce semble, faire attribuer à des poëtes insensés les histoires immorales racontées des dieux et des héros : en effet, c'est ce qui avait été assez clairement indiqué, comme nous l'avons vu, par Euripide.

Une seconde classe d'interprétations peut être désignée par le nom d'interprétations *physiques*, en prenant ce mot dans le sens le plus général, de façon qu'il comprenne même les interprétations qui sont communément appelées *métaphysiques*. D'après ce système d'herméneutique, l'intention des auteurs de la mythologie était de porter à la connaissance du commun des hommes certains faits naturels ou certaines lois de la physique, ce qu'ils auraient fait dans une phraséologie qui leur était particulière à eux-mêmes ou aux temps où ils vivaient, ou bien encore, suivant d'autres

---

(1) Cic., *De Nat. Deor.*, I, 42, 118.

interprètes, dans un langage destiné à voiler plutôt qu'à révéler les mystères de leur science sacrée. Comme tous les interprètes de cette école, bien que différant quant à l'exacte intention originelle de chaque mythe particulier, sont d'accord sur ce point qu'aucun mythe ne doit être compris dans son sens littéral, leur méthode d'interprétation est généralement connue sous le nom d'*allégorique,* ce nom étant la dénomination la plus commune donnée à cet artifice du langage qui, en disant une chose, donne l'idée d'une autre (1).

Déjà Épicharme, élève de Pythagore, déclarait que les dieux n'étaient en réalité autre chose que les vents, l'eau, la terre, le soleil, le feu et les astres (2). Peu de temps après lui, Empédocle (vers 444 avant J. C.) attribua aux noms de Zeus, Héré, Aïdoneus et Nestis, la signification des quatre éléments, le feu, l'air, la terre et l'eau (3). Tous ces éléments que les philoso-

---

(1) Cf. Müller, *Prolegomena*, p. 335, n. 6. ἄλλο μὲν ἀγορεύει, ἄλλο δὲ νοεῖ. La différence entre un mythe et une allégorie a été expliquée simplement, mais très-heureusement, par le professeur Blackie, dans son article sur la Mythologie publié dans *Chambers' Cyclopædia:* «Un mythe ne doit pas être confondu avec une allégorie : l'un est un acte inconscient de l'esprit populaire dans un âge primitif de la société, et l'autre un acte conscient de l'esprit individuel à n'importe quelle époque du progrès social.»

(2) Stobée, *Flor.*, XCI, 29 :
Ὁ μὲν Ἐπίχαρμος τοὺς Θεοὺς εἶναι λέγει
Ἀνέμους, ὕδωρ, γῆν, ἥλιον, πῦρ, ἀστέρας.

Cf. Bernays, *Rhein. Mus.*, 1853, p. 280. Kruseman, *Epicharmi Fragmenta*, Harlemi, 1834.

(3) Plut., *De Plac. Phil.*, I, 30 : Ἐμπεδοκλῆς φύσιν μηδὲν εἶναι, μῖξιν δὲ τῶν στοιχείων καὶ διάστασιν· γράφει γὰρ οὕτως ἐν τῷ πρώτῳ φυσικῷ·
Τέσσαρα τῶν πάντων ῥιζώματα πρῶτον ἄκουε·
Ζεὺς ἀργὴς Ἥρη τε, φερέσβιος ἠδ' Ἀϊδωνεύς,
Νῆστίς θ' ἣ δακρύοις τέγγει κρούνωμα βρότειον.

phes de la Grèce signalaient successivement comme les premiers principes de l'être et de la pensée, soit l'air d'Anaximène (1) (vers 548), soit le feu d'Héraclite (2) (vers 503), soit le *Nous* « l'esprit » d'Anaxagore (mort en 428), ils les identifiaient volontiers avec Jupiter ou avec d'autres puissances divines. On dit qu'Anaxagore et son école interprétèrent toute la mythologie homérique allégoriquement. Pour eux Zeus était l'esprit, Athéné l'art; tandis que Métrodore, contemporain d'Anaxagore, « reconnaissait non-seulement dans Zeus, Héré et Athéné, mais aussi dans Agamemnon, Achille et Hector, différentes combinaisons des éléments et différents agents physiques, et il traitait les aventures qui leur sont prêtées comme des phénomènes naturels cachés sous le voile de l'allégorie (3). »

Socrate ne voulait pas entreprendre de chercher l'explication allégorique de toutes les fables, considérant ce travail comme trop ardu et trop peu profitable; cependant et lui et Platon indiquaient souvent ce qu'ils nommaient ὑπόνοια, le sens sous-entendu des anciens mythes.

Dans le onzième livre de la *Métaphysique* d'Aristote, il y a un passage qui a souvent été cité (4) pour

---

(1) Cic., *De Nat. Deor.*, I, 10. Ritter et Preller, § 27.
(2) Clem. Alex., *Strom.*, V, p. 603 D. Ritter et Preller, § 38. Bernays, *Neue Bruchstücke des Heraklit*, p. 256 : Ἓν τὸ σοφὸν μοῦνον λέγεσθαι ἐθέλει, καὶ οὐκ ἐθέλει Ζηνὸς οὔνομα.
(3) Syncellus, *Chron.*, p. 149, éd. Paris. Ἑρμηνεύουσι δὲ οἱ Ἀναξαγόρειοι τοὺς μυθώδεις θεούς, νοῦν μὲν τὸν Δία, τὴν δὲ Ἀθηνᾶν τέχνην. Grote, vol. I, p. 563. Ritter et Preller, *Hist. Phil.*, § 48. Lobeck, *Aglaoph.*, p. 156. Diog. Laert. II, 11.
(4) Bunsen, *Gott in der Geschichte*, vol. III, p. 532. Arist., *Met.*, XI 8, 19.

montrer quelles vues profondes et lumineuses avait ce philosophe sur l'origine de la mythologie, quoique, en réalité, il n'y ait rien dans ce morceau qui dépasse beaucoup les vues étroites des autres philosophes grecs.

Voici ce qu'écrit Aristote :

« Une tradition venue des anciens et de la haute antiquité, et transmise à la postérité sous forme de mythes, nous apprend que ceux-ci (les premiers principes du monde) sont des dieux, et que le divin embrasse la nature tout entière. Le reste a été ajouté fabuleusement, dans le but de persuader le vulgaire, et afin de soutenir les lois et les intérêts communs. Ainsi on dit que les dieux ont une forme humaine, et qu'ils ressemblent à certains des autres animaux, et autres choses qui se rattachent à celles-là et qui se rapprochent de ce qui a été dit. Si l'on dégageait de ces fables et si l'on prenait seulement ce premier point, à savoir, que les anciens regardaient les premières essences comme des dieux, on penserait que cette tradition est vraiment divine; et tandis que, selon toute probabilité, tous les arts et tous les systèmes de philosophie ont été inventés plusieurs et plusieurs fois et se sont perdus de nouveau, ces croyances sembleraient s'être conservées jusqu'à nous comme des restes de la sagesse antique. C'est dans ce sens seulement que nous acceptons la croyance de nos pères et de nos premiers ancêtres (1). »

(1) [Dans les anciennes éditions d'Aristote, le passage cité dans le texte se trouve au chapitre 8 du XIIe livre de la *Métaphysique*. Sur l'embarras causé aux critiques par l'ancien XIe livre, voir *la Métaphysique d'Aristote*, trad. de MM. Pierron et Zévort. Paris 1840. *Introduction*, p. cxix. Tr.]

Les essais pour trouver dans la mythologie les débris de la philosophie antique se sont continués, sous diverses formes, depuis le temps de Socrate jusqu'au nôtre. Certains auteurs ont cru découvrir l'astronomie, ou d'autres sciences physiques, dans la mythologie de la Grèce; et, dans notre siècle, le grand ouvrage de Creuzer, *Symbolik und Mythologie der alten Völker* (1819-21), fut écrit dans le seul but de prouver que la mythologie grecque avait été composée par des prêtres, qui étaient nés ou avaient reçu leur instruction dans l'Orient, et qui se proposaient d'élever les races semi-barbares de la Grèce à une civilisation plus haute et à une connaissance plus pure de la Divinité. Il y avait, suivant Creuzer et son école, une profonde et mystérieuse sagesse, et une religion monothéiste, cachées sous le langage symbolique de la mythologie; et quoique ce langage fût inintelligible pour le peuple, il était compris des prêtres, et peut être interprété, même aujourd'hui, par le mythologue qui sait l'approfondir (1).

La troisième théorie de l'origine de la mythologie est celle que j'appelle la théorie *historique*. Elle porte généralement le nom d'Évhémère, mais nous en trou-

---

(1) [L'ouvrage de Creuzer a été traduit ou plutôt refondu et refait en français par M. Guigniaut, sous ce titre : *Les religions de l'antiquité considérées principalement dans leurs formes symboliques*, Paris, 10 vol. in-8°, 1825-1851. Avec le concours de collaborateurs tels que MM. Ernest Vinet et Alfred Maury, M. Guigniaut a enrichi sa traduction de notes savantes et de dissertations spéciales qui l'ont mise au courant des progrès de la science et en font un livre encore indispensable pour tous ceux qui s'occupent d'études mythologiques, depuis même que la critique a battu en brèche le système de Creuzer et qu'il a été généralement abandonné. Tr.]

vons des traces avant et après son temps. Évhémère était contemporain d'Alexandre, et il vécut en Macédoine à la cour de Cassandre qui le chargea, dit-on, d'un voyage de découvertes. Qu'il ait ou non exploré réellement la mer Rouge et les côtes méridionales de l'Asie, c'est ce qu'il nous est impossible d'établir avec certitude. Tout ce que nous savons, c'est que, dans un roman religieux écrit par lui, il se représenta comme ayant navigué dans cette direction jusqu'à une grande distance, et comme étant enfin arrivé à l'île de Panchæa. Il assura avoir découvert dans cette île un grand nombre d'inscriptions (ἀναγραφαί, de là le titre de son livre, Ἱερὰ Ἀναγραφή) contenant des détails sur les principaux dieux de la Grèce, mais les représentant, non pas comme des dieux, mais comme des rois, des héros et des philosophes, qui, après leur mort, avaient reçu des autres hommes des honneurs divins (1).

Quoique le livre même d'Évhémère et la traduction qu'en avait faite Ennius soient perdus, et que nous n'ayons que peu de données soit sur l'esprit général de l'ouvrage, soit sur la manière dont les divinités particulières y étaient traitées, nous savons que telle fut la sensation qu'il produisit à l'époque où il parut, que l'évhémérisme est devenu la désignation propre de ce système d'herméneutique qui nie l'existence

---

(1) Quid? qui aut fortes aut claros aut potentes viros tradunt post mortem ad deos pervenisse, eosque esse ipsos quos nos colere, precari, venerarique soleamus, nonne expertes sunt religionum omnium? Quæ ratio maxima tractata ab Evhemero est, quam noster et interpretatus et secutus est præter cæteros Ennius. — Cic., *De Nat. Deor.*, 1, 42.

d'êtres divins, et réduit les dieux de l'antiquité au niveau de l'humanité. Il faut cependant faire une distinction entre cette négation complète et systématique de l'existence de tous les dieux, qui est attribuée à Évhémère, et l'application partielle de ses principes que nous trouvons dans beaucoup d'écrivains grecs. Ainsi Hécatée, grec très-orthodoxe (1), déclare que Géryon d'Érythée était réellement un roi d'Épire, riche en bestiaux; et que Cerbère, le chien d'Hadès, était un certain serpent qui habitait une caverne sur le cap Ténare (2). Éphore faisait de Titye un brigand, et du serpent Python (3) un personnage assez désagréable du nom de Python, autrement dit Dracon, et qu'Apollon tua avec ses flèches. D'après Hérodote, écrivain également orthodoxe, les deux colombes noires parties d'Égypte, qui volèrent en Libye et à Dodone, et qui portèrent au peuple l'ordre de fonder dans les deux endroits où elles s'arrêtèrent un oracle de Zeus, étaient en réalité des femmes venues de Thèbes. Celle qui se rendit à Dodone fut appelée une colombe, parce que, dit Hérodote, comme elle parlait une langue étrangère, elle semblait faire entendre des sons comme ceux d'un oiseau; et on l'appela une colombe noire à cause de sa noire peau d'Égyptienne. L'historien donne cette explication non pas comme une conjecture formée par lui-même, mais comme étant fondée sur un fait qu'il tenait des prêtres égyptiens : je la considère donc comme une interprétation historique et non pas

---

(1) Grote, *History of Greece*, vol. I, p. 526.
(2) Strabon, IX, p. 422. Grote, *ibid.*, I, p. 552.
(3) Peut-être faut-il rattacher le serpent Python à l'Ahir Budhnya védique.

purement allégorique. Des explications semblables deviennent plus fréquentes chez les historiens grecs plus modernes, lesquels, ne pouvant se décider à admettre pour fait historique rien de surnaturel ou de miraculeux, dépouillent les vieilles légendes de tout ce qui les rend incroyables, et les traitent ensuite comme des récits d'événements réels, et non pas comme des fictions (1). Pour eux, Éole, le dieu des vents, devint un ancien marin habile à prédire le temps; les Cyclopes, c'était une race de sauvages qui habitaient la Sicile; les Centaures étaient des cavaliers; Atlas était un grand astronome, et Scylla un flibustier à la barque rapide. Ce système aussi, de même que le précédent, s'est maintenu jusqu'à nos jours. Les controversistes chrétiens des premiers siècles, saint Augustin, Lactance, Arnobe, se servaient de cet argument dans leurs attaques contre les croyances religieuses des Grecs et des Romains, à qui ils reprochaient d'adorer des dieux qui n'étaient pas des dieux, mais qui étaient reconnus pour avoir été de simples mortels déifiés. Lorsque les missionnaires de Rome voulurent combattre la religion des peuples germaniques, c'est au même argument qu'ils eurent aussi recours. L'un d'eux dit aux Angles en Angleterre que Woden, qu'ils croyaient être le principal et le meilleur de leurs dieux, dont ils tiraient leur origine, et à qui ils avaient consacré le quatrième jour de la semaine, n'avait été qu'un homme, roi des Saxons, de qui beaucoup de tribus prétendaient descendre. Quand son corps s'était réduit en poussière, son âme avait été ensevelie dans

---

(1) Grote, I, 554.

l'enfer, où elle brûle dans les flammes éternelles (1). Dans beaucoup de nos manuels de mythologie et d'histoire, nous trouvons encore des traces de ce système. On nous représente encore Jupiter comme ayant régné en Crète, Hercule comme un chevalier errant ou un général heureux, Priam comme un monarque de l'Orient, et Achille, fils de Jupiter et de Thétis, comme un vaillant champion qui se distingua au siége de Troie. Le siége de Troie garde encore sa place dans bien des esprits comme fait historique, tout en ne reposant pas sur des données plus certaines que l'enlèvement d'Hélène par Thésée et son retour chez sa mère après qu'elle eut été reprise par les Dioscures, que le siége de l'Olympe par les Titans, ou que la conquête de Jérusalem par Charlemagne, conquête que racontent tout au long les romans de chevalerie du moyen âge (2).

La même théorie a été remise en honneur dans des temps plus rapprochés de nous, et c'est le système qui a obtenu le plus de faveur, dans le dernier siècle, auprès des historiens philosophes, particulièrement en France. Le vaste ouvrage de l'abbé Banier, *la Mythologie et les Fables expliquées par l'histoire*, assura pendant quelque temps, en France, le triomphe de cette

_____
(1) Kemble, *Saxons in England*, I, 338. *Legend. Nova*, fol. 210 b.
(2) Grote, I, 638. « La série d'articles publiés par M. Fauriel dans la *Revue des Deux-Mondes*, vol. XIII, est pleine de renseignements sur l'origine, le caractère et l'influence des romans de chevalerie. Quoique le nom de Charlemagne paraisse, les poëtes sont, en réalité, incapables de le distinguer de Charles Martel ou de Charles le Chauve (pp. 537-39). Ils lui attribuent une expédition en Terre-Sainte, pendant laquelle il aurait conquis Jérusalem sur les Sarrasins, etc. » [Voir l'excellent ouvrage de M. Gaston Paris, *Histoire poétique de Charlemagne.* Tr.]

méthode ; et en Angleterre aussi, son ouvrage, traduit en anglais (1), était cité comme une autorité. Son dessein, nous dit-il, était de prouver que, malgré tous les ornements qui accompagnent les fables, il n'est pas difficile de voir qu'elles contiennent une partie de l'histoire des temps primitifs.

Il est utile de lire ces livres, écrits il y a un peu plus de cent ans, ne serait-ce que pour nous avertir de ne pas prendre un ton trop assuré en présentant des théories qui nous semblent aujourd'hui devoir réunir tous les suffrages, et qui, dans cent ans d'ici, ne seront peut-être pas moins délaissées. « Croira-t-on, » demande l'abbé Banier (et nul doute qu'il ne considérât son argument comme étant sans réplique), « croira-t-on de bonne foi qu'Alexandre eût fait tant de cas de ce poëte, s'il ne l'avait regardé que comme un conteur de fables? Et aurait-t-il envié le sort d'Achille, d'avoir eu un tel panégyriste ?... Cicéron ne met-il pas au nombre des sages Ulysse et Nestor? Y aurait-il placé des fantômes? N'explique-t-il pas les fables d'Atlas, de Céphée et de Prométhée? Ne nous apprend-il pas que ce qui a donné occasion de débiter que l'un soutenait le ciel sur ses épaules, et que l'autre était attaché au mont Caucase, c'était leur application infatigable à la contemplation des choses célestes? Je pourrais joindre ici l'autorité de la plupart des anciens; j'y ajouterais celle des premiers Pères de l'Église, des Arnobe, des Lactance et de plusieurs autres, qui ont regardé le fond des fables comme de vé-

---

(1) *The Mythology and Fables of the Ancients, explained from History*, by the Abbé Banier. London, 1739 ; in six vols.

ritables histoires; et je finirais cette liste par les noms de nos plus illustres modernes qui ont découvert dans les anciennes fictions tant de restes de la tradition des premiers temps (1). » Cela ne rappelle-t-il pas la manière dont sont proposés de nos jours certains arguments qui se croient invincibles? Quelques pages plus loin, Banier dit encore : « Je ferai voir que le Minotaure, avec Pasiphaé et toute la suite de la fable, ne renferme autre chose que les amours de la reine de Crète avec un capitaine nommé Taurus; et l'artifice de Dédale, qu'un confident habile... Atlas portant le ciel sur ses épaules, c'est un roi astronome avec une sphère à la main ; les pommes d'or du jardin délicieux des Hespérides, ce sont des oranges que quelques dogues gardaient (2). »

Nous devons encore mentionner comme appartenant à la même école, pour l'esprit de leur méthode, ces savants qui cherchaient dans la mythologie grecque des traces de personnages non pas profanes, mais sacrés, et qui, comme Bochart, s'imaginaient pouvoir reconnaître dans Saturne les traits de Noé, et voir dans les trois fils de Saturne, Jupiter, Neptune et Pluton, les trois fils de Noé, Cham, Japhet et Sem (3). Dans son savant ouvrage *De Theologia Gentili et Physiologia*

---

(1) Tome I, p. 20-21.
(2) *Ibid.*, p. 27-28.
(3) *Geographia Sacra*, lib. I. : « Noam esse Saturnum tam multa docent ut vix sit dubitandi locus. » Ut Noam esse Saturnum multis argumentis constitit, sic tres Noæ filios cum Saturni tribus filiis conferenti, Hamum vel Chamum esse Jovem probabunt hæ rationes. — Japhet idem qui Neptunus. Semum Plutonis nomine detruserunt in inferos. — Lib. I, c. 2. Jam si libet etiam ad nepotes descendere; in familia Hami sive Jovis Hammonis, Put est Apollo

Christiana, sive De Origine et Progressu Idolatriæ (1), G. J. Vossius identifiait Saturne avec Adam ou avec Noé, Janus et Prométhée encore avec Noé, Pluton avec Japhet ou Cham, Neptune avec Japhet, Minerve avec Naamah, sœur de Tubal Caïn, Vulcain avec Tubal Caïn, Typhon avec Og, roi de Bashan, etc. Gerardus Crœsus, dans son *Homerus Ebræus*, soutient que l'Odyssée donne l'histoire des patriarches, l'émigration de Lot de Sodome, et la mort de Moïse, tandis que l'Iliade raconte la prise et la destruction de Jéricho. Huet, dans sa *Demonstratio Evangelica* (2), alla encore plus loin. Son objet était de prouver l'authenticité des livres de l'Ancien Testament en montrant que presque toute la théologie des nations païennes était empruntée à Moïse. Il représente Moïse lui-même comme ayant revêtu, dans les traditions des Gentils, les caractères les plus hétérogènes ; et le savant et pieux évêque fait remonter au même prototype historique non-seulement d'anciens législateurs comme Zoroastre et Orphée, mais des dieux comme Apollon, Vulcain et Faune. Et de même que Moïse était le prototype des dieux des Gentils, sa sœur Miriam et sa femme Zippora étaient supposées avoir servi de modèles pour toutes leurs déesses (3).

Pythius ; Chanaan idem qui Mercurius. — Quis non videt Nimrodum esse Bacchum ? Bacchus enim idem qui *bar-chus*, i. e. Chusi filius. Videtur et Magog esse Prometheus.

(1) Amsterdami, 1668, pp. 71, 73, 77, 97. Og est iste qui a Græcis dicitur Τυφῶν, etc.

(2) Parisiis, 1677.

(3) Caput tertium. I. Universa propemodum Ethnicorum Theologia ex Mose, Mosisve actis aut scriptis manavit. II. Velut illa Phœnicum. Tautus idem ac Moses. III. Adonis idem ac Moses. IV. Thammus Eze-

Vous savez que M. Gladstone, dans son intéressant et ingénieux ouvrage sur Homère, se place au même point de vue, et s'efforce de découvrir dans la mythologie grecque une image obscurcie de l'histoire sacrée des Juifs. Toutefois cette image ne serait pas assez obscurcie pour l'empêcher de retrouver, à ce qu'il pense, dans Jupiter, Apollon et Minerve, un pâle reflet des trois personnes de la Trinité. Dans un récent numéro d'une de nos revues les mieux rédigées, la *Home and Foreign Review*, recueil catholique, M. F. A. Paley, bien connu par son édition d'Euripide, se fait l'avocat du même évhémérisme sacré. « Atlas, dit-il, est le symbole du travail patient. Il est placé par Hésiode tout près du jardin des Hespérides, et *il est impossible de douter* que nous n'ayons ici une tradition du jardin d'Éden, les pommes d'or gardées par un dragon représentant la pomme que cueillit Ève en cédant à la tentation du serpent, ou le jardin gardé par un ange avec un glaive de feu (1) ».

Bien que tous les savants qui n'étaient pas aveuglés

---

chielis idem ac Moses. V. Πολυώνυμος fuit Moses. VI. Marnas Gazensium Deus idem ac Moses. — Caput quartum. VIII. Vulcanus idem ac Moses IX. Typhon idem ac Moses. — Caput quintum. II. Zoroastres idem ac Moses. — Caput octavum. III. Apollo idem ac Moses. IV. Pan idem ac Moses. V. Priapus idem ac Moses, etc., etc., p. 121. — Cum demonstratum sit Græcanicos Deos, in ipsa Mosis persona larvata, et ascititio habitu contecta provenisse, nunc probare aggredior ex Mosis scriptionibus, verbis, doctrina et institutis, aliquos etiam Græcorum eorundem Deos, ac bonam Mythologiæ ipsorum partem manasse.

(1) *Home and Foreign Review,* n° 7, p. 111, 1864 : « Les Cyclopes étaient probablement un peuple de pasteurs et d'ouvriers en métaux, venus de l'Orient et distingués par leur figure *plus ronde :* de là la fable qui racontait qu'ils n'avaient qu'un œil. » — *F. A. P.*

par les préjugés vissent clairement qu'aucun de ces trois systèmes d'interprétation n'était le moins du monde satisfaisant, cependant il semblait impossible de suggérer une meilleure solution du problème. Et aujourd'hui qu'il ne se trouve sans doute que peu de personnes qui adoptent aucun des trois systèmes exclusivement, c'est-à-dire qui croient que toute la mythologie grecque fut inventée pour inculquer des préceptes moraux, ou pour propager des doctrines physiques ou métaphysiques, ou pour raconter des faits de l'histoire ancienne, néanmoins beaucoup ont accepté une sorte de compromis, admettant que certaines parties de la mythologie pouvaient avoir un caractère moral, d'autres un caractère physique, et d'autres un caractère historique, mais reconnaissant qu'il y avait encore tout un grand ensemble de fables qui résistaient à toute analyse. L'énigme du sphinx de la Mythologie restait sans être devinée.

Ce fut la philologie comparée qui donna la première impulsion vers le renouvellement de la science mythologique, en faisant aborder ce problème par un côté différent. Grâce à la découverte de l'antique langue de l'Inde, le sanscrit comme on l'appelle, découverte qui fut due, il y a quelque quatre-vingts ans, aux travaux de Wilkins (1), de sir William Jones et de Colebrooke, et grâce à la découverte de l'étroite parenté qui unit cette langue aux idiomes des principales races de l'Europe, et qui fut établie par le génie de Schlegel, de Humboldt, de Bopp et d'autres encore, une révolution complète s'opéra dans la manière d'étudier l'his-

---

(1) Wilkins, *Bhagavadgita*, 1785.

toire primitive du monde. Le temps me manquerait si je voulais donner un exposé complet de ces recherches; mais je puis rappeler comme un fait, que personne, je suppose, ne soupçonnait auparavant, et dont personne n'a pu douter depuis, que les langues parlées par les brahmanes de l'Inde, par les sectateurs de Zoroastre et les sujets de Darius dans la Perse, par les Grecs et les Romains, par les races celtiques, teutoniques et slaves, étaient toutes de simples variétés d'un type commun, et qu'il y avait bien réellement entre elles une relation analogue à celle qui rattache les uns aux autres le français, l'italien, l'espagnol et le portugais, les dialectes modernes issus du latin. Ce fut là, assurément, la découverte d'un monde nouveau, ou, si vous aimez mieux, ce fut tout un vieux monde retrouvé. Il fallait reculer toutes les limites de ce qu'on appelait l'histoire ancienne de la race humaine, et expliquer, d'une manière ou d'une autre, comment toutes ces langues, séparées les unes des autres par des milliers d'années et des espaces immenses, avaient pu découler originairement d'une source commune(1).

Mais je ne puis pas m'étendre, en ce moment, sur ce point, et je me hâte de dire qu'après quelque temps l'on ne vit pas seulement que les éléments radicaux de toutes ces langues, nommées aryennes ou indo-européennes, étaient identiquement les mêmes, ainsi que leurs noms de nombre, leurs pronoms, leurs prépositions, leurs désinences grammaticales, leurs mots domestiques, tels que père, mère, frère, fille, mari,

---

(1) Voir les *Leçons sur la Science du langage*, cours de 1861, p. 173 de la traduction française.

beau-frère, vache, chien, cheval, bétail, arbre, bœuf, grain, moulin, terre, ciel, eau, étoile, et plusieurs centaines d'autres, mais que l'on découvrit encore que chacune de ces langues possédait les éléments d'une phraséologie mythologique, révélant des traces sensibles d'une communauté d'origine.

Quelle conséquence eut cette découverte pour la science de la mythologie? Exactement la même qu'eut pour la science du langage la découverte de l'origine commune du sanscrit, du grec, du latin, et des langues germaniques, celtiques et slaves. Avant que cette découverte eût été faite, il était permis de traiter chaque langue séparément, et toute explication étymologique conforme aux lois qui régissent chaque idiome particulier pouvait passer pour satisfaisante. Si Platon dérive *theós*, le mot grec pour dieu, du verbe grec *théein* « courir », parce que les premiers dieux étaient le soleil et la lune, qui parcourent sans cesse le ciel (1); ou si Hérodote fait venir le même mot de *tithénai* « placer, mettre », parce que les dieux mettent tout en ordre, il n'y a rien à dire à l'une ni à l'autre de ces étymologies(2). Mais si nous trouvons que le même nom pour dieu existe en sanscrit et en latin, sous les formes *deva* et *deus*, il est clair que nous ne pouvons accepter pour le mot grec aucune étymologie qui n'explique également les termes correspondants en sanscrit et en latin. Si, parmi les langues romanes, nous connaissions le français seulement, nous pourrions tirer le mot *feu* de l'allemand *Feuer*. Mais

---

(1) Plat., *Crat.*, 397 C.
(2) Her., II, 52.

si nous voyons que le même mot se trouve en italien comme *fuoco*, en espagnol comme *fuego*, il devient manifeste que nous devons chercher une étymologie qui puisse s'appliquer aux trois mots, et nous la trouvons dans le latin *focus*, et non point dans l'allemand *Feuer*. Même un esprit aussi sérieux que Grimm ne semble pas avoir compris que l'application de cette règle était d'une rigueur absolue. Avant qu'on sût qu'il existait en sanscrit, en grec, en latin et en slave, un même mot signifiant *nom*, et identique avec le gothique *namô* (gén. *namins*), rien n'empêchait de dériver le mot allemand d'une racine germanique. Aussi Grimm (*Grammatik*, II. 30) faisait-il venir l'allemand *Name* du verbe *nehmen* « prendre », et c'était, dans les circonstances indiquées, une étymologie parfaitement légitime. Mais dès qu'il devint évident que le sanscrit *nâman* était mis pour *gnâ-man* (comme *nomen* pour *gnomen*, rapp. *cognomen*, *ignominia*), et qu'il venait d'un verbe *gnâ* « connaître », il ne fut plus possible de conserver l'étymologie qui dérivait *Name* de *nehmen*, et d'admettre en même temps celle qui tirait *nâman* de *gnâ* (1). Chaque mot ne peut avoir qu'une seule étymologie, comme chaque être vivant ne peut avoir qu'une seule mère.

Appliquons ce raisonnement à la phraséologie mythologique des nations aryennes. S'il ne s'agissait que d'expliquer les noms et les fables des dieux grecs, une explication, comme celle qui dérive le nom de *Zeús* du verbe *Zên* « vivre », ne serait certes pas à dédai-

(1) Grimm, *Geschichte der deutschen Sprache*, p. 153. D'autres mots dérivés de *gnâ* sont *notus, nobilis, gnarus, ignarus, ignoro, narrare* (*gnarigare*), *gnômôn, I ken, I know, uncouth*, etc.

gner. Mais si nous trouvons que *Zeus*, en grec, est le même mot que *Dyaus*, en sanscrit, que *Ju* dans *Jupiter*, et que *Tiu* dans *Tuesday*, nous voyons immédiatement qu'aucune étymologie ne saurait être satisfaisante si elle n'explique tous ces mots à la fois. D'où il suit que pour comprendre l'origine et la signification des noms des dieux grecs, et pour pénétrer l'intention originelle des fables de l'antiquité, il ne faut pas limiter notre vue à l'horizon de la Grèce, mais il nous faut aussi porter les regards sur la mythologie latine, germanique, sanscrite et zende. La clef qui doit ouvrir l'un de ces trésors doit pouvoir les ouvrir tous, autrement il est impossible qu'elle soit la bonne clef.

Les humanistes ont élevé de fortes objections contre cette manière de raisonner; et ceux mêmes qui ont reconnu l'inanité de l'étymologie grecque quand elle est séparée de l'étymologie sanscrite, protestent contre cette profanation du Panthéon grec, et contre toute tentative pour dériver les dieux et les fables d'Homère et d'Hésiode de ces monstrueuses idoles des brahmanes. Cet émoi me paraît provenir en grande partie d'un malentendu. Aucun savant digne de ce nom n'a jamais songé à dériver du sanscrit un mot grec ou un mot latin quelconque. La langue sanscrite n'est pas la mère du grec et du latin, comme la langue latine l'est du français et de l'italien. Les trois langues sanscrite, grecque et latine, sont des sœurs, des variétés d'un seul et même type. Elles supposent toutes une phase plus primitive, durant laquelle elles différaient moins les unes des autres qu'elles ne diffèrent aujourd'hui; mais là se bornent leurs rapports. Tout ce que l'on peut dire en faveur de la langue sanscrite, c'est qu'elle est la sœur aînée ; c'est qu'elle a conservé beaucoup de formes et beaucoup de mots moins altérés et moins corrompus que ne l'ont fait le grec et le latin. Le caractère plus primitif et la structure transparente du sanscrit l'ont naturellement rendu cher au linguiste, mais ne l'ont pas aveuglé au point de l'empêcher de voir ce fait que, sur bien des points, le grec et le latin, et même le gothique et le celtique, ont gardé des traits primitifs que le sanscrit a perdus. Le grec, comme nous l'avons dit, est comme une branche collatérale à la même tige que le sanscrit, et non pas un rameau qui se détache du sanscrit. La seule distinction que le sanscrit soit en droit de revendiquer est celle que s'attribuait l'empereur d'Autriche dans l'ancienne confédération germanique, — d'être le premier entre des égaux, *primus inter pares*.

Il y a, cependant, une autre raison qui a contribué plus particulièrement encore à empêcher toute comparaison entre les dieux grecs et les dieux hindous d'être du goût des humanistes. Au début de la philologie sanscrite, un éminent savant, sir William Jones lui-même, tenta d'identifier les divinités de la mythologie hindoue avec celles d'Homère (1). Ces rapprochements furent faits de la manière la plus arbitraire,

(1) Sir W. Jones, *On the Gods of Greece, Italy and India* (*Works*, vol. I, p. 229). Il compare Janus avec Gaṇeśa, Saturne avec Manou Satyavrata et même avec Noé, Cérès avec Śrî, Jupiter avec Divaspati et avec Śiva (τριόφθαλμος = trilochana), Bacchus avec Bâgîśa, Junon avec Pârvatî, Mars avec Skanda, et même avec le Secander de la Perse, Minerve avec Durgâ et Sarasvatî, Osiris et Isis avec Îśvara et Îśî, Dionysos avec Râma, Apollon avec Krishṇa, Vulcain avec Pâvaka et Viśvakarman, Mercure avec Nârada, Hécate avec Kâlî.

et ont fait justement tomber en discrédit, auprès des critiques sensés, toute tentative du même genre. Sir W. Jones, il est vrai, n'est pas responsable d'une comparaison comme celle de *Cupidon* avec *Dipuc* (dîpaka); mais rapprocher, comme il le fait, les dieux hindous modernes, tels que Vishṇou, Śiva ou Kṛishṇa, des dieux d'Homère, c'était vouloir comparer l'hindoustani moderne avec le grec ancien. Faites remonter l'hindoustani au sanscrit, et alors il sera possible de le comparer avec le grec et le latin, mais non autrement. Il en est de même dans la mythologie. Faites remonter à sa forme la plus ancienne le système mythologique des Hindous modernes, et alors on pourra avoir une espérance raisonnable de découvrir un air de famille entre les noms sacrés adorés par les Aryens de l'Inde et ceux que vénéraient les Aryens de la Grèce.

Au temps de sir William Jones cela était impossible; et même aujourd'hui on ne peut le faire qu'en partie. Quoique maintenant trois générations se soient succédé depuis que l'on étudie le sanscrit, le plus ancien ouvrage de la littérature sanscrite, le Rig-Véda, reste encore un livre fermé de sept sceaux. Le vœu qu'exprimait Otfried Müller en 1825, dans ses *Prolégomènes d'une Mythologie scientifique,* « Oh! si nous avions une traduction intelligible du Véda! » ce vœu, dis-je, n'est pas encore rempli; et bien que, dans ces dernières années, presque tous les indianistes aient consacré toutes leurs facultés à éclairer la littérature védique, beaucoup d'années devront s'écouler avant que le désir d'Otfried Müller puisse se réaliser. Or la littérature sanscrite sans le Véda est comme la littérature grecque sans Homère, comme la littérature judaïque sans la Bible, comme la littérature mahométane sans le Coran; et vous comprendrez facilement que, si nous ne connaissons pas la forme la plus ancienne de la religion et de la mythologie hindoues, il est prématuré de vouloir établir une comparaison entre les dieux de l'Inde d'une part, et les dieux de toute autre contrée d'autre part. Ce qu'il fallait comme seul fondement sûr, non seulement de la littérature sanscrite, mais de la Mythologie comparée, et même de la Philologie comparée, c'était une édition du plus ancien document de la littérature, de la religion, et du langage de l'Inde, — une édition du Rig-Véda. Huit des dix livres du Rig-Véda ont été maintenant publiés dans l'original, avec un ample commentaire indien, et il est extrêmement probable que les deux derniers livres verront le jour dans quatre ou cinq ans. Mais quand le texte et le commentaire du Rig-Véda seraient publiés, il resterait encore la grande tâche de traduire, ou, je devrais plutôt dire, de déchiffrer ces anciens hymnes. Il en existe, il est vrai, deux traductions, l'une en français par Langlois, et l'autre en anglais par Wilson; mais la première, quoique très-ingénieuse, n'est qu'une suite de conjectures; la dernière est une reproduction, et non pas toujours une reproduction fidèle, du commentaire de Sâyana, que j'ai publié. La traduction de Wilson nous montre comment les grammairiens, les théologiens et les philosophes des temps plus modernes se sont trompés sur le sens des anciens hymnes; mais elle n'essaye pas de rétablir, d'après la méthode critique, le sens original de ces hymnes simples et primitifs;

elle ne fait pas la seule chose qui serait utile et qui pourrait conduire à des résultats certains, en comparant entre eux tous les passages, sans aucune exception, dans lesquels les mêmes mots se rencontrent. Ce mode de déchiffrement est lent; néanmoins, par les efforts réunis de divers savants, on y a déjà fait quelque progrès, et l'on est parvenu à jeter quelque lumière sur la phraséologie mythologique des Rishis védiques. Une chose que nous pouvons voir clairement, c'est que la position occupée dans la science du langage par le sanscrit, comme étant le plus primitif et le plus transparent des dialectes aryens, sera occupée dans la science de la mythologie par le Véda et son système religieux si primitif aussi et si transparent. Dans les hymnes du Rig-Véda nous possédons encore le dernier chapitre de la véritable théogonie des races aryennes : nous y entrevoyons, comme derrière la scène, les acteurs qui doivent plus tard offrir aux yeux un si magnifique spectacle dans le drame des dieux de l'Olympe. Là, dans le Véda, le Sphinx de la Mythologie laisse encore échapper quelques mots qui trahissent son secret, et il nous montre que c'est l'homme, que c'est la pensée humaine et le langage humain combinés, qui ont produit naturellement et inévitablement cet étrange amalgame des fables antiques, lequel a jeté dans la perplexité tous les esprits raisonnables depuis le temps de Xénophane jusqu'à nos jours.

Je vais tâcher de rendre ma pensée plus claire. Vous verrez que c'est un grand point gagné dans la mythologie quand on peut réussir à découvrir la signification originelle des noms des dieux. Si nous savions, par exemple, le sens d'*Athéné,* ou d'*Héré,* ou d'*Apollon,* en grec, nous sentirions un point d'appui ou un point de départ ferme sous nos pieds, et nous pourrions alors suivre plus sûrement le développement ultérieur de ces noms. Ainsi nous savons que *Séléné* en grec signifie « lune », et, sachant cela, nous comprenons tout de suite les mythes qui nous disent qu'elle est sœur de Hélios, car *hélios* signifie « soleil »; qu'elle est sœur d'Éos, car *éos* signifie « aurore »; et si un autre poète l'appelle la sœur d'Euryphaëssa, nous n'éprouvons pas un grand embarras, car *euryphaëssa,* signifiant « qui brille au loin », ne peut qu'être un autre nom de l'aurore. Si on nous la représente avec deux cornes, nous nous rappelons immédiatement les deux cornes du croissant de la lune; et si l'on nous apprend que Zeus l'a rendue mère d'Ersé, nous voyons encore que *ersé* signifie « rosée », et qu'appeler Ersé la fille de Zeus et de Séléné revient à dire, dans notre langage plus positif, qu'il y a de la rosée après un clair de lune.

Or un grand avantage que présente le Véda, c'est que beaucoup des noms des dieux y sont encore intelligibles, et qu'ils y sont même employés, non pas seulement comme noms propres, mais aussi comme noms appellatifs. *Agni,* un des principaux dieux du Véda, signifie clairement « feu »; ce mot est employé avec cette signification générale; il est le même que le latin *ignis.* Il s'ensuit donc que nous avons le droit d'expliquer tous les autres noms d'Agni, et tout ce qui est raconté de lui, comme se rapportant originairement au feu. *Vâyu* ou *Vâta* signifie aussi certainement « vent », *Marut* signifie « orage », *Parjanya* « pluie », *Savitar* « le soleil », *Ushas,* ainsi que ses synonymes,

Urvaśî, Ahanâ, Saraṇyû, « l'aurore », *Pṛithivî* « terre », *Dyâvâpṛithivî* « ciel et terre ». D'autres noms divins dans le Véda, qui ne sont plus usités comme appellatifs, deviennent facilement intelligibles, parce qu'ils sont employés comme synonymes de noms qui se comprennent plus aisément (ainsi *urvaśî* pour *ushas*), ou parce qu'ils sont éclairés par des mots appartenant à d'autres langues, comme, par exemple, *Varuṇa,* qui est évidemment identique avec le grec *ouranós,* et qui dut, par conséquent, signifier originairement « le ciel ».

Un autre avantage que nous offre le Véda, c'est que, dans ses nombreux hymnes, nous pouvons étudier aujourd'hui encore le développement graduel des dieux, le lent changement des noms appellatifs en noms propres, et les premiers essais timides de personnification. Les dieux du Panthéon védique sont unis entre eux par les liens de parenté les moins étroits ; et nous ne voyons chez eux aucune suprématie bien établie, comme celle de Zeus parmi les dieux d'Homère. Chaque dieu est conçu comme suprême, ou, du moins, comme n'étant inférieur à aucun autre dieu, au moment où il est loué ou invoqué par les Rishis ; et ce sentiment, que les diverses divinités ne sont que des noms différents, des conceptions différentes de l'Être incompréhensible que nulle pensée ne peut saisir, ni nul langage exprimer, ce sentiment, dis-je, n'est pas encore entièrement éteint dans l'esprit de quelques-uns des poëtes védiques les plus réfléchis.

DIXIÈME LEÇON.

JUPITER, LE DIEU SUPRÊME DES ARYENS.

Distinction à établir entre la religion et la mythologie des nations de l'antiquité. — Pourquoi les idées religieuses sont plus sujettes que toutes les autres à être altérées par la mythologie. — Religion des Grecs. Cas où le sentiment religieux le plus pur apparaît chez les Grecs, sans être obscurci par les nuages de la mythologie. — Dans l'ardeur de leur lutte contre le paganisme, les écrivains chrétiens des premiers siècles paraissent avoir fermé les yeux à ce qu'il y avait de bon et de vrai dans la religion grecque. — Zeus, le Dieu suprême des Grecs. Sous quelles formes ce nom se trouve chez d'autres nations aryennes. Signification primitive du nom de *Zeus* révélée par le sanscrit. Zeus a été originairement pour les Grecs le vrai Dieu. — Rôle de Dyaus dans la mythologie indienne. — Jupiter, Dieu des Italiens. — Tyr, Dieu des Scandinaves. — Tuisco, Dieu des Germains.

Il y a peu d'erreurs aussi généralement répandues et aussi fermement établies que celle qui nous fait confondre la religion et la mythologie des nations de l'antiquité. Dans mes leçons précédentes j'ai tâché d'expliquer comment la mythologie prend naissance nécessairement et naturellement, et nous avons vu que la mythologie, étant une maladie ou un désordre du langage, peut affecter toutes les parties de la vie intellectuelle de l'homme. Il est vrai que les idées religieuses sont les plus sujettes de toutes à l'affection mythologique, parce qu'elles s'élèvent au-dessus de ces régions de notre expérience où se trouve l'origine naturelle du langage, et que, par conséquent, il est de leur nature même d'avoir à se contenter d'expressions métaphoriques. Dans le domaine de la pensée religieuse sont les choses que l'œil n'a point vues, que l'oreille n'a point entendues, et qu'il n'a pas été donné au cœur de l'homme de concevoir (1). Cependant, il s'en faut que même les religions des peuples anciens soient inévitablement et entièrement mythologiques. Au contraire, de même qu'un corps malade présuppose un corps bien portant, ainsi une religion mythologique présuppose, je le pense, une religion saine. Avant que les Grecs pussent appeler le ciel, le soleil, ou la lune *des dieux*, il était absolument nécessaire qu'ils se fussent formé quelque idée de la divinité. Nous ne pouvons parler du *roi Salomon* avant de savoir, d'une manière générale, ce qu'on entend par *roi*, et un Grec n'aurait jamais pu parler des dieux, au pluriel, avant d'avoir réalisé, d'une manière ou d'une autre, l'idée générale de la divinité. L'idolâtrie naît naturellement lorsqu'on dit « le soleil est dieu », c'est-à-dire quand on applique l'attribut *dieu* à ce qui n'y a aucun droit. Mais le point le plus intéressant est de découvrir ce que les anciens voulaient affirmer en appelant le soleil et la lune des dieux ; et tant que nous n'en aurons pas une conception claire, il nous sera impossible de pénétrer le véritable esprit de leur religion.

Cependant il est un fait étrange : tandis que nous avons des livres innombrables sur la mythologie des

---

(1) 1 *Cor.* II, 9. *Is.* LXIV, 4.

Grecs et des Romains, nous n'en avons presque point sur leur religion (1). Aussi la plupart des gens ont-ils fini par se figurer que ce que nous appelons la religion, — notre confiance dans l'Être doué de toute sagesse et de toute puissance, éternel, gouverneur du monde, duquel nous nous approchons dans la prière et la méditation, à qui nous confions tous nos soucis, et dont nous sentons la présence, non-seulement dans le monde extérieur, mais aussi dans cette voix intérieure qui nous avertit et parle à nos cœurs, — que tout cela était inconnu aux nations païennes, et que leur religion consistait simplement dans les fables qui se racontaient sur Jupiter et Junon, sur Apollon et Minerve, sur Vénus et Bacchus. Mais cela n'est pas. La mythologie a envahi la religion ancienne, et elle l'a parfois presque étouffée et fait mourir ; néanmoins, à travers la végétation abondante et vénéneuse de la phraséologie mythique nous pouvons toujours entrevoir cette tige première autour de laquelle elle grimpe et s'enlace, et sans laquelle elle ne pourrait même pas jouir de cette existence de parasite que l'on a prise bien à tort pour une vitalité indépendante.

Quelques citations expliqueront ce que j'entends par la religion des anciens, en tant qu'indépendante de la mythologie ancienne. Homère qui, suivant une expres-

---

1 [Pour combler la lacune que signale ici M. Max Müller et comprendre quelle est la valeur de l'élément religieux et moral que contenait, avant sa décadence, le polythéisme grec, on pourra consulter l'intéressant travail que M. Louis Ménard a publié sous ce titre : *De la morale avant les philosophes*, Paris, Didot, 1860, in-8°. Les mêmes idées ont été reprises et développées par M. Ménard sous de nouveaux aspects dans un autre ouvrage, intitulé : *Le Polythéisme Hellénique*, Paris, Charpentier, in-18, 1863. Tr.]

sion d'Hérodote où est contenu plus de vérité qu'on ne le suppose communément, a fait avec Hésiode la théogonie ou l'histoire des dieux pour les Grecs, Homère, dont toutes les pages sont pleines de mythologie, nous laisse souvent pénétrer la vie religieuse intime de son époque. Que savait le porcher Eumée de la théogonie compliquée de l'Olympe ? Avait-il jamais entendu le nom des Charites ou celui des Harpies ? Aurait-il pu dire qui était le père d'Aphrodite, quels étaient ses maris et ses enfants ? J'en doute. Et quand Homère nous le présente parlant de cette vie, et des puissances supérieures qui la gouvernent, Eumée ne connaît que des dieux justes, « qui détestent les actes de cruauté, mais qui honorent la justice et la droiture (1) ».

Toute sa théorie de la vie repose sur une absolue confiance en la puissance divine qui gouverne le monde, et il ne cherche pas à l'appuyer sur des supports artificiels, tels que les Erinnyes, la Némésis, ou les Mœræ.

« Mange, » dit le porcher à Ulysse, « et régale-toi de ces mets : Dieu donne une chose et il refuse une autre, selon qu'il le veut dans son esprit, car il peut tout (2) ».

Voilà assurément de la religion, et de la religion non entachée de mythologie. La prière de l'esclave, qui moud le blé dans la maison d'Ulysse, est une prière reli-

---

(1) *Odys.*, XIV, 83.
(2) *Odys.*, XIV, 444 ; X, 306. Il n'y a pas de raison pour traduire Θεός par « un dieu » plutôt que par « Dieu » ; mais quand même on le traduirait par « un dieu », il ne pourrait désigner ici que Zeus. (Cf. *Od.*, IV, 236.) Voir Welcker, p. 180.

gieuse dans le sens le plus vrai de ce mot. « O Zeus notre Père, dit-elle, toi qui gouvernes les dieux et les hommes, sûrement tu viens de tonner du haut du ciel brillant, et il n'y a point de nuage nulle part. Tu donnes ceci comme un signe pour quelqu'un. Exauce maintenant, en faveur de moi, pauvre malheureuse, la prière que je pourrai t'adresser! » Quand Télémaque craint de s'approcher de Nestor, et déclare à Mentor qu'il ne sait que lui dire, n'est-il pas encouragé par Mentor ou Athéné dans des termes qu'il serait facile de traduire dans le langage de notre propre religion (1)? « Télémaque, dit Athéné, il est des choses auxquelles tu songeras toi-même dans tes pensées, et d'autres que te suggérera un esprit divin; car je ne crois pas que tu sois né et que tu aies été élevé malgré les dieux. »

Hésiode exprime l'omniprésence et l'omniscience de la Divinité en un langage qui est légèrement, mais non tout-à-fait mythologique : —

Πάντα ἰδὼν Διὸς ὀφθαλμὸς καὶ πάντα νοήσας (2).
L'œil de Zeus qui voit tout et qui connaît tout.

Et quoique cette conception d'Homère « que les dieux viennent eux-mêmes dans nos villes, déguisés en étrangers, pour se rendre compte des désordres ou de

---

(1) *Odys.*, III, 26 :

Τηλέμαχ', ἄλλα μὲν αὐτὸς ἐνὶ φρεσὶ σῇσι νοήσεις,
Ἄλλα δὲ καὶ δαίμων ὑποθήσεται · οὐ γὰρ ὀΐω
Οὔ σε θεῶν ἀέκητι γενέσθαι τε τραφέμεν τε.

(2) *Opera*, 267.

la bonne conduite des hommes » (1), soit rendue par le poëte dans un langage particulier à l'enfance de l'homme, rien ne serait plus aisé que de l'exprimer dans notre phraséologie sacrée. En tout cas, nous pouvons bien dire que c'est là de la religion, de la religion ancienne, primitive, naturelle; imparfaite, sans aucun doute, mais offrant un profond intérêt, et animée par un souffle divin. Combien la ferme, l'entière confiance des anciens poëtes dans la vigilance incessante des dieux, diffère du scepticisme de la philosophie grecque plus moderne, tel que nous le trouvons, par exemple, exprimé par Protagoras (2) : « Concernant les dieux, dit-il, je ne puis savoir s'ils sont ou s'ils ne sont pas; car plusieurs choses nous empêchent de le savoir, les ténèbres et la brièveté de la vie humaine. »

Quoique les dieux d'Homère soient représentés, sous leur aspect mythologique, comme faibles, faciles à tromper, et entraînés par les passions les plus vulgaires, cependant le langage plus respectueux de la religion leur attribue presque toutes les qualités que nous révérons dans l'Être divin et parfait. Cette phrase qui donne le ton à beaucoup des discours d'Ulysse, bien qu'elle n'y soit insérée en quelque sorte que sous forme de parenthèse, θεοὶ δέ τε πάντα ἴσασιν,

---

(1) *Odys.*, XVII, 483 :

> Ἀντίνο', οὐ μὲν κάλ' ἔβαλες δύστηνον ἀλήτην,
> Οὐλόμεν', εἰ δή πού τις ἐπουράνιος θεός ἐστιν.
> Καί τε θεοὶ ξείνοισιν ἐοικότες ἀλλοδαποῖσιν,
> Παντοῖοι τελέθοντες, ἐπιστρωφῶσι πόληας,
> Ἀνθρώπων ὕβριν τε καὶ εὐνομίην ἐφορῶντες.

(2) Welcker, *Griechische Götterlehre*, p. 245.

« les dieux savent toutes choses » (1), cette phrase, dis-je, mieux que toutes les fables des tours joués par Junon à Jupiter, ou par Mars à Vulcain, nous révèle le sentiment intime de ces innombrables multitudes au milieu desquelles se forment les idiotismes d'une langue. Dans les moments critiques, alors que le cœur humain est remué jusque dans ses dernières profondeurs, les vieux Grecs d'Homère semblent tout à coup se débarrasser de toute métaphore savante ou mythologique, pour ne parler que la langue universelle de la religion véritable. Tout ce qu'ils éprouvent a été ordonné par les dieux immortels; et quoiqu'ils ne s'élèvent pas à la conception d'une divine Providence qui règle toutes choses par des lois éternelles, il semble qu'aucun événement, quelque petit qu'il soit, ne se passe dans l'Iliade, dans lequel le poëte ne reconnaisse l'intervention active d'une puissance divine. Il est vrai, que quand cette intervention est exprimée en langage mythologique, elle se manifeste par la présence réelle ou corporelle de l'un des dieux, soit Apollon, soit Athéné, soit Aphrodite; mais remarquons que Zeus lui-même, le dieu par excellence, ne descend pas sur le champ de bataille de Troie. Zeus était le vrai dieu des Grecs avant d'être enveloppé par les nuages de la mythologie olympienne; et dans bien des passages où *theós* est employé, nous pouvons sans irrévérence le traduire par « Dieu ». Ainsi, lorsque Diomède exhorte les Grecs à combattre jusqu'à ce que Troie soit prise, il termine son discours par ces paroles : « Que tous s'enfuient dans leur patrie; mais

---

(1) *Odys.*, IV, 379, 468.

nous deux, moi et Sthénélus, nous combattrons jusqu'à ce que nous voyions la fin de Troie : *car nous sommes venus avec Dieu* (1). » Quand même nous traduirions « avec un dieu », le sentiment serait encore religieux, non mythologique : il serait cependant facile d'exprimer la même idée dans le langage de la mythologie, en disant qu'Athéné, sous la forme d'un oiseau, avait voltigé autour des vaisseaux des Grecs. Que peut-il y avoir encore de plus naturel et de plus vraiment pieux que les paroles de résignation que Nausicaa adresse à Ulysse naufragé ? « Zeus, » lui dit-elle, car elle ne connaît pas un meilleur nom, « Zeus lui-même, l'Olympien, distribue le bonheur aux bons et aux méchants, à chacun comme il lui plaît. Et à vous aussi il a probablement envoyé ce malheur, et vous devez nécessairement l'endurer. » Enfin, laissez-moi vous lire le vers célèbre qu'Homère met dans la bouche de Pisistrate, fils de Nestor, quand il invite Athéné, qui accompagne Télémaque, et Télémaque lui-même à faire leur prière aux dieux avant de prendre leur repas : « Après que tu auras offert ta libation et prié, comme il est juste, donne-lui aussi la coupe de vin doux comme le miel pour qu'il fasse sa libation, car je pense que lui aussi invoque les immortels, puisque *tous les hommes soupirent après les dieux* (2). »

---

(1) *Il.*, IX, 49.
(2) *Odys.*, III, 45.

Αὐτὰρ ἐπὴν σπείσῃς τε καὶ εὔξεαι, ᾗ θέμις ἐστίν,
δὸς καὶ τούτῳ ἔπειτα δέπας μελιηδέος οἴνου,
σπεῖσαι · ἐπεὶ καὶ τοῦτον ὀΐομαι ἀθανάτοισιν
εὔχεσθαι · πάντες δὲ θεῶν χατέουσ' ἄνθρωποι.

On pourrait objecter qu'aucun sentiment vraiment religieux n'était possible tant que l'esprit humain errait perdu dans le labyrinthe du polythéisme; qu'en réalité, *dieu*, dans son vrai sens, est un mot qui n'admet pas de pluriel, et qui change de signification dès qu'on y met la désinence de ce nombre. Le mot latin *ædes* signifie, au singulier, « sanctuaire », mais, au pluriel, le même mot désigne une habitation ordinaire : de même on suppose que *theós*, au pluriel, perd ce caractère sacré et essentiellement divin qu'il a au singulier. En outre, quand la Divinité est désignée par des noms comme Zeus, Apollon et Athéné, on suppose qu'il ne peut pas être question de religion, et des mots bien durs, tels que idolâtrie et culte du démon, sont appliqués aux prières et aux actes religieux des anciens croyants. Il y a incontestablement beaucoup de vrai dans ces objections; néanmoins, je ne puis m'empêcher de penser qu'on n'a jamais rendu pleine justice aux anciennes religions du monde, pas même à celle des Grecs et à celle des Romains, ces peuples en qui nous nous plaisons à reconnaître, sous tant d'autres rapports, nos maîtres et nos modèles. Le premier contact entre le christianisme et les religions païennes fut nécessairement une lutte à outrance. C'était le devoir des apôtres et des premiers chrétiens en général de se proclamer hautement les serviteurs du seul vrai Dieu, et de prouver au monde que leur Dieu n'avait rien de commun avec les idoles adorées à Athènes et à Éphèse. C'était le devoir des néophytes d'abjurer tout respect pour leurs anciennes divinités, et s'ils ne pouvaient, en un jour, se résoudre à croire que les dieux qu'ils avaient adorés jusque-là n'avaient point d'existence, ils étaient amenés naturellement à penser qu'ils participaient de la nature du démon, et à les maudire comme des satellites de ce principe du mal que l'Église leur avait appris à connaître (1). Dans les savantes controverses de saint Augustin contre le paganisme, nous voyons qu'il traite partout les dieux des païens comme des êtres réels, comme des démons réellement doués du pouvoir de faire le mal (2). Un missionnaire m'a dit que parmi ses nouveaux convertis dans l'Afrique méridionale, il en avait trouvé plusieurs qui priaient leurs anciennes divinités; et lorsqu'il leur fit des remontrances à ce sujet, ils lui dirent qu'ils les priaient afin de détourner leur colère; parce que, si leurs idoles ne pouvaient pas faire de mal à un homme aussi pieux que lui, elles pouvaient infliger de graves peines à leurs anciens adorateurs. Ce n'est que de temps en temps, comme pour le *Fatum* (3), que saint Augustin reconnaît avoir affaire à un simple nom, et il permet de

---

(1) Ainsi dans l'Ancien Testament les dieux étrangers sont appelés des démons. « Ils ont sacrifié à des démons, non pas à Dieu ; à des dieux qu'ils ne connaissaient point, à de nouveaux dieux, parus depuis peu, que leurs pères n'adoraient pas. » (*Deut.*, XXXII, 17.)

(2) *De Civitate Dei,* II, 25 : Maligni isti spiritus, etc. Noxii dæmones quos illi deos putantes colendos et venerandos arbitrabantur, etc. *Ibid.*, VIII, 22 : (Credendum dæmones) esse spiritus nocendi cupidissimos, a justitia penitus alienos, superbia tumidos, invidentia lividos, fallacia callidos, qui in hoc quidem aëre habitant, quia de cœli superioris sublimitate dejecti, merito irregressibilis transgressionis in hoc sibi congruo carcere prædamnati sunt.

(3) *De Civitate Dei,* V, 9 : Omnia vero fato fieri non dicimus, imo nulla fieri fato dicimus, quoniam fati nomen ubi solet a loquentibus poni, id est in constitutione siderum cum quisque conceptus aut natus est (quoniam res ipsa inaniter asseritur), nihil valere monstramus. Ordinem autem causarum, ubi voluntas Dei plurimum

conserver ce mot *Fatum*, si on le prend dans son sens étymologique, c'est-à-dire « ce qui a été dit par Dieu, ce qui, par conséquent, est immuable ». Ce docteur va même jusqu'à admettre que le seul fait de donner à la Divinité des noms multiples peut n'être pas répréhensible (1). En parlant de la déesse Fortuna, qui est nommée aussi Felicitas, il dit : « Pourquoi employer deux noms? Cependant ceci peut être toléré, car il n'est pas rare qu'une seule et même chose porte deux noms. Mais que signifie avoir des temples, des autels, des sacrifices différents? » Néanmoins, dans tous les écrits de saint Augustin, et autant que j'en puis juger, dans tous ceux des théologiens des premiers siècles, règne ce même esprit hostile qui les fait fermer les yeux à tout ce qu'il peut y avoir de bon, de vrai et de sacré dans les anciennes religions de l'humanité, et qui grossit à leurs regards tout ce qu'il s'y trouve de mauvais, de faux et de corrompu. Mais les apôtres et les successeurs immédiats de Notre-Seigneur parlent des anciens cultes différemment, et, sans aucun doute, dans un esprit plus vraiment chrétien (2). Car, quand

---

potest, neque negamus, neque fati vocabulo nuncupamus, nisi forte ut fatum a fando dictum intelligamus, id est, a loquendo : non enim abnuere possumus esse scriptum in literis sanctis, *Semel locutus est Deus, duo hæc audivi; quoniam potestas est Dei, et tibi, Domine, misericordia, quia tu reddes unicuique secundum opera ejus.* Quod enim dictum est, *Semel locutus est,* intelligitur immobiliter, hoc est, incommutabiliter est locutus, sicut novit incommutabiliter omnia quæ futura sunt, et quæ ipse facturus est. Hac itaque ratione possemus a fando fatum appellare, nisi hoc nomen jam in alia re soleret intelligi, quo corda hominum nolumus inclinari.

(1) *De Civit. Dei*, IV, 18.
(2) Cf. Stanley, *The Bible: its form and its substance*, three Sermons preached before the University of Oxford, 1863.

même nous regarderions comme s'appliquant exclusivement à la race judaïque l'expression de saint Paul « Dieu ayant parlé autrefois aux Pères par les prophètes, en beaucoup de circonstances et de beaucoup de manières » (1), il y a d'autres passages qui prouvent clairement que les apôtres reconnaissaient qu'un dessein divin et une direction providentielle se manifestaient même « dans les temps d'ignorance », sur lesquels, » comme ils le disent, « Dieu fermait les yeux ». Ils vont encore jusqu'à dire que, dans les temps passés, Dieu a laissé (*eiase*) toutes les nations marcher dans leurs propres voies » (2). Et que peut-il y avoir de plus convaincant, de plus énergique que le langage de saint Paul devant l'Aréopage (3) ? —

« Car, comme je passais et que je considérais les statues de vos dieux, j'ai trouvé aussi un autel avec cette inscription : AU DIEU INCONNU. Celui donc que vous adorez sans le connaître, c'est celui que je vous annonce.

« Dieu qui a fait le monde et tout ce qui s'y trouve, étant le Seigneur du ciel et de la terre, n'habite point dans des temples bâtis de la main des hommes ;

« Il n'est point honoré par les ouvrages de la main des hommes, comme s'il avait besoin de quelque chose, lui qui donne à tous la vie, la respiration, et toutes choses ;

« Et il a fait naître d'un seul sang toute la race des hommes, et il leur a donné pour demeure toute la sur-

---

(1) *Ep. aux Héb.*, I, 1.
(2) *Actes*, XIV, 15.
(3) *Ibid.*, XVII, 23.

face de la terre, fixant les époques et la durée de chaque peuple et la terre qu'ils doivent habiter ;

« Afin qu'ils cherchassent Dieu et qu'ils tâchassent de le trouver comme avec la main, et à tâtons, quoiqu'il ne soit pas loin de chacun de nous :

« Car c'est en lui que nous avons la vie, le mouvement, et l'être ; et comme quelques-uns de vos poëtes ont dit : Car nous sommes sa race (1). »

Voilà des paroles vraiment chrétiennes, voilà l'esprit dans lequel nous devons étudier les anciennes religions du monde, ne les considérant pas comme indépendantes de Dieu, ni comme l'œuvre d'un esprit mauvais, ni comme une pure idolâtrie et le culte du démon, ni même comme un simple produit de l'imagination humaine, mais bien comme une préparation pour des choses plus grandes, comme une partie nécessaire de l'éducation de la race humaine, et comme « une recherche de Dieu pour tâcher de le trouver ». Il y a eu, pour les Juifs comme pour les Gentils, un moment où l'on a pu dire que *les temps étaient accomplis;* il nous faut donc apprendre à regarder les siècles qui l'ont précédé comme nécessaires, dans les décrets divins, pour combler cette mesure de bien et de mal qui atteignait la ligne où les deux grands courants nationaux de l'histoire du genre humain, la race des Juifs et celle des Gentils, la race sémitique et la race aryenne, devaient déborder, et mêler leurs eaux, pour être ensuite emportés par un courant nouveau, « la source qui jaillit pour la vie éternelle ».

(1) Cléanthe dit, ἐκ τοῦ γὰρ γένος ἐσμέν; Aratus, πατὴρ ἀνδρῶν..... τοῦ γὰρ γένος ἐσμέν (Welcker, *Griechische Götterlehre*, p. 183, 246).

Si maintenant, animés de cet esprit, nous fouillons les ruines sacrées de l'ancien monde, c'est merveille combien nous y trouverons plus de traces de la religion véritable que nous nous serions attendus à en découvrir dans ce que l'on appelle la mythologie païenne. Seulement, comme l'a dit saint Augustin, il ne faut pas faire attention aux noms, quelque étranges, quelque bizarres qu'ils nous semblent. Nous n'éprouvons plus les craintes légitimes qui remplissaient le cœur des écrivains chrétiens des premiers siècles; nous pouvons nous permettre d'être justes envers Jupiter et ses adorateurs. Nous devons même apprendre à traiter les religions anciennes avec un peu de ce respect, de cette vénération avec laquelle nous abordons l'étude de la religion judaïque et de la nôtre. « L'instinct religieux, » comme le dit Schelling, « doit être honoré même dans les mystères obscurs et confus. » Il faut seulement nous tenir en garde contre une tentation à laquelle a parfois cédé un éminent écrivain et homme d'État de ce pays dans son ouvrage sur Homère. Il ne faut pas vouloir trouver des idées chrétiennes, des idées particulières au christianisme, dans la foi primitive de l'humanité. Mais, d'autre part, nous pouvons chercher hardiment dans les religions de l'antiquité ces conceptions religieuses fondamentales sur lesquelles repose le christianisme lui-même, et sans lesquelles, pour ses assises naturelles et historiques, même le christianisme n'aurait jamais pu être ce qu'il est. Plus nous remonterons dans le passé, plus seront primitifs les germes de religion que nous examinerons, et plus les conceptions de la divinité nous apparaîtront pures, plus seront nobles les objets que nous verrons chaque fondateur d'un culte nouveau se proposer. Mais je pense aussi que plus nous remonterons dans le passé, plus nous trouverons le langage humain impuissant dans ses efforts pour exprimer ces notions qui étaient, entre toutes, les plus difficiles à rendre. L'histoire de la religion est, en un sens, une histoire du langage. Beaucoup des idées exprimées dans le langage de l'Évangile eussent été incompréhensibles et en même temps inexprimables, si (admettons un instant cette hypothèse), quelque intervention miraculeuse avait dû les communiquer aux habitants primitifs de la terre. Aujourd'hui encore les missionnaires trouvent qu'ils ont d'abord à faire l'éducation des sauvages qu'ils veulent convertir, c'est-à-dire qu'ils sont obligés de les élever jusqu'à ce niveau du langage et de la pensée qui avait été atteint par les Grecs, les Romains et les Juifs au commencement de notre ère, avant que les mots et les idées du christianisme puissent devenir des réalités pour l'esprit de ces sauvages, et avant que leur idiome indigène devienne assez fort pour servir à une traduction. Ici, comme ailleurs, les mots et les pensées vont ensemble ; et, en se plaçant à un certain point de vue, la véritable histoire de la religion ne serait, ainsi que je l'ai dit, ni plus ni moins qu'un exposé des diverses tentatives pour exprimer l'inexprimable.

Je tâcherai de rendre ceci clair par un exemple au moins, et je choisirai à cet effet le nom le plus important dans la religion et la mythologie des nations aryennes, le nom de Zeus, le dieu des dieux (*theòs theôn*), comme Platon l'appelle.

Considérons tout d'abord ce fait que l'on ne saurait

révoquer en doute, et qui, si on l'apprécie pleinement, nous frappera comme contenant les enseignements les plus instructifs et les plus saisissants sur l'antiquité, ce fait, veux-je dire, que Zeus, le nom le plus sacré de la mythologie grecque, est le même mot que *Dyaus* (1) en sanscrit, que *Jovis* (2) ou *Ju* dans *Jupiter* en latin, que *Tiw* en anglo-saxon (lequel nous est conservé dans *Tiwsdaeg*, *Tuesday* « mardi », le jour de Tyr le dieu de l'Edda) et que *Zio* en ancien haut-allemand.

Ce mot a été créé une fois, et une fois seulement. Il n'a pas été emprunté par les Grecs aux Hindous, ni par les Romains et les Germains aux Grecs. Il a dû exister avant que les ancêtres de ces races primitives se fussent scindés pour le langage et pour la religion, avant qu'ils eussent quitté leurs pâturages communs pour émigrer à droite et à gauche, et pour suivre leurs fortunes diverses, jusqu'à ce que les claies de leurs parcs soient devenues les murailles des grandes cités du monde.

Ici donc, dans ce mot vénérable, nous pouvons chercher quelques-unes des premières pensées religieuses de notre race, conservées entre les murs impérissables

---

(1) *Dyaus* en sanscrit est le nominatif singulier; *Dyu* est le thème infléchi. Je cite tantôt l'une de ces formes, et tantôt l'autre, mais il serait peut-être mieux d'adopter *Dyu*.

(2) *Jovis*, au nominatif, se trouve dans les vers où Ennius énumère les douze divinités romaines :

> Juno, Vesta, Minerva, Ceres, Diana, Venus, Mars,
> Mercurius, Jovi', Neptunus, Vulcanus, Apollo.

Dius, dans *Dius Fidius*, c'est-à-dire Ζεὺς πίστιος, appartient à la même classe de mots. Cf. Hartung, *Religion der Römer*, II, 44.

de quelques simples lettres. Que signifiait *Dyu* en sanscrit? Comment l'y emploie-t-on? Quelle est la racine que l'on a pu forcer à s'élever jusqu'à répondre aux plus hautes aspirations de l'esprit humain? Il nous serait difficile de découvrir la signification radicale ou attributive de *Zeus* en grec; mais en sanscrit, *dyaus* parle de lui-même, et raconte sa propre histoire. Il dérive de la racine qui donne le verbe *dyut*, et ce verbe signifie « rayonner ». Une racine ayant une signification aussi riche et aussi expansive pouvait s'appliquer à bien des conceptions: l'aurore, le soleil, le ciel, le jour, les étoiles, les yeux, l'océan, et la prairie, pouvaient tous être dépeints comme brillants, reluisants, souriants, éclatants, étincelants. Mais dans la langue, telle qu'elle s'est fixée dans l'Inde, *dyu*, comme substantif, signifie principalement « ciel » et « jour ». Avant que les antiques hymnes du Véda nous eussent révélé les plus anciennes formes de la pensée et du langage indiens, le substantif sanscrit *dyu* était à peine connu comme nom d'une divinité indienne, mais seulement comme substantif féminin, et comme le terme consacré pour désigner le ciel. Le fait seul que *dyu* était resté dans l'usage vulgaire comme nom du ciel suffisait pour expliquer pourquoi *dyu*, en sanscrit, n'avait jamais pris ce caractère mythologique bien déterminé qu'a revêtu Zeus en grec; car aussi longtemps qu'un mot garde les signes distinctifs de sa signification originelle, et tant qu'il est appliqué comme appellatif à des objets visibles, il ne se prête pas facilement au travail métamorphique de la mythologie primitive. Comme *dyu* continua en sanscrit à signifier « ciel », encore que ce fût seulement au féminin, il était difficile que ce mot devînt le germe de formations mythologiques bien importantes, même en étant employé comme substantif masculin. Il faut que le langage meure avant de pouvoir entrer dans une phase nouvelle de la vie mythologique.

Même dans le Véda, où *dyu* se rencontre comme nom masculin ayant une signification active, et nous laissant clairement voir qu'il renferme en lui ces germes de la pensée qui se sont développés en Grèce et à Rome et sont devenus le nom du dieu suprême du firmament, *Dyu*, la divinité, le seigneur du ciel, le vieux dieu de la lumière, n'acquiert jamais une puissante vitalité mythologique, ne s'élève jamais au rang d'une divinité suprême. *Dyu* n'est pas compris dans les listes primitives des divinités védiques, et le véritable représentant de Jupiter dans le Véda n'est point *Dyu*, mais *Indra*, nom de provenance indienne, et inconnu dans toute autre branche indépendante du langage aryen. *Indra* était une autre conception du ciel brillant où resplendit le soleil; mais en partie parce que sa signification étymologique fut obscurcie, en partie à cause de la poésie et de la religion plus ardentes de certains Rishis, ce nom l'emporta complétement sur celui de *Dyu*, et fut bien près d'éteindre entièrement dans l'Inde le souvenir d'un des plus anciens, et, peut-être, du plus ancien des noms par lesquels les Aryens s'étaient efforcés de rendre leur première conception de la divinité. Originairement cependant, — et c'est là une des plus importantes découvertes que nous devions à l'étude du Véda, — originairement *Dyu* était la brillante divinité céleste, dans l'Inde aussi bien qu'en Grèce.

Examinons d'abord quelques passages du Véda où *dyu* est employé comme appellatif dans le sens de « ciel ». Nous lisons (*Rv.*, I, 161, 14) : « Les Maruts (les orages) circulent dans le ciel, Agni (le feu) sur la terre, le vent va dans l'air ; Varuṇa circule dans les eaux de la mer, » etc. Ici *dyu* signifie « le ciel », aussi bien que *prithivî* signifie « la terre », et *antariksha* « l'air ». Il est souvent question à la fois du ciel et de la terre, et l'air est placé entre les deux (*antariksha*). Nous trouvons des expressions comme « *ciel et terre* (1) », « *l'air et le ciel* (2) », et « *le ciel, l'air et la terre* (3) ». Le ciel, *dyu*, est appelé le troisième, comme venant après la terre et l'air, et nous trouvons dans l'Atharva-Véda des expressions comme « dans le troisième ciel à compter d'ici » (4). De là l'idée des trois cieux. « Les cieux », lisons-nous, « les airs et la terre (tous au pluriel) ne peuvent contenir la majesté d'Indra » ; et dans un passage le poëte prie pour que sa gloire soit « élevée comme si le ciel était entassé sur le ciel » (5).

Une autre signification qui appartient à *dyu* dans le Véda est celle de « jour » (6). Tant de soleils sont tant de jours, et, même en anglais, *yestersun* était encore

---

(1) *Rv.*, I, 39, 4 : nahí...... ádhi dyávi ná bhûmyâm.
(2) *Rv.*, VI, 52, 13 : antárikshe..... dyávi.
(3) *Rv.*, VIII, 6, 15 : na dyâvaḥ índram ójasâ ná antárikshâṇi vajríṇam ná vivyachanta bhûmayaḥ.
(4) *Ath. Véda*, V, 4, 3 : tritîyasyâm itáḥ diví (fém.).
(5) *Rv.*, VII, 24, 5 : diví iva dyâm ádhi naḥ śrómatam dhâḥ.
(6) *Rv.*, VI, 24, 7 : ná yám járanti śarádaḥ ná mâsâḥ ná dyávaḥ índram avakarśáyanti (Celui que les moissons ne vieillissent pas, ni les lunes ; Indra, que les jours ne flétrissent point).
Rv., VII, 66, 11 : ví yé dadhúḥ śarádam mâsam ât áhar.

usité, au lieu de *yesterday*, du temps de Dryden. *Divâ*, cas instrumental avec l'accent sur la première syllabe, signifie « dans le jour », et s'emploie avec *náktam* « dans la nuit » (1). D'autres expressions telles que *divé dive, dyávi dyavi*, ou *ánu dyûn*, se rencontrent fréquemment dans le sens de « jour par jour » (2).

Mais, outre ces deux significations, *Dyu* exprime clairement une idée différente dans quelques passages peu nombreux du Véda. Il y a des invocations où le nom de Dyu figure le premier, et où il est invoqué en compagnie d'autres êtres qui sont toujours traités comme des dieux. Par exemple (*Rv.*, VI, 51, 5) :

« Dyaus (Ciel), père, et Prithivî (Terre), bonne mère, Agni (Feu), frère, O Vasus (les Brillants), soyez-nous propices (3) ! »

Ici le Ciel, la Terre et le Feu sont classés ensemble comme des puissances divines, mais il faut remarquer que Dyaus tient le premier rang. Le même fait se reproduit dans d'autres passages où l'on donne une longue liste de dieux, parmi lesquels, quand le nom de

---

(1) *Rv.*, I, 139, 5.

(2) *Rv.*, I, 112, 25 : dyúbhih aktúbhih pári pâtam asmân (Protégez-nous le jour et la nuit, ô Aśvin).

(3)   Dyaùs pítar prîthivî mâtar ádhruk
       Ζεῦ(ς) πατὲρ, πλατεῖα μῆτερ ἀτρεκ(ές)
       Agne bhrâtar vasavah mriláta nah.
       Ignis frater — (soyez) mild nos.

Dans cette dernière ligne, M. Max Müller traduit les mots sanscrits par les mots latins correspondants, à l'exception de mriláta « soyez propices », qu'il traduit par l'adjectif anglais qui dérive de la même racine. Voir p. 44 de ce volume.

Dyaus est mentionné, il occupe toujours une place marquante (1).

Il faut remarquer en outre que Dyaus est très-fréquemment appelé *pitar* ou « père », au point que, dans le Véda, *Dyaushpitar* devient presque autant un seul mot que Jupiter en latin. Dans un passage (I, 191, 6), nous lisons : « Dyaus est père, Prithivî, la terre, votre mère, Soma votre frère, Aditi votre sœur. » Dans un autre passage (IV, 1, 10), il est appelé « Dyaus le père, le créateur (2) ».

Nous avons maintenant à considérer quelques passages encore plus importants dans lesquels *Dyu* et *Indra* sont mentionnés à côté l'un de l'autre comme père et fils, de même que nous trouvons *Cronos* et *Zeus* chez les Grecs, mais avec cette différence que dans l'Inde *Dyu* est le père et *Indra* le fils ; et *Dyu* est enfin réduit à abdiquer sa suprématie, tandis qu'en grec Zeus conserve la sienne jusqu'à la fin. Dans un hymne adressé à *Indra*, et à Indra comme étant le dieu le plus puissant, nous lisons (*Rv.*, IV, 17, 4) : « *Dyu*, ton père, était réputé fort, le père d'Indra était puissant dans ses œuvres, lui (qui) engendra le céleste Indra, armé de la foudre, qui est inébranlable sur son trône, comme la terre. »

Ici donc *Dyu* semblerait être au-dessus d'Indra, comme Zeus est supérieur à Apollon. Mais il y a d'au-

---

(1) *Rv.*, I, 136, 6 : Námaḥ Divé brihaté ródasibhyâm ; puis viennent Mitrá, Váruṇa, Índra, Agní, Aryamán, Bhága. Cf., VI, 50, 13. Dyaúḥ devébhiḥ prithiví samudraíḥ. Ici, quoique Dyaus ne soit pas placé en première ligne, il est distingué comme étant cité en tête des *devas* ou « dieux brillants ».

(2) Dyaúsh pitá janitá·
Ζεύς, πατήρ, γενετήρ.

tres passages dans ce même hymne qui placent manifestement *Indra* au-dessus de *Dyu*, et qui jettent ainsi une lumière importante sur l'opération mentale qui a fait considérer par les Hindous le fils, Indra (1), le *Jupiter pluvius*, la lumière victorieuse du ciel, comme plus puissant, plus élevé, que le ciel brillant où il a pris naissance. L'hymne commence par proclamer la grandeur d'Indra, laquelle même le ciel et la terre ont dû reconnaître; et il est dit qu'à la naissance d'Indra, le ciel et la terre ont tremblé. Or il faut nous rappeler que, dans le langage mythologique, le ciel et la terre sont le père et la mère d'Indra, et si nous lisons dans le même hymne qu'Indra « l'emporte un peu sur sa mère et sur son père qui l'ont engendré (2) », ceci ne peut qu'exprimer la même idée, à savoir, que le dieu fort et agissant qui réside dans le ciel, qui monte sur les nuages comme sur des coursiers, et qui lance sa foudre contre les démons des ténèbres, fait plus tard sur l'esprit de l'homme une impression plus vive que l'immensité du ciel serein ou que la vaste étendue de la terre. Cependant *Dyu* a dû aussi primitivement être conçu comme un dieu plus actif, je pourrais dire comme un dieu plus dramatique, car le poëte compare Indra, détruisant ses ennemis, avec Dyu, brandissant la foudre (3).

(1) Indra, nom particulier à l'Inde, ne comporte qu'une seule étymologie : il doit nécessairement dériver de la racine, quelle qu'elle soit, qui a donné en sanscrit *indu* « goutte, séve ». Il a signifié originairement « celui qui donne la pluie », le *Jupiter pluvius*, divinité qui, dans l'Inde, était plus souvent présente que toute autre à l'esprit de l'adorateur. Cf. Benfey, *Orient und Occident*, vol. I, p. 49.

(2) VII, 17, 12 : Kíyat svit índrah ádhi eti mátuh Kíyat pitúh janitúh yáh jajána.

(3) IV, 17, 13 : vibhanjanúh aśánimân iva dyaúh.

Si nous rapprochons de cet hymne des passages d'autres hymnes, nous voyons encore plus clairement comment l'idée d'Indra, le victorieux héros de l'orage, a conduit tout naturellement à la reconnaissance d'un père qui, bien qu'admiré pour sa force avant qu'Indra parût sur la scène, fut surpassé en prouesse par son fils. Si l'Aurore est appelée *divijâh* « née dans le ciel », ce seul adjectif devait servir pour prouver qu'elle était fille de Dyu; et effectivement c'est le titre qu'on lui donne. De même pour Indra. Il s'est élevé du ciel; de là le mythe que le ciel était son père. Il s'est élevé de l'horizon où le ciel semble embrasser la terre; donc la terre devait être sa mère. Comme le ciel et la terre avaient été invoqués précédemment en qualité de puissances bienfaisantes, ils devaient d'autant plus facilement prendre sur eux la paternité d'Indra : toutefois, quand ils n'auraient pas été adorés auparavant comme des dieux, Indra lui-même, en tant que né du ciel et de la terre, aurait élevé ces parents au rang de divinités. C'est ainsi que dans la mythologie grecque plus moderne *Cronos*, père de Zeus, doit son existence même à son fils, c'est-à-dire à Zeus *Cronion*, Cronion signifiant originairement « fils du temps », ou « l'ancien des jours » (1). *Ouranos*, au contraire, bien qu'ayant été suggéré par *Ouranion* « le céleste », avait évidemment, comme le Ciel et la Terre, joui d'une existence indépendante, avant d'être fait père de Cronos et grandpère de Zeus; car nous trouvons son prototype dans le dieu védique *Varuṇa*. Mais, tandis que dans l'Inde

---

(1) Welcker, *Griechische Götterlehre*, p. 144. Zeus est aussi appelé Cronios. *Ibid.*, p. 150, 155, 158.

Dyu fut élevé au rang de père d'un nouveau dieu, *Indra,* et se trouva par là-même déchu du rang suprême, Zeus conserva toujours sa suprématie dans la Grèce, jusqu'à ce que l'aurore du christianisme mit fin à la phraséologie mythologique de l'ancien monde.

Nous lisons, I, 131, I (1) :

« Devant Indra le divin Dyu s'inclina, devant Indra s'inclina la grande Prithivî. »

Et ailleurs, I, 61, 9 (2) : « La grandeur d'Indra a vraiment dépassé le ciel (dyaus), la terre et l'air. »

I, 54, 4 (3) : « Tu as fait trembler le haut du ciel (de *dyaus*). »

De telles expressions, bien que destinées sans aucun doute à rendre la conception de phénomènes naturels, ne pouvaient manquer de produire une phraséologie mythologique, et si *Dyu* n'a pas pris dans l'Inde les mêmes proportions que Zeus en Grèce, la raison en est simplement que *dyu* a toujours conservé trop visiblement son caractère de mot appellatif, et qu'Indra, le nouveau nom et le nouveau dieu, absorba tous les canaux qui auraient pu alimenter la vie de Dyu (4).

Voyons maintenant comment la même conception de Dyu, comme dieu de la lumière et du ciel, grandit et s'étendit en Grèce. Et ici remarquons ce qui a été indiqué par d'autres, mais ce qui n'a jamais été exposé avec autant de clarté que par M. Alexandre Bertrand

---

(1) Índrâya hí dyaúḥ ásuraḥ ánamnata índrâya mahî prithivî várimabhiḥ.

(2) Asyá ít evá prá ririche mahitvám diváḥ prithivyáḥ pári antárikshât.

(3) Tvám diváḥ brihatáḥ sânu kopayaḥ.

(4) Cf. Buttmann, *Ueber Apollon und Artemis, Mythologus*, I, p. 8.

dans son lumineux ouvrage sur *les Dieux protecteurs des Héros grecs et troyens dans l'Iliade*, c'est à savoir, que, tandis que toutes les autres divinités sont plus ou moins particulières à certaines localités ou à certaines tribus, Zeus est connu dans tous les villages et de tous les clans. « C'est, dit M. Bertrand (1), le Dieu de l'Ida aussi bien que le Dieu de l'Olympe et celui de Dodone.... Tandis que Poseidon attirait à lui la famille éolienne, les Doriens se groupaient autour d'Apollon, les Ioniens autour d'Athéné. Un Dieu plus puissant encore devait jouer le même rôle auprès de tous les fils d'Hellen, Doriens, Éoliens, Ioniens, Achéens : c'était Zeus le Dieu Panhellénique. » Quand même le sanscrit ne nous eût conservé aucune trace du mot Zeus, nous aurions peut-être pu deviner qu'il signifiait « ciel ». La prière des Athéniens :

Ὗσον, Ὗσον, ὦ φίλε Ζεῦ, κατὰ τῆς ἀρούρας τῶν Ἀθηναίων καὶ τῶν πεδίων ! s'adresse clairement au ciel, quoique la seule addition de φίλε, dans ὦ φίλε Ζεῦ, suffise pour changer le ciel en un être personnel.

La signification originelle de *Zeús* aurait encore pu nous être révélée par des mots comme *Diosēmía* « présages dans le ciel », c'est-à-dire le tonnerre, l'éclair, la pluie, *Diipétēs* « grossi par les eaux du ciel », littéralement « qui tombe des cieux », *éndios* « en plein air » ou « en plein midi », *eúdios* « serein, calme », littéralement « où le ciel est pur », et par d'autres mots encore. En latin aussi, *sub Jove frigiao* « sous le ciel froid », *sub diu, sub dio*, et *sub-*

---

(1) Alexandre Bertrand, *Essai sur les Dieux protecteurs des Héros grecs et troyens dans l'Iliade*, Rennes, 1858, p. 151 et 152.

divo (1), sont des expressions assez transparentes. Mais alors il était toujours loisible de dire que les anciens noms des dieux étaient fréquemment employés pour désigner soit le lieu de leur habitation, soit les dons qui leur étaient propres ; que *Neptune,* par exemple, était employé pour la mer, *Pluton* pour les enfers, *Jupiter* pour le ciel, sans que cela prouvât le moins du monde que ces noms signifiaient originairement « mer », « enfers », « ciel ». Ainsi Névius dit : *Cocus edit Neptunum, Venerem, Cererem*, entendant, nous assure Festus, par Neptune des poissons, par Vénus des légumes, par Cérès du pain (2). *Minerva* signifie à la fois « intelligence », dans *pingui Minerva*, et « fils de laine » (3). Lorsque certains philosophes anciens, cités par Aristote, disaient que Zeus *pleut* non pas afin d'accroître le grain, mais par nécessité (4), évidemment ces anciens positivistes regardaient Zeus comme le ciel, et non comme un être divin, personnel et libre ; mais on pouvait encore supposer qu'ils transportaient au ciel le vieux nom divin de Zeus, comme Ennius, avec la pleine conscience du philosophe, s'est écrié :

Adspice hoc sublime candens quod invocant omnes Jovem.

Une telle expression est le résultat d'une réflexion plus mûre, et ne prouverait nullement que Zeus ou Jupiter ait signifié originairement « le ciel ».

Un Grec du temps d'Homère se serait défendu éner-

---

(1) Dium fulgur appellabant diurnum quod putabant Jovis, ut nocturnum Summani. — Festus, p. 57.

(2) Festus, p. 45.

(3) Arnobe, V, 45.

(4) Grote, *History of Greece*, I, 501, 539.

giquement contre cette insinuation, qu'en parlant de *Zeús* il n'entendait parler que du ciel. Par Zeus les Grecs signifiaient plus que le ciel visible, plus même que le ciel personnifié. Pour eux Zeus était, et est resté, malgré tous les obscurcissements mythologiques, le nom de la Divinité suprême; et quand même ils se seraient souvenus que Zeus signifiait dans l'origine « le ciel », cela ne les aurait pas plus troublés que s'ils s'étaient rappelé que *thymós* « âme, esprit » avait signifié primitivement « souffle de vent ». L'idée du ciel était celle qui approchait le plus près de cette conception, laquelle, en sublimité, en splendeur et en infinité, surpassait toutes les autres autant que le ciel bleu et resplendissant s'élevait au-dessus de toutes les autres choses visibles sur la terre. C'est là un fait d'une grande importance. Rappelons-nous bien que la perception de Dieu est une de celles qui se réalisent, comme les perceptions des sens, même sans le langage. Sans des noms nous ne saurions réaliser des conceptions générales, ou, comme certains philosophes les appellent, des essences nominales, comme *animal, arbre, homme;* nous ne saurions donc raisonner sans des noms, ou sans le langage. Mais nous pouvons voir le soleil, nous pouvons le saluer au matin et le regretter le soir, sans nécessairement le nommer, c'est-à-dire sans le comprendre sous quelque notion générale. Il en est de même pour la perception du divin. Les hommes ont pu le percevoir, ils ont pu y aspirer avec ardeur ou le saluer avec joie, longtemps avant de savoir comment le nommer. Toutefois l'homme ne pouvait tarder à désirer un nom pour cette idée qu'il portait en lui; et la prière de Jacob :

« Dis-moi, je te prie, ton nom » (1), et la question de Moïse : « Que leur répondrai-je s'ils me demandent : Quel est son nom ? » (2) ont dû, de bien bonne heure, être la prière et la question de toutes les nations sur la terre.

Il se peut que le récit d'Hérodote (II, 52) repose sur une théorie plutôt que sur des faits; cependant, même comme théorie, cette tradition que les Pélasges offrirent pendant longtemps des prières et des sacrifices aux dieux sans savoir nommer aucun d'eux en particulier, est une tradition curieuse. Bacon rapporte au sujet des indigènes des Indes occidentales un fait tout différent, à savoir, qu'ils avaient des noms pour chacun de leurs dieux, mais aucun mot pour signifier « dieu ».

Aussitôt que l'homme arrive à la conscience de lui-même, dès qu'il se perçoit comme distinct de toutes les autres choses et de toutes les autres personnes, il acquiert en même temps la notion d'une personnalité plus haute, d'une puissance supérieure, sans laquelle il sent que ni lui ni aucune chose du monde n'auraient ni vie ni réalité. Nous sommes ainsi faits (et nous ne pouvons point nous en donner le mérite), que, dès que nous nous éveillons, nous sentons de tous côtés la dépendance où nous sommes de quelque chose qui n'est pas nous-mêmes et, d'une manière ou d'une autre, toutes les nations se joignent aux paroles du psalmiste: « C'est lui qui nous a faits, et non pas nous qui nous sommes faits nous-mêmes. » C'est là le premier sentiment de la divinité,

---

(1) *Genèse*, XXXII, 29.
(2) *Exode*.

le *sensus numinis,* comme on l'a bien nommé ; car c'est bien cela, c'est une perception immédiate, non point le résultat d'un raisonnement ou d'une généralisation, mais une intuition aussi irrésistible que les impressions de nos sens. Pendant cette perception intuitive, nous sommes à l'état passif, au moins autant que nous le sommes pendant que nous recevons d'en haut l'image du soleil, ou toute autre impression de nos sens, tandis qu'un principe actif dirige toutes les opérations du raisonnement. Ce *sensus numinis,* ou, comme nous pouvons l'appeler dans un langage qui nous est plus familier, la *foi,* telle est la source de toute religion : sans cela, aucune religion, vraie ou fausse, n'est possible.

Tacite nous dit que les Germains « donnaient des noms de dieux à ce mystère caché qu'ils ne découvraient que par la vénération seule » (1). Il en a été de même en Grèce. En donnant à l'objet du *sensus numinis* le nom de Zeus, les pères de la religion grecque savaient parfaitement bien qu'ils voulaient désigner plus que le ciel. Le ciel élevé et resplendissant a été regardé, dans bien des langues et dans bien des religions, comme le séjour de Dieu (2), et le nom de son habitation pouvait facilement être transporté à celui qui réside au ciel. Aristote (*De cœlo,* 1, 1, 3) remarque que « tous les hommes soupçonnent qu'il y a des dieux, et que tous leur assignent la plus haute place ». Et ailleurs (*ibid.,* 1, 2, 1) il dit: « Les anciens ont attri-

---

(1) *Germania,* 9 : Deorumque nominibus appellant secretum illud quod sola reverentia vident.
(2) Voir Carrière, *Die Kunst im Zusammenhang der Culturentwickelung,* p. 49.

bué aux dieux le ciel et l'espace au-dessus, parce que seul il était éternel. » Les Slaves, nous assure Procope (1), adoraient jadis un seul dieu, et c'était, disaient-ils, celui qui avait fait l'éclair. En lithuanien, *Perkunas,* le dieu de l'orage, est employé comme synonyme de *deivaitis* « divinité ». En chinois, *tien* signifie « ciel » et « jour », et le même mot, comme le *Dyu* des Aryens, est le terme consacré chez les Chinois pour nommer Dieu. Quoiqu'un ordre du pape ait défendu, en 1715, aux missionnaires catholiques d'employer *Tien* comme nom de Dieu et leur ait enjoint de le remplacer par *Tien tchou* « seigneur du ciel », le langage a été plus puissant que le pape. Dans les dialectes tartares et mongols, *Tengri,* lequel dérive peut-être de la même source que *Tien,* signifie 1° le ciel, 2° le Dieu du ciel, 3° Dieu en général, ou les esprits bons et mauvais (2). Castrèn attribue les mêmes significations au mot finnois *Jumala* « celui qui lance la foudre (3) ». Dans nos langues aussi, *le ciel* peut être employé presque comme le synonyme de Dieu. Lorsque l'enfant prodigue veut retourner auprès de son père, il s'écrie : « Je me lèverai et j'irai à mon père, et je lui dirai : Père, j'ai péché contre le ciel et devant toi (4) ». Toutes les fois que nous trouvons de cette manière le nom du ciel employé pour désigner Dieu,

---

(1) Welcker, *loc. cit.*, I, 137, 166. Proc. *de bello Gothico,* 3, 14.
(2) Castrèn, *Finnische Mythologie,* p. 14. Welcker, *Griechische Götterlehre,* p. 130. Klaproth, *Sprache und Schrift der Uiguren,* p. 9. Bœhtlingk, *Die Sprache der Jakuten,* Wörterbuch, p. 90, au mot *Tagara.* Kowalewski, *Dictionnaire mongol-russe-français,* t. III, p. 1763.
(3) Castrèn, *loc. cit.,* p. 24.
(4) Saint Luc, XV, 18.

nous devons nous rappeler que ceux qui adoptèrent primitivement ce nom, le transportaient d'un objet, visible pour les yeux de leur corps, à un autre objet que saisissait un autre organe de la connaissance, je veux dire l'âme ou l'entendement. Ceux qui les premiers appelèrent Dieu *le Ciel*, avaient en eux quelque chose qu'ils voulaient nommer, c'était l'image de Dieu qui se réfléchissait de plus en plus nettement dans leur âme ; ceux qui plus tard appelèrent le ciel Dieu, avaient oublié qu'ils donnaient pour attribut au ciel quelque chose qui le dépassait en hauteur.

Malgré les nuages dont la mythologie a enveloppé le nom de Zeus, nous pouvons voir qu'il fut originairement pour les Grecs le Dieu suprême, le vrai Dieu, et même parfois leur seul Dieu (1). Mais il s'en faut beaucoup que cela revienne à dire qu'Homère croyait en un être suprême, omnipotent et omniscient, créateur et gouverneur du monde. Une pareille assertion demanderait à être singulièrement modifiée. Le Zeus homérique est plein de contradictions. Il est le sujet de fables mythologiques et l'objet de l'adoration religieuse. Il est omniscient, cependant il est trompé ; il est omnipotent, et cependant il est bravé ; il est éternel, cependant il a un père ; il est juste, cependant il se rend coupable de crimes. Mais ces contradictions mêmes doivent porter avec elles leur enseignement. Si toutes les conceptions de Zeus étaient issues d'une seule et même source, ces contradictions n'auraient jamais pu exister. Si Zeus avait signifié simplement Dieu, le Dieu suprême, il n'aurait pas pu être fils de

---

(1) Cf. Welcker, p. 129 *et suiv.*

Cronos, ou père de Minos. Si, d'autre part, Zeus n'avait été qu'un pur personnage mythologique, comme le sont Éos, l'Aurore, ou Hélios, le soleil, jamais il n'eût été possible de l'invoquer comme il l'est dans la célèbre prière d'Achille. En parcourant Homère et d'autres auteurs grecs, nous n'avons point de difficulté à réunir un certain nombre de passages dans lesquels le Zeus dont il y est fait mention est conçu clairement comme leur Dieu suprême. Voici, par exemple, quel était le chant des Pléiades à Dodone, le plus vieux sanctuaire de Zeus : « Zeus était, Zeus est, Zeus sera, un grand Zeus (1). » Ici, il n'y a aucune trace de mythologie. Dans Homère (2), Zeus est appelé « le père le plus glorieux, le plus grand, celui qui gouverne tous, mortels et immortels ». Il est le conseiller dont les autres dieux ne peuvent pénétrer les conseils (*Il.*, 1, 545). Sa puissance est la plus grande de toutes (*Il.*, IX, 25) (3), et c'est lui qui donne à l'homme la force, la sagesse et l'honneur. Cette seule expression, « père des dieux et des hommes », qui est si souvent appliquée à Zeus et à Zeus seulement, suffirait pour montrer que la conception religieuse de Zeus n'avait jamais été entièrement oubliée, et que malgré leurs différentes légendes relatives à la création de la race humaine, jamais les Grecs n'avaient laissé entièrement s'éteindre dans leur esprit l'idée de Zeus comme père et créateur de

---

(1) Welcker, p. 143. *Paus.*, 60, 12, 5.

(2) *Ibid.*, p. 176.

(3) « Jupiter omnipotens regum rerumque deûmque Progenitor genitrixque deûm. »

Valerius Soranus, dans S. Aug., *De civ. Dei*, VII, 10.

toutes choses, mais plus particulièrement comme père et créateur de l'homme. Cette idée éclate dans le vers de l'*Odyssée*, où Philœtius s'oublie jusqu'à accuser Zeus de n'avoir pas pitié des hommes, *quand c'est lui qui les a créés* (1); et dans la vue philosophique qu'expose sur l'univers Cléanthe ou Aratus, elle revêt cette forme même sous laquelle elle est connue de chacun de nous par la citation de saint Paul, *car nous sommes aussi sa race*. La ressemblance avec Dieu (*homoiótēs theó*) était le but de la morale pythagoricienne (2), et, suivant Aristote, c'était un dire des anciens, que tout vient de Dieu, et existe par Dieu (3). Tous les plus grands poëtes après Homère connaissent Zeus comme étant le Dieu suprême, le vrai Dieu. « Zeus, dit Pindare (4), obtint quelque chose de plus que ce que les dieux possédaient ». Il l'appelle le père éternel, et il revendique pour l'homme une origine divine.

« Elles sont une, la race des hommes et la race des dieux. Tous, hommes et dieux, nous devons la vie à une même mère; mais nos forces toutes distinctes nous séparent, au point que les uns ne sont rien, tandis que le ciel d'airain, le siége inébranlable, demeure pour toujours. Mais néanmoins nous ressemblons encore aux immortels, ou par la grandeur de notre esprit, ou par notre nature, tout en ne sachant

---

(1) *Od.*, XX, 201 :
   Ζεῦ πάτερ, οὔ τις σεῖο θεῶν ὀλοώτερος ἄλλος·
   οὐκ ἐλεαίρεις ἄνδρας, ἐπὴν δὴ γείνεαι αὐτός.

(2) Cic., *De leg.*, I, 8. Welcker, *Gr. Götterlehre*, I, 249.
(3) *De Mundo*, 6. Welcker, *ibid.*, vol. I, p. 240.
(4) Pind., *Fragm.*, V, 6. Bunsen, *Gott in der Geschichte*, II, 351. *Ol.* 13, 12.

pas vers quel terme, soit le jour, soit la nuit, le sort a décidé que nous devions courir (1). »

« Créatures d'un jour, que sommes-nous, et que ne sommes-nous pas? L'homme est le rêve d'une ombre. Mais lorsque vient un rayon envoyé par Zeus, les hommes jouissent d'une lumière brillante et d'une douce vie (2). »

Eschyle ne nous laisse aucun doute sur l'idée qu'il se faisait réellement de Zeus. Zeus est pour lui un être bien différent de tous les autres dieux. « Zeus, » nous dit-il dans un fragment (3), « est la terre, Zeus est l'air, Zeus est le ciel, Zeus est tout, et ce qui est au-dessus de tout. » « Tout a été accordé aux dieux, dit-il, excepté d'agir en souverains, car personne n'est libre, excepté Zeus (4). » Il l'appelle « le maître du temps qui n'a pas de fin (5) ». Bien plus, il sait que le nom de Zeus n'est

---

(1) Pind., *Nem.*, VI, 1 (cf. XI, 43 ; XII, 7) :

Ἐν ἀνδρῶν, ἓν θεῶν γένος· ἐκ μιᾶς δὲ πνέομεν
ματρὸς ἀμφότεροι· διείργει δὲ πᾶσα κεκριμένα
δύναμις, ὡς τὸ μὲν οὐδέν, ὁ δὲ χάλκεος ἀσφαλὲς αἰὲν ἕδος
μένει οὐρανός. ἀλλά τι προσφέρομεν ἔμπαν ἢ μέγαν
νόον ἤτοι φύσιν ἀθανάτοις,
καίπερ ἐφαμερίαν οὐκ εἰδότες οὐδὲ μετὰ νύκτας ἄμμε πότμος
οἵαν τίν' ἔγραψε δραμεῖν ποτὶ στάθμαν ;

(2) Pind., *Pyth.*, VIII, 95 :

Ἐπάμεροι· τί δέ τις; τί δέ οὔ τις; σκιᾶς ὄναρ
ἄνθρωπος· ἀλλ' ὅταν αἴγλα διόσδοτος ἔλθῃ,
λαμπρὸν φέγγος ἔπεστιν ἀνδρῶν
καὶ μείλιχος αἰών.

(3) Cf. Carrière, *Die Kunst*, vol. I, p. 79.
(4) *Prométhée enchaîné*, 49 :

ἅπαντ' ἐπράχθη πλὴν θεοῖσι κοιρανεῖν,
ἐλεύθερος γὰρ οὔτις ἐστὶ πλὴν Διός.

(5) *Les Suppliantes*, 574 : Ζεὺς αἰῶνος κρέων ἀπαύστου.

qu'indifférent (1), et que derrière ce nom il y a une puissance plus grande que tous les noms. C'est ainsi que le chœur dans *Agamemnon* dit (2) :

« Zeus, quel qu'il soit, si c'est ainsi qu'il aime à être nommé, par ce nom je m'adresse à lui. Si je veux réellement me débarrasser du vain fardeau de mon souci, après avoir examiné toutes choses, je ne puis trouver par qui m'en défaire, excepté Zeus seul.

« Car celui qui auparavant était grand et plein d'une hardiesse prête à tout combattre, on ne parle plus de lui maintenant; et celui qui est venu ensuite, il a trouvé son vainqueur, et il n'est plus. Mais celui qui chante sagement des hymnes de victoire en l'honneur de Zeus, celui-là trouvera toute la sagesse. Car Zeus guide les mortels dans les voies de la sagesse, et il a voulu que la souffrance fût notre meilleure école. Et même dans le sommeil le souvenir de nos chagrins s'échappe de notre cœur, et la sagesse nous vient malgré nous. »

Citons encore un passage que nous prendrons dans Sophocle (3), afin de montrer que pour lui aussi, dans

---

(1) Cléanthe, dans un hymne cité par Welcker, II, p. 193, s'adresse ainsi à Zeus :

Κύδιστ' ἀθανάτων, πολυώνυμε, παγκρατὲς, αἰεὶ
χαῖρε Ζεῦ.

« O le plus glorieux des immortels, toi aux noms nombreux, tout-puissant, toujours salut, ô Zeus ! »

(2) *Agam.*, 160.
(3) *Électre*, 188.

Θάρσει μοι, θάρσει, τέχνον.
ἔτι μέγας οὐρανῷ
Ζεύς, ὃς ἐφορᾷ πάντα καὶ κρατύνει·
ᾧ τὸν ὑπεραλγῆ χόλον νέμουσα,
μήθ' οἷς ἐχθαίρεις ὑπεράχθεο μήτ' ἐπιλάθου.

les vrais moments d'angoisse et d'aspirations religieuses, Zeus est bien le même être que nous appelons Dieu. Voici en quels termes le chœur essaye de ranimer le courage d'Électre :

« Confiance, confiance, ma fille ! Il est encore au ciel, le grand Zeus, qui surveille et gouverne toutes choses. A lui confie l'excès de ta douleur, et ne sois point trop irritée contre tes ennemis, ni ne les oublie. »

Mais tandis que dans des passages comme ceux-là nous voyons prédominer la conception originelle de Zeus comme étant le vrai dieu, le dieu des dieux, il y a d'innombrables passages où Zeus est clairement le ciel personnifié, et ne diffère guère d'autres divinités, telles que le dieu-soleil, ou la déesse de la lune. Le Grec ignorait qu'il y eût différentes idées accessoires qui rayonnaient de divers points vers l'idée centrale de Zeus. Pour lui le nom de Zeus n'exprimait qu'une seule idée, et à l'exception du petit nombre d'esprits d'élite qui étaient capables de penser pour eux-mêmes, et qui savaient, comme Socrate, qu'aucune légende, qu'aucun mythe religieux ne peut être vrai, s'il déshonore un être divin, les autres Grecs passaient légèrement sur les contradictions entre l'élément divin et l'élément naturel dans le caractère de Zeus. Mais pour nous il est manifeste que la fable de Zeus entrant dans la prison de Danaé sous forme de pluie d'or, désignait le ciel pur qui délivre la terre des liens de l'hiver, et qui réveille en elle une vie nouvelle par les ondées du printemps dorées par le soleil. Beaucoup des fables qui racontent l'amour de Zeus pour des héroïnes humaines ou demi-humaines, ont une origine semblable. L'idée que nous exprimons par cette phrase « Roi par la grâce de Dieu » s'exprimait dans le langage ancien en appelant les rois les descendants de Zeus (1). Cette conception simple et naturelle produisit d'innombrables légendes locales. De grandes familles et des tribus tout entières prétendaient avoir eu Zeus pour leur ancêtre; et comme il était nécessaire dans chaque cas de lui donner une femme, on choisissait naturellement le nom de la contrée pour combler le vide dans ces généalogies sacrées. Ainsi, on racontait qu'Éaque, le célèbre roi d'Égine, était fils de Zeus. Cela pouvait signifier tout simplement que c'était un roi puissant, sage et juste. Mais on ne tarda pas à donner une autre signification à cette phrase. La fable raconta qu'Éaque était réellement le fils de Zeus, et Zeus est représenté comme enlevant Égine et la rendant mère d'Éaque.

Les Arcadiens (Ursini) dérivaient leur origine d'Arcas; leur divinité nationale était Callisto, autre nom pour Artémis (2). Qu'arrive-il? On fait d'Arcas le fils de Zeus et de Callisto; mais, pour sauver l'honneur d'Artémis, la chaste déesse, Callisto est représentée ici comme étant une de ses compagnes. Bientôt le mythe reçoit un nouveau développement. Callisto est changée en ourse par la jalousie de Héré. Alors, après avoir été tuée par Artémis, elle est identifiée avec *Arctos*, la Grande-Ourse, sans que l'on ait

---

(1) *Il.*, II, 445, διοτρεφέες. *Od.*, IV, 691, θεῖοι. Callim., *Hymn. in Jorem*, 79, ἐκ Διὸς βασιλῆες. Bertrand, *Dieux Protecteurs*, p. 157. Kemble, *Saxons in England*, I, p. 335. Cox, *Tales of Thebes and Argos*, 1864, *Introduction*, p. 1.

(2) Müller, *Dorier*, I, 372. Jacobi, au mot *Kallisto*.

eu pour cette identification de meilleures raisons que pour celle qui a été faite, dans des temps plus modernes, de la Vierge avec Virgo, le signe du zodiaque (1). Et si l'on demandait pourquoi la constellation de la Grande-Ourse ne se couche jamais, on avait cette réponse toute prête, que l'épouse de Zeus avait demandé à l'Océan et à Thétis de ne pas permettre que sa rivale souillât les ondes pures de la mer.

Il est dit encore que Zeus, sous la forme d'un taureau, enleva Europe. Si nous retraduisons cette expression en sanscrit, elle signifie simplement que le fort soleil levant (*vrishan*) emporte l'aurore qui brille au loin, ce à quoi il est constamment fait allusion dans les Védas. Et comme il fallait trouver des parents pour Minos, l'ancien roi de Crète, on le fit naître de Zeus et d'Europe.

Il n'y avait rien qu'on pût dire du ciel, qui ne fût, sous une forme ou sous une autre, attribué à Zeus. C'était Zeus qui pleuvait, qui tonnait, qui neigeait, qui grêlait, qui faisait jaillir l'éclair, qui rassemblait les nuages, qui déchaînait les vents, qui tenait dans la main l'arc-en-ciel. C'est Zeus qui règle les jours et les nuits, les mois, les saisons et les années. C'est lui qui veille sur les champs, qui envoie de riches moissons, et qui garde les troupeaux (2). Comme le ciel, Zeus habite sur les plus hautes montagnes; comme le ciel, Zeus embrasse la terre; comme le ciel, Zeus est éternel, immuable, le plus élevé de tous les

---

(1) Maury, *Légendes pieuses*, p. 39, note.
(2) Welcker, p. 169.

dieux (1). Pour le bien et pour le mal, Zeus le ciel et Zeus le dieu sont confondus et inséparables dans l'esprit grec, et c'est ainsi que le langage a triomphé de la pensée, la tradition de la religion.

Quelque étrange que ce mélange nous semble, quelque incroyable qu'il nous paraisse que deux idées aussi distinctes que *dieu* et *ciel* aient pu se confondre en une seule et que l'on ait pu prendre les changements atmosphériques pour les actes de celui qui gouverne le monde, n'oublions point que ce n'est pas seulement en Grèce, mais partout où il est possible d'étudier le développement du langage ancien et de la religion ancienne, que nous pouvons observer les mêmes ou à peu près les mêmes phénomènes. Le Psalmiste dit (XVII, 6) : « Dans ma tribulation j'ai invoqué le Seigneur, et j'ai crié vers mon Dieu : il a entendu ma voix dans son temple, et mon cri est arrivé devant lui, et jusqu'à ses oreilles.

« 7. Alors la terre a été ébranlée et a tremblé : les fondements des montagnes ont été remués et ébranlés, parce qu'il était irrité contre elles.

« 8. Alors s'est élevée la fumée de sa colère, et sa face a dardé des flammes : par elles des charbons ont été allumés.

« 9. Il a abaissé les cieux, et il est descendu : et un nuage obscur était sous ses pieds.

« 10. Et il a monté sur un chérubin, et il s'est élancé : il s'est élancé sur les ailes des vents.

(1) Bunsen, *Gott in der Geschichte*, II, 352 : «Gott vermag aus schwarzer Nacht zu erwecken fleckenlosen Glanz, und mit schwarzlockigem Dunkel zu verhüllen des Tages reinen Strahl. » — Pindare, *Fragm.*, 3.

» 13. Le Seigneur a tonné dans le ciel, et le Très-Haut a fait entendre sa voix ; il a fait tomber de la grêle et des charbons embrasés.

« 14. Et il a tiré ses flèches, et il les a dispersés ; il a multiplié ses foudres, et il les a mis en désordre.

« 15. Alors on vit les sources des eaux, et les fondements de la terre furent mis au jour par l'effet de tes menaces, ô Seigneur, par le souffle de ta colère. »

Même le Psalmiste, dans ses chants inspirés, est obligé de se servir de notre faible langage humain, et de descendre au niveau de la pensée humaine. C'est heureux pour nous si nous nous rappelons toujours la différence entre ce que l'on dit et ce que l'on veut dire, et si, pendant que nous plaignons le païen qui adore des statues de bois et de pierre, nous ne sommes pas agenouillés nous-mêmes devant les frêles images de l'imagination humaine (1).

Et maintenant, avant d'en finir avec l'histoire de *Dyu*, il nous faut encore nous adresser une question, quoiqu'il soit difficile d'y répondre. Devons-nous penser que c'était par une métaphore radicale ou bien par une métaphore poétique que les Aryens primitifs parlaient, avant leur séparation, de *dyu* « le ciel » et de *dyu* « le dieu » ? En d'autres termes, était-ce par deux actes indépendants que l'objet du *sensus luminis*, le ciel, fut appelé *dyu* « lumière », et que l'objet du *sensus numinis*, Dieu, fut aussi appelé *dyu* « lumière » ? ou bien, le nom du ciel, *dyu*, déjà créé, fut-il employé métaphoriquement pour exprimer l'idée du Dieu qui habitait au plus

---

(1) Dion Chrysostome, 12, p. 404 s. Welcker, *Griechische Götterlehre*, 1, p. 246.

haut des cieux (1)? L'une et l'autre de ces deux manières de voir sont possibles. On pourrait soutenir la seconde en citant divers exemples analogues que nous avons déjà examinés, et où nous avons trouvé que des noms signifiant le ciel avaient évidemment été transportés à l'idée de la Divinité, ou, comme d'autres le diraient, avaient graduellement été spiritualisés et élevés jusqu'à pouvoir exprimer cette idée. Il n'y a aucune raison qui nous empêche d'admettre cela. Chaque nom est imparfait dans l'origine; il n'exprime nécessairement qu'un seul aspect de son objet : et quand il s'agissait de nommer Dieu, le fait même de l'insuffisance d'un seul nom devait conduire les hommes à créer ou à adopter de nouveaux noms, exprimant chacun quelque attribut nouveau qu'ils sentaient devoir appartenir à la nature divine, et utiles pour leur rappeler de nouveaux phénomènes dans lesquels ils avaient découvert la présence de la Divinité.

L'être invisible et incompréhensible qu'il s'agissait de nommer, on avait cru le découvrir dans le vent, dans le tremblement de terre, et dans le feu, longtemps avant de le reconnaître dans la voix intérieure qui parle doucement à l'âme. Chacune de ces manifestations pouvait suggérer un nom pour ce divin *secretum quod solâ reverentiâ vident*, et il n'y avait pas de mal tant que l'on comprenait que chacun de ces noms n'était rien de plus qu'un nom. Mais les noms ont une tendance à

---

(1) Festus, p. 32 : Lucetium Jovem appellabant quod eum lucis esse causam credebant. Macrob., *Sat.*, I, 15 : unde et Lucetium Salii in carmine canunt, et Cretenses Δία τὴν ἡμέραν vocant, ipsi quoque Romani Diespitrem appellant, ut diei patrem. Gell., V, 12, 6. Hartung, *Religion der Römer*, II, 9.

devenir des choses, les *nomina* se changèrent en *numina*, les idées en idoles, et si cela est arrivé pour le nom Dyu, il n'est pas étonnant que beaucoup de choses qui se disaient d'abord de Celui qui est au-dessus des cieux, se soient confondues plus tard avec des expressions qui désignaient proprement le ciel sous ses différents aspects.

Cependant nous pouvons aussi expliquer la synonymie de *ciel* et de *Dieu*, dans les langues aryennes, par l'opération de la métaphore radicale. Ceux qui croient que toutes nos idées ont eu leurs premières racines dans les impressions des sens, et que rien d'original n'est jamais issu d'aucune autre source, se prononceraient naturellement ici en faveur de la métaphore poétique : toutefois, en y réfléchissant, ils trouveraient de la difficulté à expliquer comment les impressions extérieures produites par le ciel bleu, ou par les nuages, ou par le tonnerre et l'éclair, auraient jamais pu laisser dans l'esprit l'idée d'une essence distincte de tous ces phénomènes passagers ; — comment les sens tout seuls auraient, comme Junon dans sa colère, donné naissance à un être dont on n'avait jamais vu le pareil auparavant. On trouvera peut-être que c'est du mysticisme, mais pourtant il est parfaitement rationnel de supposer qu'il y a eu au commencement la perception de ce qui est appelé par Tacite *secretum illud*, et que ce mystère caché et sacré fut nommé *Dyu* « lumière », aux premiers jours où le langage jaillit de l'esprit et des lèvres de l'homme, sans que les nomenclateurs primitifs eussent spécialement en vue aucun rapprochement avec le ciel resplendissant. Plus tard, le ciel étant appelé pour une autre raison *Dyu* « la lumière », on pourrait également comprendre le travail mythologique d'où sont résultées toutes les contradictions des fables de Zeus. Les deux mots *dyu*, la lumière intérieure, et *dyu*, le ciel, comme des étoiles doubles, ne firent plus qu'un aux yeux du monde, et ne se laissèrent plus résoudre en deux corps distincts, même par les lentilles les plus puissantes. Quand le mot était prononcé, toutes ses significations, lumière, dieu, ciel, et jour, vibraient à la fois dans l'esprit, et le brillant *Dyu*, le dieu de la lumière, se perdait dans le *Dyu* du ciel. Si *Dyu* a signifié originairement l'Être brillant, la lumière, le dieu de la lumière, et si ce mot était destiné à être, comme *asura*, un nom de la Divinité non encore circonscrite dans aucune partie de la nature, nous comprendrons d'autant plus facilement combien il était propre à exprimer, malgré les circonstances toujours changeantes, le Dieu suprême, le Dieu universel. Ainsi, en grec, Zeus n'est pas seulement le maître du ciel ; son empire s'étend aussi sur les enfers et sur la mer (1). Mais, tout en reconnaissant dans le nom de Zeus la conception originelle de *lumière*, il ne faut pas nous induire nous-mêmes en erreur et prétendre découvrir dans le vocabulaire primitif des Aryens ces significations sublimes qu'après des milliers d'années leurs mots ont prises dans nos langues. La lumière qui brilla, dans les commencements, pour la vision intime de leur âme, n'était pas cette lumière pure dont parle saint Jean. Gardons-nous de confondre

---

(1) Welcker, *Griechische Götterlehre*, I, p. 164. *Il.*, IX, 457, Ζεύς τε καταχθόνιος. L'ancien norrois *tyr* est aussi employé dans ce sens général. Voir Grimm, *Deutsche Grammatik*, p. 178.

les mots et les pensées d'âges différents. Quoique le message qu'envoyait l'Apôtre à « ses chers enfants », « Dieu est lumière, et en lui il n'est point de ténèbres (1) », puisse nous rappeler quelque chose de semblable dans les annales primitives du langage humain ; et quoique nous attachions un haut prix à une concordance de ce genre entre les premiers bégayements de la vie religieuse et le langage mûr de l'âge viril de l'humanité ; cependant il convient, tout en reconnaissant les conformités, de constater aussi les dissemblances, et de ne jamais oublier que les mots et les phrases, bien qu'extérieurement semblables, réfléchissent les intentions de l'homme qui les emploie, sous des angles qui varient sans cesse.

Je ne me suis pas proposé d'entrer dans les détails de l'histoire de Zeus telle qu'elle a été racontée par les Grecs, ou de celle de Jupiter telle que nous la trouvons chez les Romains. Cela a déjà été fait, et bien fait, dans divers ouvrages sur la mythologie grecque et romaine. Mon seul objet était de mettre à nu sous vos yeux les premiers germes d'où sont sorties ces conceptions de Zeus et de Jupiter, germes qui sont enfouis sous la surface de la mythologie classique, et de vous montrer que les fibres de ces germes tiennent à des racines qui se prolongent jusqu'à l'Inde, et même jusqu'à quelque centre plus éloigné encore d'où les langues aryennes sont parties pour embrasser ce vaste monde.

Il peut être utile cependant de nous arrêter encore un peu à examiner le curieux assemblage de mots qui

---

(1) Première Épître de Saint-Jean, I, 5 ; II, 8.

ont été tous dérivés de la même racine que Zeus. Cette racine sous sa forme la plus simple est DYU.

DYU est élevé par le gouna (1) à DYO (devant les voyelles dyav),

et par le vriddhi à DYÂU (devant les voyelles dyâv).

DYU, par un changement de voyelles en semi-voyelles, et de semi-voyelles en voyelles prend la forme de

DIV, lequel est élevé par le gouna à DEV, par le vriddhi à DÂIV.

J'examinerai maintenant ces racines et leurs dérivés, et, en le faisant, je grouperai ensemble les mots, soit verbes, soit substantifs, dont les formes ont le plus de ressemblance, sans me préoccuper des arrangements ordinaires qui sont suggérés par les déclinaisons et les conjugaisons, et adoptés par les grammairiens.

La racine *dyu* sous la forme la plus simple nous apparaît comme le verbe sanscrit *dyu* « s'élancer, fondre » sur quelque chose (2). Dans certains passages

---

(1) « Les voyelles sanscrites sont susceptibles d'une double gradation, dont il est fait un usage fréquent dans la formation des mots et le développement des formes grammaticales; le premier degré de gradation est appelé *gouna* (c'est-à-dire, entre autres sens, *vertu*), et le second *vriddhi* (c'est-à-dire *accroissement*)..... Il y a gouna quand un *a* bref, vriddhi quand un *a* long est inséré devant une voyelle; dans les deux cas, l'*a* se fond avec la voyelle, d'après des lois euphoniques déterminées, et forme avec elle une diphthongue. *I* et *i* se fondent avec l'*a* du gouna pour former un *é*, *u* et *û*, pour former un *ô*. Mais ces diphthongues, quand elles sont placées devant les voyelles, se résolvent à leur tour en *ay* et en *av*. (Bopp, *Grammaire comparée*, 1, 68. Traduction de M. Bréal.)

(2) Le verbe français *éclater*, qui, après avoir signifié faire explosion, est venu à signifier briller, nous offre l'exemple de la même transition d'une idée à une autre. Cf Diez, *Lex. comp.*, au mot *Schiantare*.

du Rig-Véda, le commentateur prend *dyu* dans le sens de « briller », mais il admet en même temps que la racine verbale peut être *dyut* et non *dyu*. Ainsi, *Rv.*, I, 113, 14 : « L'Aurore avec ses joyaux a brillé (*adyaut*) dans tous les coins du ciel ; elle, la brillante (*devî*), a déchiré le sombre voile (la nuit). Celle qui nous éveille s'approche, Ushas avec ses chevaux roux, sur son char rapide. »

Si l'on veut employer *dyu* comme substantif, et non plus comme verbe, on n'a qu'à y ajouter les désinences de la déclinaison. Ainsi, avec la terminaison du cas instrumental au pluriel, *bhis*, correspondant au latin *bus*, nous obtenons *dyu-bhis*, qui signifie « dans tous les jours, toujours » ; et avec la désinence de l'accusatif pluriel, nous avons *dyûn*, dans *anu dyûn* « jour après jour ».

Si *dyu* doit être employé comme adverbe, on n'a qu'à y ajouter la désinence adverbiale *s*, et l'on a le sanscrit *dyu-s* dans *pûrvedyus* « un jour précédent, hier », que l'on a comparé avec le grec *prōiza* « avant-hier ». Ce dernier élément *za* semble certainement contenir la racine *dyu* ; mais *za* répondrait au sanscrit *dya* (comme dans *adya* « aujourd'hui »), plutôt qu'à *dyus*. Toutefois ce *dyus*, qui remplace un *dyut* original, reparaît dans le latin *diû* « pendant le jour », comme dans *noctû diûque* « nuit et jour ». Plus tard *diû* (1) en est venu à signifier « tout un long jour, longtemps »,

(1) On a cru retrouver le même élément radical *dyu*, avec le sens de « jour », dans *dum* « ce jour, tandis que, aussi longtemps que », dans *nondum* « pas encore (encore = hanc horam), dans *donicum*, *donec* « tant que », dans *denique* « enfin », et dans *biduum* « l'espace de deux jours ». On a fait emonter à la même source les adverbes grecs δήν « longtemps » et δή « or, donc ».

et, dans *diuscule* « un peu de temps », le *s* reparaît. Ce *s* remplace un *t* plus ancien, et ce *t* reparaît aussi dans *diutule* « quelque temps », et dans le comparatif *diutius* « plus longtemps » (*interdius* et *interdiû* « pendant le jour »).

En grec et en latin il est impossible que des mots commencent par le *dy* de *dyu*. Là où le sanscrit nous donne un *dy* initial, nous trouvons en grec ou que *dy* se change en *z*, ou que l'*y* tombe et ne laisse plus que *d* (1). Même en grec nous trouvons des variations dialectiques entre *dia* et *za*; nous voyons l'éolien *zabállō* (2) pour *diabállō*, et la corruption byzantine plus moderne de *diábolos* se trouve en latin comme *zabulus*, au lieu de *diabolus*. Là où, en grec, le *z* initial est une variante dialectique d'un *d* initial, nous trouverons généralement que les initiales primitives étaient *dy*. Donc, si nous rencontrons en grec deux formes comme *Zeús* et le béotien *Deús*, nous pouvons être certains qu'elles sont toutes deux les formes corrélatives du sanscrit *Dyu*, élevé par le gouna à *Dyo*. Cette forme, *dyo*, existe en sanscrit, non pas au nominatif singulier, lequel est élevé par le vriddhi à *Dyâus*, nom. pl. *Dyâvaḥ*, mais dans des formes telles que le locatif *dyávi* (3) (pour *dyo-i*), etc.

---

(1) Voir Schleicher, *Zur Vergleichenden Sprachengeschichte*, p. 40.

(2) Mehlhorn, *Griechische Grammatik*, § 110.

(3) L'accusatif singulier *dyâm*, outre *divam*, est une simple corruption de *dyâvam*, comme *gâm* pour *gâvam*. La conformité de *dyâm* avec l'accusatif sing. grec Ζῆν est curieuse. Cf. Leo Meyer, dans *Kuhn's Zeitschrift*, V, 373. Ζεύν est aussi cité comme accusatif singulier. Quant à des nominatifs comme Ζής et Ζάς, gén. Ζαντός, ils sont trop peu authentiques pour que l'on soit fondé à former des

En latin, le *dy* initial du sanscrit est représenté par *j*; de sorte que *Jû* dans *Jûpiter* correspond exactement au sanscrit *Dyo*. *Jovis*, au contraire, est une forme secondaire, et représenterait au nominatif singulier une forme sanscrite *Dyăviḥ*. On a découvert des traces de l'ancienne présence en latin d'un *dj* initial dans *Diovis*, lequel était, suivant Varron (*L. L.* V. 10, 20), un vieux nom italien pour Jupiter, que l'on a rencontré sous la même forme dans des inscriptions osques. *Vejovis*, aussi, vieille divinité italienne, se rencontre quelquefois écrit *Védjovis*.

On n'a jamais douté que le grec *Zén*, *Zénos*, n'appartienne à la même famille de mots; mais il y a eu une grande diversité d'opinions au sujet de la structure étymologique de ce mot. J'explique *Zén*, ainsi que le latin *Jan*, la forme plus ancienne de *Janus*, comme représentant une forme sanscrite *dyav-an*, formée comme *râjan*, mais avec gouna. Or de même que *yuvan* (*jŭvenis*) est contracté en *jūn* dans *jūnior*, ainsi *dyavan* devait donner en latin *jan* suivant la troisième déclinaison (1), ou, sous une forme secondaire, *Jān-us*. *Janus-pater* était employé comme un seul mot en latin, de même que *Jupiter*. On l'appelait aussi *Junonius* et *Quirinus* (2), et il était, autant que nous en pouvons juger, une personnification de *Dyu*, le ciel, considéré spécialement dans ses rapports avec l'année. C'est à ce dieu que le mois de janvier doit son nom. Et

---

conjectures concernant leur caractère étymologique. Voir Curtius, *Grundzüge*, II, p. 188.

(1) Tertullien, *Apol.* c. 10 : « A Jano vel Jane, ut Salii volunt. » Hartung, *Religion der Römer*, II, 218.

(2) Gell. V, 12, 5.

comme *Ju* répond à *Zeu*, ainsi *Jān* répond à *Zēn;* seulement, en grec, *Zēn* est resté dans la troisième déclinaison, celle où le génitif se termine par une consonne, au lieu de passer dans la deuxième, ainsi qu'il aurait pu le faire sous la forme *Zēnos, Zēnou*. Le nom latin *Jūnô, Junon-is*, correspondrait à une forme grecque *Zēnōn*, employée comme substantif féminin.

La seconde forme, DIV, apparaît en sanscrit dans les cas obliques, gén. *divas*, dat. *dive*, instrum. *divâ*, acc. *divam*, etc. Par exemple (*Rv*. I. 50, 11), « O soleil, qui te lèves maintenant, et qui montes au ciel supérieur (*uttarâm dívam*, fém.), détruis le chagrin de mon cœur et ma pâleur! »

Rv. I. 54, 3 : « Chante au puissant *Dyu* (*divé brihaté*, masc.) un noble cantique. »

Rv. I. 7, 3 : « Indra a fait lever le soleil au ciel (*diví*) pour qu'il pût voir au loin et au large ; il a fait éclater le rocher pour les vaches. »

Ces formes sont représentées très-exactement dans les cas obliques du grec *DiϜós, DiϜí, DiϜa*.

En latin, la semi-voyelle labiale, le digamma comme on l'appelle, ne tombe pas nécessairement, ainsi que nous l'avons vu dans *Jovis, Jovem*, etc. Elle tombe cependant dans *Diespiter*, et aussi dans *dium*, pour *Dívum* « ciel », d'où dérive *Diána*, au lieu de *Divâna* « la céleste » (originairement Deiana) tandis que dans *div-ínus* le *v* final de la racine *div* est conservé.

En sanscrit, il y a plusieurs dérivés de *div*, tels que *diva* (neutre) « ciel » ou « jour », *divasa* (m. n.) « ciel et jour », *divya* « céleste »; *dina* (m. n.) « jour » est probablement une contraction de *divana*. En lithuanien nous trouvons *diena*. Le latin *diês* correspondrait à une forme sanscrite *divas*, nom. sing. *divâs*, masc.

Enfin, si nous élevons *div* au gouna, nous obtenons le sanscrit *deva*, originairement « brillant », ensuite « dieu ». Il est curieux que cette signification étymologique soit omise dans le dictionnaire de Boehtlingk et Roth. Il est clair que ces savants l'ont omise à dessein, afin de montrer que dans tous les passages où *deva* se rencontre dans le Véda, on peut le traduire par « dieu » ou par « divin ». Il serait difficile de prouver que, dans certains cas, *deva* ne saurait se traduire de cette manière; mais on peut facilement démontrer qu'il est bon nombre de passages où la signification originelle de « brillant » est beaucoup mieux appropriée. Ainsi nous lisons, *Rv.* I, 50, 8 : « Les sept Harits (chevaux) te portent sur ton char, ô brillant (*deva*) Soleil, à la chevelure de feu, toi qui vois au loin ». Sans doute nous pourrions traduire par « O divin soleil »; mais l'explication du commentateur, dans ce passage et autres semblables, paraît plus naturelle et mieux appropriée au contexte. Ce qu'il y a de plus intéressant dans le Véda, c'est précisément cette incertitude qui plane sur le sens des mots, c'est le caractère demi-physique, demi-spirituel de mots comme *deva*. En latin *deus* ne signifie plus « brillant », mais simplement « dieu ». Il en est de même de *theós* en grec, de *diewas* en lithuanien.

Mais en sanscrit nous pouvons étudier la formation du terme général qui finit par répondre à l'idée de *divinité*. Les principaux objets de la poésie religieuse des bardes védiques étaient ces êtres brillants, le Soleil, le Ciel, le Jour, l'Aurore, le Matin, le Printemps,

chacun desquels pouvait être appelé *deva* « le brillant ».
Ils ne tardèrent pas à être opposés aux puissances de
la nuit et des ténèbres, appelées quelquefois *adeva*,
littéralement « les non-brillants », puis « impies,
mauvais, malfaisants ». Ce contraste entre les êtres
brillants, bienfaisants, divins, et les puissances malfaisantes des ténèbres, les démons, est de date très-
ancienne. *Druh* (1) « la méchanceté » est employé
comme nom des ténèbres ou de la nuit, et l'Aurore
est représentée comme chassant les odieuses ténèbres
de *Druh* (*Rv.* VII, 75, I ; voir aussi I, 48, 8 ; 48, 15 ;
92, 5 ; 113, 12). On loue les Âdityas de ce qu'ils pré-
servent l'homme de *Druh* (VIII, 47, 1), et l'on supplie
Maghavan ou Indra d'accorder à ses adorateurs la lumière du jour, après avoir chassé les nombreux *Druhs*
impies (III, 3119 : *druháḥ ví yâhi bahuláḥ ádevîḥ*).
« Puisse-t-il tomber dans les cordes de *Druh* » est une
formule de malédiction (VII, 59, 8) ; et, dans un autre
passage, nous lisons : « Les Druhs suivent les péchés
des hommes » (VII, 61, 5). De même que les sombres
puissances des ténèbres, le Druh ou les Rakshas, sont
appelées *adeva*, ainsi les Dieux brillants sont appelés
adruh (VII, 66, 18, Mitra et Varuṇa). *Deva* étant appliqué à toutes les manifestations brillantes et bienfaisantes
dans lesquelles les Aryens primitifs découvraient la
présence de quelque chose de surnaturel, d'inaltérable,
d'immortel, ce mot devint avec le temps le nom géné-

---

(1) Voir Kuhn, *Zeitschrift*, I, 179 et 193, où, par des étymologies
plus ou moins certaines il fait remonter à *druh* θέλγω, τελχίν, ἀτρε-
κής, le zend *Drukhs*, et les mots allemands *trügen* et *lügen*. En
anglo-saxon nous trouvons *dreoh-laecan* « magiciens, » *dry* « ma-
gicien, » *dolh* « blessure ».

ral de tout ce qui appartenait en commun aux différents dieux ou noms de Dieu. Ce nom suivit comme une ombre l'élévation graduelle de l'idée épurée de la Divinité, et, lorsque celle-ci fut arrivée à son apogée, *deva* était presque le seul mot qui eût conservé quelque vitalité dans cet air pur, mais raréfié, des hauts sommets, où vient vite l'épuisement et la mort. On peut dire, en changeant d'image, que, dans la course de l'esprit humain vers la plus noble conception de la Divinité, les *Âdityas*, les *Vasus*, les *Asuras* et autres noms, étaient restés en arrière ; les *Devas* seuls étaient en avant pour exprimer *theós*, *deus*, Dieu. Même dans le Véda, où il est possible d'entrevoir encore la signification originelle de *deva* « brillant », ce mot est aussi employé dans le même sens que *theós* chez les Grecs. Le poëte (X, 121, 8) parle de

« Celui qui entre les dieux était seul dieu. »
Yaḥ deveshu adhi devaḥ ekaḥ âsît.

Un dernier pas nous mène, en sanscrit, à *Daiva*, dérivé de *deva*, lequel s'emploie dans le sanscrit plus moderne pour exprimer le sort, le destin.

Il n'y a que peu de chose à dire des mots correspondants qui ont existé dans la branche teutonique et dont les débris ont été recueillis par cet éminent savant et cet esprit pénétrant, Jacob Grimm (1). Le dieu de l'Edda, *Tyr* (gén. *Tys*, acc. *Ty*), répond, pour le nom, au *Dyu* védique, et, en ancien norrois, mardi se dit *tysdagr*. Quoique, dans la théogonie de l'Edda, *Odhin* soit le dieu suprême, et que *Tyr* soit son fils, il y a encore des vestiges qui nous montrent que

---

(1) *Deutsche Mythologie*, p. 175.

dans des temps plus anciens, *Tyr*, le dieu de la guerre, était adoré par les Germains comme leur divinité principale (1). En anglo-saxon le nom de ce dieu ne se rencontre plus comme mot indépendant, mais on l'a retrouvé dans *Tiwesdaeg*, anglais moderne *tuesday* « mardi ». Dans l'ancien haut-allemand le même nom se trouve dans *Ziestac*, pour le *Dienstag* de l'allemand moderne. Kemble cite, comme contenant le nom de ce Dieu, des noms de lieux en Angleterre, tels que *Tewesley*, *Tewing*, *Tiwes mére*, *Tewes þorn*, et des noms de fleurs (2), tels que les mots de l'ancien norrois *Týsfiola*, *Týrhjalm*, et *Týsviðr*.

Outre ce nom propre, Grimm a signalé également le mot éddique *tívar*, nom. pl., « les dieux ».

Enfin, quoi qu'on ait dit pour soutenir l'opinion contraire, je pense que Zeuss et Grimm ont eu raison de rattacher le *Tuisco* de Tacite à l'anglo-saxon *Tiw*, lequel, en gothique, aurait eu le son de *Tiu*. Les Germains étaient regardés par Tacite, et ils se regardaient probablement eux-mêmes comme les aborigènes de leur pays. Dans leurs poëmes, qui étaient, dit Tacite, leurs seules annales et les seuls monuments de leurs traditions, ils célébraient comme étant les divins ancêtres de leur race, *Tuisco*, né de la terre, et son fils *Mannus*. Donc, de même que les Grecs, ils considéraient les dieux comme les ancêtres de la famille humaine et ils croyaient qu'au commencement la vie était sortie de ce sol inépuisable qui soutient et nourrit l'homme, et pour lequel, dans leur langage simple,

---

(1) Grimm, *Deutsche Mythologie*, p. 179.
(2) Kemble, *Saxons in England*, 1, p. 351. Grimm avait le premier signalé ces noms, *Deutsche Mythologie*, p. 180.

ils n'avaient pas pu trouver de nom plus vrai que *la Terre, notre mère*. Il est facile de voir que le *Mannus* dont parle Tacite comme étant le fils de Tuisco, est le même mot que l'anglais *man*, et signifiait originairement « l'homme ». Il dérivait de cette même racine *man* « mesurer, penser », qui a donné en sanscrit *Manu*. *Man*, ou, en sanscrit *Manu* (1) ou *Manus*, c'est-à-dire « le mesureur, le penseur », était le nom le plus noble et le plus fier que l'homme pût se donner à lui-même, et de ce nom est dérivé l'ancien haut-allemand *mennisc*, l'allemand moderne *Mensch*. Ce *mennisc*, comme le sanscrit *manushya*, était originairement un adjectif, ou, si l'on veut, un nom patronymique : il signifiait « le fils de l'homme ». Dès que *mennisc* et *manushya* devinrent les mots consacrés de la langue vulgaire pour signifier « l'homme », le langage lui-même fournit le mythe, que *Manus* était l'ancêtre des *Manushyas*. Or *Tuisco* semble n'être qu'une forme secondaire de *Tiu*, suivie du même suffixe que nous avons vu dans *mennisc*, et sans aucun changement de signification. Pourquoi donc Tuisco était-il appelé le père de Mannu? Simplement parce que c'était un des premiers articles de la foi primitive de l'humanité, que, dans un sens ou dans un autre, les hommes avaient un père au ciel. Pour cette raison *Mannu* était appelé le fils de *Tuisco*, et ce *Tuisco*, comme nous le savons, était originairement le dieu de la lumière chez les Aryens. Tout cela formait le sujet de ces chants que Tacite a entendus, et que les Germains chantaient avant d'aller à la bataille, pour

---

(1) Sur Manu et Minos, voir Kuhn, *Zeitschrift*, IV, 92. Le nom de *Saryâta*, le fils de Manu, ne peut guère être comparé avec *Kréta*.

enflammer leur courage, et pour se préparer à la mort. Pour une oreille italienne, ces chants répercutés par leurs boucliers, et nommés pour cette raison, *barditus* (ancien norrois, *bardhi* « bouclier »), devaient sembler âpres et sauvages. Bien des Romains se seraient moqués d'une pareille poésie et d'une pareille musique. Ce n'est pas ainsi qu'a agi Tacite. Lorsque l'empereur Julien entendit sur les bords du Rhin les chants populaires des Germains, il ne trouvait à les comparer qu'aux cris des oiseaux de proie. Tacite les appelle un concert de cœurs valeureux, *concentus virtutis*. Il rapporte également (*Ann.* II, 88) que les exploits d'Arminius étaient chantés par ces barbares, et il parle ailleurs (*Ann.* I, 95) de ces festins qui se prolongeaient pendant toute la nuit, et où les Germains chantaient et criaient jusqu'à ce que le matin les appelât à de nouveaux combats.

Tacite ne pouvait répéter que pour les avoir entendus, ces noms qu'il cite, comme Mannus, Tuisco, etc., et si l'on considère toutes les difficultés de cette tâche délicate, on ne peut qu'être surpris de voir combien ces noms, tels qu'il les a écrits, se prêtent facilement à une explication étymologique. Ainsi, Tacite ne nous dit pas seulement que Mannus était le père de la race germanique; il mentionne aussi les noms de ses trois fils ou plutôt les noms des trois grandes tribus, les *Ingaevones*, les *Iscaevones* et les *Herminones*, qui dérivaient leur origine des trois fils de Mannus. On a montré que les *Ingaevones* dérivent leur nom de *Yng, Yngo*, ou *Ynguio*, qui, dans l'Edda et dans le Beowulf, est cité comme vivant d'abord chez les Danois orientaux, et comme avançant ensuite sur son char du côté de l'est, en passant au-dessus de la mer. Il y a une race septentrionale, les *Ynglings*, et leur généalogie commence avec *Yngvi*, *Niörðr*, *Frayr*, *Fiölnir* (Odin), *Svegdir*, qui sont tous des noms d'êtres divins. Une autre généalogie, donnée dans l'*Ynglinga-saga*, commence par *Niörðr*, identifie *Frayr* avec *Yngvi*, de qui elle dérive le nom de la race.

Le second fils de *Mannus*, *Isco* a été identifié par Grimm avec *Askr*, autre nom du premier-né des hommes. *Askr* signifie aussi « frêne », et on a supposé que ce nom fut donné au premier homme par suite de la même conception qui fit imaginer aux Grecs qu'une des races de l'homme était issue de frênes (ἐκ μελιᾶν). Alcuin emploie encore cette expression « fils du frêne », comme synonyme d'*homme* (1). Grimm suppose que les *Iscaevones* habitaient près du Rhin, et que l'on peut découvrir une trace de leur nom dans *Asciburgium* ou *Asciburg*, sur le Rhin, où, d'après l'extravagant rapport qui fut fait à Tacite, on avait découvert un autel dédié à Ulysse, et portant aussi le nom de son père Laërte (2).

Le troisième fils de *Mannus*, *Irmino*, porte un nom qui est incontestablement germanique. *Irmin* était un vieux dieu saxon, de qui, probablement, dérivaient à la fois le nom d'*Arminius* et celui des *Herminones*.

Le principal intérêt de ces fables germaniques sur *Tuisco*, *Mannus*, et ses fils, provient de leur caractère religieux. Elles expriment le même sentiment que nous retrouvons sans cesse chez les nations aryennes, à savoir, que l'homme a conscience de son origine cé-

---

(1) Ampère, *Histoire littéraire de la France*, III, 79.
(2) *Germania*, c. 3.

leste et terrestre, qu'il se proclame le fils d'un père qui est aux cieux, tout en reconnaissant non moins nettement qu'il a été fait de la poussière de la terre. Telle était la croyance des Hindous lorsqu'ils appelaient *Dyu* leur père, et *Prithivî* leur mère; telle était la croyance de Platon lorsqu'il disait que la Terre, comme la mère, donnait naissance aux hommes, mais que Dieu leur donnait leur forme (1); et telle était aussi la croyance des Germains, malgré la confusion que fait Tacite, quand il nous dit qu'ils célébraient dans leurs chants *Mannus*, comme fils de *Tuisco*, et *Tuisco*, comme étant né de la terre.

Voici ce que dit Grimm des éléments religieux cachés dans la mythologie germanique (2) :

« Dans notre mythologie païenne, nous voyons ressortir avec un relief net et hardi les idées que le cœur humain demande avant toutes les autres, et dans lesquelles il trouve son principal soutien. Là, le dieu suprême est un *père*, un *vieux père*, un *aïeul* qui accorde aux vivants ses bénédictions et la victoire, et qui ouvre aux mourants l'entrée de sa demeure. La mort est appelée *Heimgang* (3), le retour à la maison paternelle. A côté du dieu se tient la déesse suprême, comme une *mère*, une *vieille mère*, une *aïeule*: c'est la mère sage et pure de la race humaine. Le dieu est majestueux, la déesse éclatante de beauté. Tous les deux parcourent la terre et sont vus au milieu des hommes, lui, enseignant la guerre ainsi que l'art de fabriquer les armes

---

(1) *Polit.*, p. 414 : καὶ ἡ γῆ αὐτοὺς μήτηρ οὖσα ἀνῆκε — ἀλλ' ὁ θεὸς πλάττων. Welcker, *Griechische Götterlehre*, I, p. 182.

(2) Grimm, *Deutsche Mythologie*, XL, 1.

(3) En anglais *going home*.

et de s'en servir, elle, apprenant à coudre, à filer et à tisser. Le dieu inspire le poëme, la déesse protége le conte. »

Permettez-moi de terminer cette leçon en citant les éloquentes paroles d'un poëte vivant (1) :

« Alors ils jetèrent leurs regards autour d'eux sur la terre, nos ancêtres au cœur simple, et ils se dirent en eux-mêmes : ' Où est le père commun, si un tel père existe? Ce n'est pas sur cette terre, car elle périra. Ce n'est pas non plus dans le soleil, ni dans la lune, ni dans les étoiles, car ils périront aussi. Où est celui qui demeure à jamais? ' Alors ils levèrent les yeux, et ils virent, ou crurent voir, au-delà du soleil et de la lune, et des étoiles, et de tout ce qui change et changera, le ciel bleu et clair, l'immense firmament.

« Cela ne changeait jamais; cela était toujours le même. Bien bas au-dessous de cette région sereine roulaient les nuées et l'orage, et s'agitait ce monde bruyant; mais là-haut était le ciel resplendissant et calme comme toujours. C'est là que devait être le père commun, immuable dans cet espace qui ne changeait jamais; brillant, pur, et infini comme les cieux, et comme les cieux aussi, silencieux et bien loin.

« C'est pourquoi ils le nommèrent d'après le ciel, Tuisco — le Dieu qui réside dans le ciel pur, le père céleste. Il était le Père des dieux et des hommes; et l'homme était le fils de Tuisco et de Hertha, le ciel et la terre. »

(1) C. Kingsley, *The Good News of God*, 1859, p. 241.

ONZIÈME LEÇON.

MYTHES DE L'AURORE.

Mythe de *Saramâ*, l'Aurore, tel que nous le trouvons dans le Rig-Véda et dans les commentateurs indiens. — Identité possible de *Saramâ* avec l'*Hélène* homérique. — *Sâraméya*, fils de l'Aurore, rapproché de l'*Hermès* grec. — *Vitra, Orthros, Cerberus.* — Les *Śunâsîrau*. — Mythe de *Saranyû*, l'Aurore. — Les couples de divinités indiennes. Origine de cette dualité. Les *Aśvins, Indrâgnî, Indra* et *Varuṇa, Indra* et *Vishnu, Mitra* et *Varuṇa*. — Rôle de l'aurore et du soleil dans la formation des idées religieuses des hommes primitifs. — Mythe d'Athéné, l'Aurore. — Minerve, l'Aurore. — Ortygie, l'Aurore. — Les divinités jumelles. *Yama* et *Yamî. Yama*, le jumeau. *Yama*, le soleil couchant. *Yama*, roi des morts et dieu de la mort. — Déméter, l'Aurore. — Deux théories pour l'explication de la mythologie primitive : théorie *solaire*, et théorie *météorique*.

Après avoir, si l'on peut ainsi parler, rassemblé et rapproché, dans ma dernière leçon, les fragments épars de cette divinité la plus ancienne et la plus haute de toutes, qui fut adorée, pendant un certain temps, par tous les membres de la famille aryenne, j'examinerai aujourd'hui quelques-unes des divinités inférieures, afin de découvrir si on peut les faire remonter à l'époque la plus ancienne de la pensée et du langage aryens, et si, par conséquent, elles aussi existaient avant que les Aryens se fussent dispersés pour aller à la recherche de nouvelles patries; et nous verrons si leur mémoire s'est conservée plus ou moins distinctement, à des époques plus modernes, dans les poëmes d'Homère et dans les chants du Véda. Ces recherches devront nécessairement être d'un caractère plus minutieux, et j'ai à demander toute votre indulgence si j'entre ici dans des détails qui n'offrent que peu d'intérêt général, mais qui sont néanmoins indispensables pour donner un fondement solide à des études où même le chercheur le plus prudent a grand'peine à marcher d'un pas sûr.

Je commence par le mythe d'*Hermès*, dont on a fait remonter le nom à la *Saramâ* védique. Mon savant ami M. Kuhn (1), qui analysa le premier la signification et le caractère de *Saramâ*, est arrivé à cette conclusion que *Saramâ* signifiait « orage », et que le mot sanscrit était identique avec le mot teutonique *storm* « orage », et avec le grec *hormê* « élan, impétuosité ». Sans aucun doute la racine de *Saramâ* est *sar* « aller », mais la dérivation n'en est nullement claire, attendu qu'il n'y a en sanscrit aucun autre mot qui soit formé à l'aide de *ama*, et avec le gouna de la voyelle radicale (2). Mais en admettant que *Saramâ* ait signifié originairement « celle qui court », comment s'ensuit-il que ce mot ait désigné l'orage ? On dit, il est vrai, que le nom masculin *Saranyu* a pris, dans le sanscrit plus moderne, la signification de « vent », et de « nuage », mais on n'a jamais prouvé que le nom fé-

---

(1) Dans *Haupt's Zeitschrift für Deutsches Alterthum*, VI, p. 119 et suiv.

(1) Voir *Unâdi-Sûtras*, éd. Aufrecht, IV, 48. *Sârmah*, comme substantif, « course », se rencontre dans le Rig-Véda, I, 80, 3. Le grec ὁρμή correspond à ce mot au féminin, mais non pas à *saramâ*.

minin *Saraṇyû* ait eu ces significations. Le vent, soit qu'on le nomme *vâta, vâyu, marut, pavana, anila*, etc., est toujours conçu en sanscrit comme étant du genre masculin, ainsi qu'il l'est généralement dans les autres langues aryennes. Toutefois ce ne serait pas là une objection insurmontable, si nous pouvions découvrir dans le Véda des indices qui nous montreraient clairement que *Saramâ* était douée de quelques-unes des qualités caractéristiques du vent. Mais si nous comparons les passages où il est question d'elle avec d'autres où est décrite la puissance de l'orage, nous ne trouvons pas l'ombre d'une ressemblance entre l'orage et *Saramâ*. On dit de *Saramâ* qu'elle a aperçu la solide étable des vaches (I, 72, 8), qu'elle a découvert la fente du rocher, qu'elle a fait un long voyage, qu'elle a été la première à entendre le beuglement des vaches, et peut-être qu'elle a fait sortir les vaches (III, 31, 6). Elle a fait ceci à la prière d'*Indra* et des *Angiras* (I, 62, 3); *Brihaspati* (I, 62, 3) ou *Indra* (IV, 16, 8) a fendu le rocher, et a recouvré les vaches, lesquelles, dit-on, donnent la nourriture aux enfants de l'homme (I, 62, 3; 72, 8), peut-être à la progéniture de *Saramâ* elle-même (I, 62, 3). *Saramâ* paraît à temps devant *Indra*, (IV, 16, 8), et elle marche dans la bonne voie (IV, 45, 7 et 8).

Voilà à peu près tout ce que nous apprend le Rig-Véda au sujet du caractère de *Saramâ*, si nous exceptons ce que dit un hymne du dernier livre, lequel contient un dialogue entre elle et les *Paṇis*, qui avaient volé les vaches. Voici maintenant une traduction de cet hymne :

Les *Paṇis* dirent : « Dans quelle intention *Saramâ*

est-elle venue jusqu'ici? car la route est longue, et elle s'étend tortueuse au loin. Que nous vouliez-vous? Comment se trouvait la nuit (1)? Comment avez-vous traversé les eaux de la *Rasâ* ? [1.]

Saramâ dit : « Je viens, envoyée comme la messagère d'*Indra,* vous demandant, ô *Panis,* vos grands trésors; cela m'a préservée de la crainte de traverser [les eaux], et ainsi j'ai traversé les eaux de la *Rasâ.* » [2.]

Les *Panis :* « Quelle sorte d'homme est *Indra,* ô *Saramâ,* quel est son air, lui comme messagère duquel tu es arrivée de bien loin? Qu'il vienne ici, et nous ferons amitié avec lui, et alors il pourra être le gardien de nos vaches. » [3.]

Saramâ : « Je ne sache pas qu'il puisse être subjugué, car c'est lui-même qui subjugue, lui comme messagère duquel je suis venue ici de bien loin. Les fleuves profonds ne l'engloutissent pas; vous, ô *Panis,* vous serez étendus sur la terre, tués par *Indra.* » [4.]

Les *Panis :* « Ces vaches que tu désires, ô *Saramâ,* volent aux extrémités du ciel, ô chérie. Qui voudrait te les rendre sans combattre? car nos armes aussi sont tranchantes. » [5.]

Saramâ : « Quoique vos paroles, ô *Panis,* soient invincibles (2), quoique vos misérables corps soient à

---

(1) Le dictionnaire sanscrit de Bœhtlingk et Roth explique *paritakmyâ* comme signifiant « voyage à l'aventure ». Ce mot n'a jamais ce sens dans le Véda, et comme Saramâ vient trouver les *Panis* au matin, cette question *comment se trouvait la nuit* est parfaitement naturelle.

(2) Bœhtlingk et Roth expliquent *asenyâ* comme signifiant « non nuisibles ».

l'épreuve des flèches (1), quoique le chemin [qui mène] jusqu'à vous soit difficile à parcourir, *Brihaspati* ne vous bénira ni pour les uns ni pour les autres (2) ». [6.]

Les *Panis :* « Ce trésor, ô *Saramâ*, est attaché au rocher ; [il est] pourvu de vaches, de chevaux et de richesses. Des *Panis* le gardent, eux qui sont de bons gardiens ; tu es venue en vain dans ce lieu brillant. » [7.]

Saramâ : « Que les *Rishis* viennent ici enflammés par *Soma*, *Ayâsya* (Indra) (3) et les *Angiras* qui composent des vers dans la mesure de neuf pieds ; ils partageront cette étable (4) de vaches ; alors les *Panis* vomiront ce discours (5). » [8.]

Les *Panis :* « C'est ainsi, ô *Saramâ*, que tu es venue ici poussée par la violence des dieux ; deviens notre sœur, ne t'en va plus ; nous te donnerons une partie des vaches, ô bien-aimée. » [9.]

Saramâ : « Je ne sais rien de la qualité de frère ou de sœur ; *Indra* la connaît, et les terribles *Angiras*. Ils me semblaient désireux de recouvrer leurs vaches lorsque je suis partie ; c'est pourquoi éloignez-vous d'ici, ô *Panis*, [retirez-vous] bien loin (6). » [10.]

« Éloignez-vous, ô *Panis*, [retirez-vous] bien loin ; que les vaches sortent immédiatement ; les vaches que *Brihaspati* a trouvées cachées dans le lointain, *Soma*, les pierres, et les sages *Rishis*. » [11.]

---

(1) *Anisharyá* « que l'on ne peut détruire » (Bœhtlingk et Roth).
(2) *Ubhayá*, avec l'accent sur la dernière syllabe, est de signification douteuse.
(3) Cf. I, 62, 7, et B. et R. à ce mot.
(4) On appelle *úrva drilha*. Rv., I, 72, 8.
(5) « Regretteront ce qu'ils ont dit précédemment ».
(6) *Varíyah* « *in das Weite* ».

Dans aucun de ces vers, il n'y a le moindre indice qui puisse nous faire supposer que *Saramâ* ait représenté l'orage, et dans les explications données par les commentateurs indiens, qu'il nous faut maintenant examiner, il n'y a rien non plus qui puisse autoriser une telle supposition.

Sâyana, dans son commentaire sur le Rig-Véda (I, 6, 5), raconte l'histoire de *Saramâ* de la manière la plus simple. Les vaches, dit-il, furent emportées par les *Panis* du monde des dieux et précipitées dans les ténèbres; *Indra*, aidé par les *Maruts*, ou orages, les reconquit.

Dans l'*Anukramanikâ*, la table de la Rigvéda-Sanhitâ (X, 103), l'histoire est racontée avec de plus amples détails. Il y est dit que les vaches furent cachées par les démons, les *Panis;* qu'*Indra* envoya la chienne des dieux, *Saramâ*, chercher les vaches; et qu'il y eut entre elle et les *Panis* un pourparler, qui forme le sujet du cent-huitième hymne du dernier livre du Rig-Véda.

Dans le commentaire de *Sâyana* sur III, 31, 5, nous trouvons d'autres additions à cette histoire. Là il nous dit que les vaches appartenaient aux *Angiras*, et qu'à la prière de ces derniers, *Indra* envoya la chienne à la recherche des vaches qu'il ramena aux *Angiras* dès qu'il eut été informé de l'endroit où elles avaient été cachées. Voilà du moins ce que dit le commentateur, tandis que le texte de l'hymne représente les sept sages, les Angiras, comme prenant eux-mêmes une part plus active à l'ouverture de la brèche dans la montagne. Ailleurs, dans son commentaire sur *Rv.*, X, 108, *Sâyana* ajoute que les vaches appartenaient à *Brihaspati*, grand-prêtre d'*Indra*, qu'elles furent volées par les *Paṇis*, les habitants de *Vala*, et qu'à la demande de *Brihaspati*, *Indra* envoya la chienne *Saramâ*. La chienne, après avoir traversé une rivière, arriva à la ville de *Vala*, et vit les vaches dans un lieu caché ; là-dessus les *Paṇis* tâchèrent de l'engager par de douces paroles à rester avec eux.

Dans l'hymne, tel que nous le lisons dans le texte du Rig-Véda, il semblerait que le pourparler entre *Saramâ* et les *Paṇis* se soit terminé par l'avertissement donné par *Saramâ* aux voleurs de fuir devant la colère d'*Indra*, de *Brihaspati* et des *Angiras*. Mais dans la *Brihaddevatâ* un nouveau trait est ajouté au récit. Il y est dit que, quoique *Saramâ* eût refusé d'accepter une part du butin, elle demanda aux *Paṇis* du lait à boire. Après avoir bu le lait, elle repassa la *Rasâ*, et lorsqu'*Indra* lui demanda des nouvelles des vaches, elle nia les avoir vues. Là-dessus *Indra* lui donna un coup de pied ; elle vomit le lait, et s'enfuit pour retourner auprès des *Paṇis*. *Indra* la suivit alors, tua les voleurs et recouvra les vaches.

L'hymne ne fait aucune allusion à cette infidélité de *Saramâ*, et dans un autre passage, où il est dit que *Saramâ* trouva de la nourriture pour sa progéniture (*Rv.*, 1, 62, 3), *Sâyaṇa* rapporte simplement que *Saramâ*, avant d'aller chercher les vaches, fit cet accord avec Indra que l'on donnerait à ses petits du lait et autre nourriture ; puis elle commença sa course.

Telles sont à peu près toutes les données d'après lesquelles il nous faut former notre opinion de la conception originelle de *Saramâ*, et, par conséquent, il ne peut guère y avoir de doute qu'elle n'ait désigné la première aurore, et non pas l'orage. Les anciens hymnes du Rig-Véda ne la représentent jamais comme une chienne, et nous n'y saurions trouver la moindre allusion à sa nature canine. Cette dernière conception date évidemment d'une époque plus moderne (1), et il est grand temps que cette levrette, dont il a été si souvent parlé, soit chassée du Panthéon védique. Il n'y a que peu d'épithètes de *Saramâ* qui nous permettent de faire une conjecture sur son caractère. Elle est appelée *supadî* « celle qui a de bons pieds », ou « rapide », et cet adjectif ne se rencontre que cette seule fois dans le Rig-Véda. Mais la deuxième épithète qui lui est appliquée, *subhagâ* « heureuse, bien-aimée », lui est commune avec l'Aurore, et elle est même presque une épithète stéréotypée de l'Aurore.

Mais il y a plus encore. De qui dit-on aussi constamment que de *Saramâ*, qu'elle paraît avant *Indra*, qu'*Indra* la suit? C'est *Ushas*, l'Aurore, qui s'éveille la première (I, 123, 2); qui vient la première à la prière du matin (I, 123, 2). Le soleil arrive derrière elle, comme un homme suit une femme (*Rv.*, I, 115, 2) (2). Quelle est la divinité dont on dit, comme de *Saramâ*, qu'elle met au jour les choses précieuses cachées dans l'obscurité? C'est *Ushas*, l'Aurore, qui révèle les trésors brillants qui étaient couverts par les ténèbres (I, 123, 6). Elle traverse l'eau sans se faire aucun mal (VI, 64, 4); elle découvre les extrémités du

---

(1) Cette pensée a été probablement suggérée par ce fait qu'on employait *Sârameya* comme nom ou épithète des chiens de Yama. Voir ci-après, p. 222.

(2) Max Müller, *Comparative Mythology*, p. 57. *Oxford Essays*, 1856.

ciel (I, 92, 11), ces extrémités mêmes où, comme le disaient les *Panis,* on pouvait trouver les vaches. Il est dit qu'elle force l'entrée de la caverne, et qu'elle ramène les vaches (VII, 75, 7; 79, 4). C'est elle qui, comme *Saramâ,* distribue la richesse parmi les fils des hommes (I, 92, 3; 123, 3). Elle possède les vaches (I, 123, 12, etc.); elle est même appelée la mère des vaches (IV, 52, 2). On dit qu'elle produit les vaches et qu'elle apporte la lumière (I, 124, 5); on lui demande d'ouvrir les portes du ciel, et d'accorder à l'homme la richesse des vaches (1, 48, 15). Nous lisons que les Angiras lui ont demandé les vaches (VI, 65, 5), et qu'elle ouvre les portes de l'étable obscure. Dans un passage il est dit que son éclat se répand comme si elle chassait devant elle des troupeaux; dans un autre les splendeurs de l'aurore sont elles-mêmes appelées un troupeau de vaches (IV, 51, 8; 52, 5). Ailleurs encore, de même qu'on a dit de *Saramâ* qu'elle suit la bonne voie, cette voie que doivent suivre toutes les puissances célestes, ainsi l'on dit d'une manière particulière de l'Aurore qu'elle marche dans le bon chemin (I, 124, 3; 113, 12). Bien plus, il est question dans un même passage des *Panis,* auprès de qui *Saramâ* fut envoyée pour réclamer les vaches, et d'*Ushas,* l'Aurore. On prie cette dernière d'éveiller ceux qui adorent les dieux, mais de ne pas éveiller les *Panis* (1, 124, 10). Ailleurs (IV, 51, 3) nous lisons que les *Panis* doivent dormir au sein des ténèbres, tandis que l'Aurore se lève pour apporter des trésors à l'homme,

Il est donc plus probable que *Saramâ* n'était qu'un des nombreux noms de l'Aurore; il est presque certain que l'idée d'orage n'est jamais entrée dans la conception de cette divinité. Le mythe dont nous avons réuni les fragments est assez clair. C'est la reproduction de la vieille histoire du lever du jour. Les vaches brillantes, c'est-à-dire les rayons du soleil ou les nuages gros de pluie (car tous deux portent le même nom), ont été dérobées par les puissances des ténèbres, par la Nuit et sa nombreuse progéniture. Les dieux et les hommes désirent leur retour. Mais où les trouver? Elles sont cachées dans une étable obscure et solide, ou bien elles sont dispersées aux extrémités du ciel, et les voleurs ne veulent pas les rendre. Enfin, dans le lointain le plus profond, paraissent les premiers signes de l'Aurore. Elle se montre, et, avec la rapidité de l'éclair, peut-être même comme un chien qui s'élance sur une piste (1), elle traverse l'obscurité du ciel. Elle cherche quelque chose, et, en suivant la bonne voie, elle l'a trouvé. Elle a entendu le beuglement des vaches, et elle revient à son point de départ avec un plus vif éclat (2). Après son retour se lève *Indra,* le dieu de la lumière, prêt à engager un combat acharné contre les noirs démons, à enfoncer la porte de l'étable où étaient renfermées les vaches brillantes, et à rendre la lumière, la force et la vie à ses pieux adorateurs. Voilà le mythe de *Saramâ* sous une forme simple. Il a été composé originairement de

---

(1) *Erigone* « celle qui est née de bonne heure » est aussi appelée *Aletis* « l'errante », lorsqu'elle cherche le corps de son père Icarius l'homonyme du père de Pénélope), guidée par la chienne *Maira*. Voir Jacobi, *Mythologie,* au mot *Icarius.*

(2) Ééribée ou Éribée découvre à Hermès le lieu où Arès est retenu prisonnier. *Iliade,* V, 385.

quelques fragments du langage ancien, tels que : « les Paṇis ont enlevé les vaches », c'est-à-dire le jour a disparu ; « Saramâ cherche les vaches », c'est-à-dire la lumière de l'Aurore se répand dans le ciel ; « Indra a forcé l'entrée de la caverne obscure », c'est-à-dire le soleil s'est levé.

Ce sont là des dictons ou des proverbes particuliers à l'Inde, et l'on n'a encore découvert aucune trace de *Saramâ* dans la phraséologie mythologique des autres nations. Mais supposons que les Grecs aient dit, « *Saramâ* elle-même a été enlevée par *Paṇi*, mais les dieux détruiront la prison où elle est cachée, et la ramèneront ». Cette manière de parler aurait seulement signifié originairement que l'Aurore qui disparaît le matin reviendra au crépuscule ou au lever du lendemain. Dans le neuvième verset du dialogue védique, nous pouvons découvrir cette idée que *Paṇi* voulut séduire *Saramâ* et la détourner de sa fidélité à Indra, mais il ne paraît pas que cette idée ait donné naissance à aucun autre mythe dans l'Inde. Toutefois bien des mythes qui ne font que germer dans le Véda se montrent à nous éclos et dans leur entier épanouissement chez Homère. Si donc on nous permet une conjecture, nous croyons reconnaître la *Saramâ* indienne dans *Hélène,* sœur des Dioscures, les deux noms étant identiques phonétiquement (1), non-seulement dans chaque consonne et dans chaque voyelle, mais même dans leur accent. Indépendamment de toute considération mythologique, *Saramâ* en sanscrit est le même

---

(1) Pour les preuves qui établissent que le *m* sanscrit = le *n* grec, voir Curtius, *Grundzüge*, II, 121.

mot que *Helena;* et, à moins que nous ne soyons disposés à regarder comme purement fortuite la conformité entre des mots comme *Dyaus* et *Zeus,* *Varuṇa* et *Ouranos,* *Sarvara* et *Cerberus,* nous devons nécessairement faire remonter *Sarámá* et *Helénē* à une origine commune. Le siége de Troie n'est qu'une répétition de ce siége de l'Orient qui est fait tous les jours par les puissances solaires, lesquelles sont dépouillées chaque soir de leurs plus brillants trésors dans l'Occident. Ce siége, sous sa forme originelle, est le sujet constant des hymnes du Véda. Il est vrai que, dans le Véda, *Saramá* ne cède pas à la tentation de *Paṇi,* cependant on y trouve les premiers indices de son infidélité, et le caractère incertain du crépuscule que *Saramá* représente expliquerait complétement le développement plus grand qu'a pris le mythe grec. Dans l'Iliade, *Brisēis,* fille de *Brisès,* est une des premières captives faites par l'armée qui vient de l'Occident pour mettre le siége devant Troie. Dans le Véda, avant que les puissances brillantes reconquièrent la lumière qui avait été volée par Paṇi, il est dit qu'elles se sont emparées des enfants de *Brisaya.* Cette fille de *Brisès* est rendue à Achille lorsque la gloire de ce dernier est sur son déclin, comme les premières amours des héros solaires reviennent toujours auprès d'eux dans les derniers moments de leur existence terrestre (1). Et comme le nom sanscrit *Paṇis* trahit la présence d'un *r* dans une forme plus ancienne (2), il serait peut-être

(1) Voir Cox, *Tales of Argos and Thebes,* Introduction, p. 90.
(2) J'avance ce fait avec beaucoup d'hésitation, parce que l'étymologie de *Paṇi* est aussi douteuse que celle de *Paris,* et qu'il est presqu'inutile de comparer des noms mythologiques avant d'en

possible d'identifier *Paris* lui-même avec le voleur qui chercha à séduire *Saramâ*. Je n'insiste pas sur le nom qu'Hélène se donne à elle-même quand elle s'appelle une chienne (3), mais que la charmante fille de Zeus (*duhitâ Divaḥ*), la sœur des Dioscures, ait été une des nombreuses personnifications de l'Aurore, c'est ce qui n'a jamais fait pour moi l'objet d'un doute. Qu'elle soit enlevée par Thésée ou par Pâris, elle est toujours reprise pour être rendue à son époux légitime, avec qui elle se retrouve quand il finit sa carrière, et elle meurt avec lui pardonnée et glorifiée. Voilà ce qui est sans cesse répété dans bien des mythes de l'Aurore, et ce que nous retrouvons aussi dans l'histoire d'Hélène.

Mais qui était-ce que Sâramêya? Son nom se rapproche certainement beaucoup d'*Hermeias*, ou *Hermès*, et quoique *Héremeias* eût été la forme exacte qui aurait correspondu en grec à *Sâramêya*, cependant, dans les noms propres, on peut passer sur une légère anomalie de ce genre. Malheureusement le Rig-Véda nous fournit encore moins de renseignements sur *Sâ-*

---

avoir découvert le sens étymologique. Dans son Introduction à ses *Tales of Argos and Thebes* (p. 90), M. Cox s'efforce de montrer que *Paris* appartient à la classe des brillants héros solaires. Cependant, si le germe de l'Iliade est la lutte entre les puissances solaires et les puissances nocturnes, Paris doit assurément être compté au nombre de ces dernières; et il n'est guère possible de faire descendre du Soleil ou du Printemps celui dont c'était la destinée de tuer Achille aux *portes de l'ouest*,

ἤματι τῷ ὅτε κέν σε Πάρις καὶ Φοῖβος Ἀπόλλων
ἐσθλὸν ἐόντ' ὀλέσωσιν ἐνὶ Σκαιῇσι πύλῃσιν.

(3) Δᾶερ ἐμεῖο, κυνὸς κακομηχάνου, ὀκρυοέσσης,
ὥς μ' ὄφελ' ἤματι τῷ, ὅτε με πρῶτον τέκε μήτηρ, etc.
Iliade, VI, 344.

rameya que sur *Saramâ*. Aucun dieu particulier n'y est jamais appelé « fils de *Saramâ* » ; et toutes les fois que le nom *Sârameya* est employé, on peut le prendre dans son sens appellatif, c'est-à-dire « qui se rapporte à Saramâ » ou l'aurore. Si *Hermeias* est le même mot que *Sârameya*, ce n'est qu'un autre exemple d'un germe mythologique qui se dessèche et périt dans une contrée, et qui arrive à un riche développement dans une autre. *Dyaus*, dans le Véda, n'est que l'ombre d'une divinité, si on le compare avec le *Zeus* des Grecs ; au contraire, *Varuṇa* occupe dans l'Inde une place beaucoup plus considérable qu'*Ouranos* en Grèce, et il en est de même de *Vṛitra*, comparé avec l'*Orthros* grec. Et encore que le Véda nous apprenne si peu de chose au sujet de *Sârameya*, le peu qu'il en dit est certainement compatible avec un *Hermès* rudimentaire. De même que *Sârameya* serait le fils du crépuscule, ou, peut-être, la première brise de l'aurore, ainsi *Hermès* est né de bonne heure, de grand matin (Hom., *Hymn. Merc.*, 17). De même que l'Aurore, dans le Véda, est amenée par les *Harits* à la couleur éclatante, ainsi *Hermès* est appelé le conducteur des *Charites* (ἡγεμὼν Χαρίτων). Au septième livre du Rig-Véda (VII, 54, 55), nous trouvons un certain nombre de vers, qui semblent réunis, au hasard, et qui devaient servir de formules magiques pour amener le sommeil (1). La principale divinité qui y est invoquée est *Vâstoshpati*, qui signifie « seigneur » ou « gardien de la maison », une espèce de dieu *Lare*. Dans deux de ces

---

(1) Dans le *Rig-Véda*, VIII, 47, 14, on demande à Ushas d'emporter l'insomnie.

vers, l'être, quel qu'il soit, qui est invoqué, est appelé *Sâramêya,* et l'on s'adresse certainement à lui comme à un chien, comme au chien qui garde la maison. Dans le sanscrit plus moderne, *Sâramêya* aurait aussi, à ce que l'on assure, la signification de « chien ». Si, dans ces vers, il faut prendre *Sâramêya* comme étant le nom d'une divinité, il semblerait avoir été une sorte de divinité tutélaire, le point du jour conçu comme étant un être vivant, qui veille invisible aux portes du ciel pendant la nuit, et qui, le matin, fait entendre son premier aboiement. Il était naturel de supposer que cette même divinité du matin veillait sur les maisons de l'homme. Les vers dans lesquels on l'invoquait ne nous apprennent pas grand'chose qui la concerne :

« Gardien de la maison, qui détruis le mal, qui revêts toutes les formes, sois pour nous un ami secourable. » (1.)

« Lorsque, brillant *Sâramêya,* tu ouvres les dents, ô toi à la couleur rougeâtre, des lances semblent scintiller sur tes mâchoires pendant que tu avales. [Répands] le sommeil, le sommeil. » (2.)

« Aboie au larron, *Sâramêya,* aboie au brigand, ô toi qui veilles toujours! Maintenant tu aboies contre les adorateurs d'*Indra;* pourquoi nous inquiètes-tu ? [Répands] le sommeil, le sommeil! » (3.)

Il est douteux si c'est au gardien de la maison (*Vástoshpati*), invoqué dans le premier verset, que s'adressent les versets suivants; il est également douteux s'il faut même regarder *Sâramêya* comme un nom propre, ou si ce mot signifie simplement Ἐῶος « brillant » ou « pommelé » comme le ciel au lever de l'aurore. Mais si *Sârameya* est un nom propre, et si l'on veut désigner par ce nom le gardien de la maison, il est assurément tout naturel de le comparer avec l'*Hermès propylæos, prothyræos,* et *pronaos,* et avec les hermès placés dans les carrefours et les maisons particulières en Grèce (1). M. Kuhn croit pouvoir reconnaître dans

(1) M. Michel Bréal, qui a analysé avec tant de talent le mythe de Cacus (*Hercule et Cacus; Étude de Mythologie comparée*, Paris, 1863), et dont l'essai plus récent, *le Mythe d'Œdipe*, forme une précieuse addition aux études mythologiques, m'a envoyé la note suivante sur Hermès considéré comme gardien des maisons et des places publiques, et a bien voulu m'autoriser à la communiquer à mes lecteurs : —

« A propos du dieu Hermès, je demande à vous soumettre quelques rapprochements. Il me semble que l'explication d'Hermès comme dieu du crépuscule n'épuise pas tous les attributs de cette divinité. Il est encore le protecteur des propriétés, il préside aux trouvailles : les bornes placées dans les champs, dans les rues et à la porte des temples, ont reçu, au moins en apparence, son nom. Est-ce bien là le même dieu, ou n'avons-nous pas encore ici un exemple de ces confusions de mots dont vous avez été le premier à signaler l'importance? Voici comment je m'explique cet amalgame :

« Nous avons en grec le mot ἕρμα, qui désigne une pierre, une borne, un poteau ; ἑρμίν et ἑρμίς, le pied du lit ; ἕρμακες, des tas de pierres ; ἑρμάς, un banc de sable ; ἑρματίζω veut dire je charge un vaisseau de son lest, et ἑρμογλυφεύς désigne d'une manière générale un tailleur de pierres. Il est clair que tous ces mots n'ont rien de commun avec le dieu Hermès.

« Mais nous trouvons d'un autre côté le diminutif ἑρμίδιον ou ἑρμάδιον, que les anciens traduisent par « petite statue d'Hermès ». Je crois que c'est ce mot qui a servi de transition : dans les pierres grossièrement taillées qui indiquaient la limite des champs, on a voulu reconnaître le dieu Hermès, devenu dès-lors le patron des propriétaires, malgré son ancienne réputation de voleur. Quant à ἕρμαιον, qui désigne les trouvailles, je ne sais si c'est à l'idée d'Hermès ou à celle de borne (comme marquant la limite de la propriété) qu'il faut rapporter ce mot.

« Les mots ἕρμα, ἑρμίν, ἕρμακες, ἑρμάς sont probablement dérivés du

Sârameya le dieu du sommeil, mais dans notre hymne il semblerait plutôt être un perturbateur du sommeil. On pourrait cependant signaler un autre trait de ressemblance entre les deux divinités. Le gardien de la maison est appelé un destructeur du mal, et en particulier de la maladie, et le même pouvoir est quelquefois attribué à *Hermès*. (Paus., IX, 22, 2.)

Nous pouvons donc admettre que *Sârameya* et *Hermès* ont eu un point de départ commun, mais la divergence entre leurs histoires a commencé de bien bonne heure. Tandis que *Sârameya* a atteint à peine une personnalité définie, *Hermès* a grandi et il est devenu un des principaux dieux de la Grèce. Dans l'Inde, *Saramâ* se trouve à la limite qui sépare les dieux de la lumière des dieux des ténèbres; elle porte les messages qu'ils s'envoient réciproquement, et elle incline tantôt en faveur des uns, tantôt en faveur des autres. En Grèce, *Hermès*, le dieu du crépuscule, trahit sa nature équivoque en dérobant, quoique seulement par manière de plaisanterie, les troupeaux d'*Apollon*, mais il les rend sans le combat opiniâtre que, dans l'Inde, *Indra*, le dieu brillant, livre à *Vala*, le voleur, pour recouvrer ces mêmes troupeaux. Dans l'Inde, l'Aurore apporte la lumière; en Grèce, on suppose que le Crépuscule lui-même a dérobé la lu-

---

verbe εἴργω, en sorte que ἕρμα serait pour ἔργμα, et de la même famille que ἕρκος. L'esprit rude n'est pas primitif, ainsi que le prouve l'homérique ἐέργω. (Curtius. *Étymologie grecque*, 2ᵉ édit., p. 165.)

« Il resterait encore à expliquer un autre attribut d'Hermès, — celui de l'éloquence. Mais jusqu'à présent on n'a pas bien rendu compte de la vraie nature du rapport qui unit le mot Hermès avec les mots comme ἑρμηνεύω, ἑρμηνεία. »

mière, ou la retient en sa possession (1), et *Hermès*, le crépuscule, rend son butin, quand Apollon, le dieu-soleil, le somme de le faire. Plus tard l'imagination des poëtes grecs prend son libre vol, et, avec une argile grossière, elle crée graduellement une image divine. Mais même dans l'Hermès d'Homère et d'autres poëtes, nous pouvons souvent découvrir les traits originaux d'un *Sârameya*, si nous prenons ce mot dans le sens de crépuscule, et que nous regardions *Hermès* comme un représentant mâle de la lumière du matin. Il aime *Hersé*, la rosée, et *Aglauros*, sa sœur; au nombre de ses fils est *Kephalos*, la tête du jour. Il est le messager des dieux, comme l'est le crépuscule, comme *Saramâ* était la messagère d'Indra. Il est l'espion de la nuit (νυκτὸς ὀπωπητήρ); il envoie le sommeil et les rêves; l'oiseau du matin, le coq, se tient à son côté. Enfin il est le guide des voyageurs, et spécialement des âmes qui accomplissent leur dernier voyage; il est le *Psychopompos*. Et ici il se rapproche encore, jusqu'à un certain point, du *Sârameya* védique. Les poëtes védiques ont imaginé deux chiens appartenant à *Yama*, le roi des morts. Ils sont appelés les messagers de *Yama*, altérés de sang, au large nez, bruns, aux quatre yeux, pâles, et *Sârameya* « les enfants de l'aurore ». On recommande au mort de passer devant eux quand il s'achemine vers ses Pères, qui jouissent de la félicité avec *Yama*; on prie *Yama* de protéger les morts contre ces chiens; et, enfin, on supplie les chiens eux-mêmes d'accorder la vie aux vivants, et de

---

(1) Une idée semblable est exprimée dans le Véda (V. 79, 9), où l'on prie *Ushas* de se lever promptement, afin que le soleil ne lui fasse pas de mal avec sa lumière, comme un voleur.

leur permettre de voir encore le soleil. Ces deux chiens représentent une des plus humbles parmi les nombreuses conceptions du matin et du soir, ou, comme nous dirions, du Temps, à moins que nous ne comprenions dans la même classe d'idées les *deux rats blancs,* que la fable nous représente rongeant la racine que le criminel a saisie, quand, poursuivi par un éléphant furieux, il s'est élancé dans un puits et voit au fond le dragon, la gueule béante, et les quatre serpents aux quatre coins du puits. Le moraliste bouddhiste nous explique que l'éléphant furieux est la mort, que le puits est la terre, le dragon l'enfer, que les quatre serpents sont les quatre éléments, que la racine de l'arbrisseau est la racine de la vie humaine, et que les deux rats blancs sont le soleil et la lune, qui consument graduellement la vie de l'homme. En Grèce, on racontait qu'*Hermès,* enfant de l'Aurore, avec ses fraîches brises, emportait les âmes des morts; dans l'Inde, la fable disait que le Matin et le Soir (1), semblables à deux chiens, guettaient leur proie, et saisissaient ceux qui ne pouvaient arriver à la demeure fortunée du Père. Quoique la Grèce reconnût *Hermès* pour le guide des âmes décédées, elle ne le dégrada pas jusqu'à en faire le chien de garde d'*Hadès.* Ces

---

(1) Cf. Stanislas Julien, *les Avadânas, Contes et Apologues indiens* (Paris, 1859), vol. I. p. 190. Docteur Rost, *the Chinese and Japanese Repository,* n° V, p. 217. *Histoire de Barlaam et Josaphat,* attribuée à Jean de Damas (vers l'an 740 de notre ère), chap. XII; *les Fables de Pilpay; Gesta Romanorum* (trad. de Swanc, vol. II, n° 88), etc.

(2) Le jour et la nuit sont appelés les bras étendus de la mort, *Kaushîtakibrâhmaṇa,* II, 9 : *atha mṛityor ha vâ etau vrâjabâhû yad ahorâtre.*

chiens de garde, *Cerberus* et *Orthros*, représentent cependant, comme les deux chiens de Yama, l'obscurité du matin et celle du soir, que l'on considère ici comme des démons hostiles. *Orthros* est le noir démon que le Soleil doit combattre le matin; c'est le V*ṛ*itra bien connu dans la mythologie indienne : mais il est dit aussi qu'Hermès se lève *órthrios*, dans l'obscurité du matin. *Cerbère* est l'obscurité de la nuit que doit combattre Héraclès, la nuit elle-même étant appelée *Sarvarî* (1) en sanscrit. Hermès, de même que Cerbère, est appelé *trikephalos* « aux trois têtes (2) », et la même épithète est donnée à *Triśiras*, frère de *Saraṇyû*, autre nom de l'Aurore (3).

Il nous reste encore un point à examiner, c'est à savoir si les poëtes du Véda ont jamais conçu l'Aurore comme étant une chienne, et s'il se trouve dans les hymnes eux-mêmes quelque fondement pour les légendes postérieures qui représentent *Saramâ* comme une chienne. M. Kuhn pense que le mot *śúna*, qui se rencontre dans le Véda, est une forme secondaire de *śvan* « chien », et que des passages tels que *śunám huvema maghávânam Indram* (III, 31, 22) doivent être

---

(1) Voir Max Müller, *Ist Bellerophon Vritrahan ?* dans la *Zeitschrift* de Kuhn, V, 149.
(2) *Hermès trikephalos*, Gerhard, *Gr. Myth.* 281, 8.
(3) Dans les *Transactions of the Philological Society*, 14 avril 1848, j'ai fait voir la connexion entre *Cerberus* et le sanscrit *śarvarî* « nuit ». Le *Kaushítaki-bráhmaṇa*, II, 9 et suiv., donne *Sabala*, corruption de *śarvara*, comme nom du point du jour, et *syâma* « noir », comme nom de la tombée de la nuit. (*Ind. Stud.*, II, 295.) Nul doute que ce ne soit là une explication artificielle, mais nous y retrouvons un vague souvenir de la signification originelle des deux chiens.

traduits « Invoquons le chien, le puissant Indra ». Si cela était, nous pourrions certainement prouver que l'aurore est aussi représentée comme une chienne. Car nous lisons (IV, 3, 11) : *śunám náraḥ pári sadan ushásam*, « Les hommes ont entouré la chienne, l'Aurore ». Mais est-il bien certain que *śuna* signifie «chien»? Il semblerait que ce mot n'a jamais ce sens, quand il est employé seul. Dans tous les passages où se rencontre ce mot *śunám*, il signifie « sous de bons auspices, heureusement » (1). Il est employé surtout avec des verbes qui signifient « invoquer » (*hve*), « adorer » (*parisad*), «'prier » (*íḍ*) (2). Il n'existe pas un seul passage où *śunám* se puisse prendre dans le sens de « chien ». Mais il y a des mots composés dans lesquels il semblerait que *śuna* a bien cette signification. Dans le *Rv.*, VIII, 46, 28, il est fort probable que *śúnā-ishitau* signifie « porté par des chiens », et dans *Śunāsîrau* nous avons le nom d'un couple de divinités dont la première, dit-on, est *Śuna*, la deuxième *Sîra*. *Yâska* reconnaît dans *Śuna* un nom de *Vâyu* «le vent», et dans *Sîra* un nom d'*Aditya* « le soleil ». Une autre autorité, *Śaunaka*, déclare que *Śuna* est un des noms d'*Indra*, et que *Sîra* est un de ceux de *Vayu*. *Âsvalâyana* (*Śrauta-sûtra*, 11, 20) nous dit que *Śunasîrau* peut désigner *Vâyu*, ou *Indra*, ou *Indra* et *Sûrya* à la fois.

---

(1) I, 117, 18. III, 31, 22; IV, 3, 11; 57, 4; 57, 8; VI, 16, 4; X 102, 8; 126, 7; 160, 5.

(2) Nous trouvons diverses formes de *śván* : le nominatif *śvá* (VII, 55, 5; X, 86, 4); l'accusatif *śvánam* (I, 161, 13; IX, 101, 1; 101, 13); le génitif *śúnaḥ* (I, 182, 4; IV, 18, 3; VIII, 55, 3); le nominatif duel *śvánā* (II. 39, 4), et *śvánau* (I, 14, 10; 14, 11). On trouve aussi *śvápadaḥ* (I, 16, 6).

Cela prouve, en tout cas, que la signification des deux noms était douteuse, même aux yeux des anciens théologiens indiens. Le fait est que les *Sunâsîrau* ne se rencontrent que deux fois dans le Rig-Véda, dans un hymne pour la moisson. On prononce des bénédictions sur la charrue, les bœufs, les laboureurs, le sillon, et puis on adresse les paroles suivantes aux *Sunâsîrau*:

« O *Sunâsîrau*, soyez satisfaits de cette prière. Le lait que vous produisez au ciel, répandez-le sur cette terre (5). » Et ailleurs nous lisons :

« Que les socs des charrues fendent la terre heureusement! Que les laboureurs avec les bœufs suivent heureusement! Que *Parjanya* (le dieu de la pluie) nous donne le bonheur avec le beurre et le miel! Que les *Sunâsîrau* nous donnent le bonheur! »

En considérant ces passages, et l'hymne tout entier d'où ils sont extraits, je ne puis partager l'avis de M. Roth, qui, dans ses notes sur le Nirukta, pense que, dans ce nom composé, *Sîra* peut signifier le soc, et *Suna* quelque autre partie de la charrue. Il se pourrait que *Sîra* eût cette signification, mais rien ne prouve que *Suna* ait jamais désigné aucune partie de la charrue. Après une lecture attentive de l'hymne, il paraît évident que le poëte s'adresse aux deux *Sunâsîrau* comme étant distincts de la charrue, du soc de la charrue, et du sillon. Il les prie de faire tomber la pluie du ciel, et il les invoque en même temps que *Parjanya*, qui est lui-même une divinité, le dieu de la pluie. Il y a un autre verset cité par *Âsvalâyana*, dans lequel Indra est appelé *Sunâsîra* (1). Quelle est l'exacte signification de

(1) *Indram vayam sunâsîram asmin yajne havâmahe, su vâjeshu pra no svishat.*

ce mot? c'est ce qu'il nous est impossible de dire. Peut-être est-il composé de *Śuna* « le chien » (d'après l'interprétation de M. Kuhn), désignant soit *Vâyu*, soit *Indra*, et de *Sîra* « le soleil » ou « le sillon »; ou il se peut que ce soit un nom très-ancien de la canicule, le Chien et le Soleil, et, alors, *sîra* ou son dérivé *sairya* nous donnerait l'étymologie de *Seirios* (1). Mais tout cela est douteux, et, en tout cas, il n'y a rien qui nous autorise à attribuer à *śuna* la signification de « chien » dans aucun passage du Véda.

Dans le cours de nos recherches sur la signification originelle de *Saramâ*, nous avons eu occasion de mentionner un autre nom, dérivé de la même racine *sar*, et auquel M. Kuhn attribue également le sens de « nuage » et « vent » : c'est *Saraṇyû*, nom féminin.

Là où *saraṇyú* est employé au masculin, la signification n'en est nullement claire. Dans le soixante-et-unième hymne du dixième livre, il est presque impossible de découvrir quelque suite dans les pensées. Le verset où nous trouvons *Saraṇyu* s'adresse aux rois *Mitra* et *Varuṇa*, et il y est dit que *Saraṇyu* s'est rendu auprès d'eux pour chercher les vaches. Ici le commentateur n'hésite pas à expliquer *Saraṇyu* par *Yama* (*saraṇaśîla*). Dans le verset suivant *Saraṇyu* est appelé un cheval, de même que *Saraṇyû* (n. fém.) est représentée comme une jument; mais *Saraṇyu* est appelé « son fils à lui », c'est-à-dire, suivant Sâyana, à *Varuṇa* (2). Dans le Rig-Véda, livre III, hymne 32, verset

---

(1) Curtius, *Grundzüge*, II, 128, Σείριος de *svar*, lequel cependant aurait donné σύριος ou σέριος plutôt que σείριος.

(2) Il est appelé dans ce passage *jaraṇyu*, d'une racine qui, en

5, il est dit qu'*Indra* fait éclater le réservoir des eaux avec les *Saraṇyus*, lesquels sont cités ici, de même que les Angiras le sont dans d'autres passages, comme aidant Indra dans la grande lutte contre *Vritra* ou *Vala*. Dans le livre III, 62, 4, les épithètes usuelles des *Angiras* (*navagva* et *daśagva*) sont appliquées aux *Saraṇyus*, et là aussi il est dit qu'Indra a déchiré et mis en pièces Vala avec l'assistance des *Saraṇyus*. Je crois donc qu'il faut distinguer entre les *Saraṇyus* au pluriel (lesquels se rapprochaient des Angiras et peut-être des Maruts), et Saraṇyu au singulier, nom du fils de *Varuṇa* ou de *Yama*.

Les hymnes du Rig-Véda ne nous apprennent encore que peu de chose au sujet de *Saraṇyû*, considérée comme déesse; et quoiqu'il faille toujours nous garder de mêler ensemble les idées des Rishis et celles de leurs commentateurs, nous devons reconnaître, dans le cas présent, que nous ne pourrions guère comprendre ce que les Rishis disent de *Saraṇyu*, sans les explications qui nous sont données par les écrivains de date postérieure, tels que *Yáska* et *Śaunaka*, et d'autres encore. Le passage classique et souvent cité, dans lequel il est question de *Saraṇyû*, se trouve dans le Rig-Véda, X, 17, 2 : —

« *Tvashṭar* célèbre les épousailles de sa fille, ce disant le monde entier se réunit; la mère de *Yama* étant mariée, la femme du grand *Vivasvat* a péri. »

« On a caché l'immortelle aux mortels; on a fait une autre semblable à elle, et on l'a donnée à *Vivasvat*.

grec, a pu donner *Gorgó*. Cf. Kuhn, *Zeitschrift*, I, 460. Les Érinnyes et les Gorgones sont presque identifiées en grec.

Mais elle a porté les *Asvins* quand ceci est arrivé, et *Saraṇyû* a laissé deux couples (1) après elle. »

Voici l'explication que nous donne Yâska (XII, 10) : « *Saraṇyû*, la fille de *Tvashtar*, avait des jumeaux de *Vivasvat*, le Soleil. Elle mit à sa place une autre semblable à elle, changea sa forme en celle d'une cavale, et s'enfuit. *Vivasvat*, le soleil, prit également la forme d'un cheval, courut après elle, et l'embrassa. De cette union naquirent les deux *Asvins*, et celle qui avait été substituée à *Saraṇyû* (*Savarṇâ*) enfanta *Manu*. » Yâska dit également que les premiers jumeaux de *Saraṇyû* sont supposés par les étymologistes être *Madhyama* et *Mâdhyamikâ Vâch*, et par les mythologues *Yama* et *Yamî ;* et il ajoute à la fin, pour expliquer la disparition de *Saraṇyû*, que la nuit disparaît dès que le soleil se lève. Toutefois cette dernière remarque est expliquée ou corrigée par le commentateur (2), qui dit qu'*Ushas* « l'Aurore » était l'épouse d'*Aditya* « le Soleil », et que c'est elle, et non point la nuit, qui disparaît au lever du soleil.

Avant d'aller plus loin, j'ajouterai quelques détails extraits de la *Bṛihaddevatâ* de Saunaka. Il dit que *Tvashṭar* avait deux enfants, *Saraṇyû* et *Trisiras* (Trikephalos); qu'il donna *Saraṇyû* à *Vivasvat*, de qui elle eut *Yama* et *Yamî :* c'étaient des jumeaux, mais *Yama* était l'aîné. Alors *Saraṇyû* forma une femme

---

(1) Un seul couple, suivant Kuhn, *Zeitschrift für vergleichende Sprachforschung*, I, p. 441.

(1) *Samkshepato Bháshyakâro 'rtham niráha. Ādityasya 'Ushâ jáyâsa, sádityodaye 'ntardhîyate.* On peut nécessairement représenter l'aurore et comme le commencement du jour, et comme la fin de la nuit.

qui lui ressemblât, lui remit les enfants, et s'en alla. Vivasvat fut trompé par la ressemblance, et celle qui avait été substituée à sa véritable épouse (*Savarṇâ*) lui donna un fils, *Manu,* aussi brillant que son père. Plus tard *Vivasvat* découvrit son erreur, et, prenant lui aussi la forme d'un cheval, il s'élança à la poursuite de *Saraṇyû,* et elle devint d'une manière particulière mère de *Nâsatya* et de *Dasra,* qui sont appelés les deux *Aśvins,* ou les « cavaliers ».

Il est difficile de dire quelles sont les parties de ces légendes qui appartiennent à la haute antiquité et sont pures de toute altération, et quelles sont celles qui ont été imaginées plus tard pour expliquer certaines phrases mythologiques qui se rencontrent dans le Rig-Véda.

Ce qui est ancien et se trouve confirmé par les hymnes du Rig-Véda, c'est que *Saraṇyû,* la femme des eaux (1), était la fille de *Tvashtar* (celui qui façonne, l'ouvrier), lequel est aussi appelé *Savitar* (le créateur), *Viśvarûpa* « qui a toutes les formes » (X, 10, 5); — qu'elle était la femme de *Vivasvat,* appelé aussi *Gandharva* (X, 10, 4); — qu'elle était la mère de *Yama;* — qu'elle était cachée par les immortels aux yeux des mortels; — qu'elle avait cédé sa place à une autre femme, et enfin qu'elle était la mère des *Aśvins*. Mais quand la légende raconte que *Saraṇyû* et *Vivasvat*

---

(1) Dans le *Rv.*, X, 10, 4, je prends *Gandharva* pour *Vivasvat*, *Apyâ Yoshâ* pour *Saraṇyû*, adoptant sur ce point l'opinion de Sâyaṇa, et différant de celle de Kuhn. Dans le verset suivant *janitâ* ne signifie pas « père » mais « créateur », et appartient à *Tvashtâ savitâ viśvarûpah,* le père de *Saraṇyâ,* ou le créateur en général dans son caractère solaire de *Savitar.*

prirent la forme de chevaux, peut-être ne devons-nous voir là qu'une manière d'expliquer le nom de leurs enfants, les *Asvins* (*equini* ou *equites*). Et lorsqu'on a dit que *Manu* était le fils de *Vivasvat* et de *Savarnâ*, il se peut qu'on ait voulu fournir une explication des noms *Manu Vaivasvata*, et *Manu Sâvarṇi*.

M. Kuhn a identifié *Saraṇyû* avec l'*Erinnys* grecque, et sur ce point je suis pleinement d'accord avec lui. J'étais moi-même arrivé au même résultat avant d'avoir eu connaissance des vues de M. Kuhn sur ce sujet, et nous avions discuté le problème ensemble avant la publication de son Essai. Mais notre accord se borne à reconnaître l'identité des deux noms; et, après avoir examiné avec soin, et, je l'espère, avec impartialité, l'analyse de mon savant ami, je me sens plutôt confirmé qu'ébranlé dans l'opinion que, dès le commencement, je m'étais faite du caractère de *Saraṇyû*. M. Kuhn, adoptant en grande partie les idées de Roth, explique le mythe de la manière suivante : — « *Tvashtar*, le créateur, prépare les épousailles de sa fille *Saraṇyû*, la nuée d'orage (Sturm-Wolke), rapide, impétueuse et sombre, laquelle, au commencement de toutes choses, planait dans l'espace. Il lui donne pour époux *Vivasvat*, le brillant, la lumière des hauteurs célestes, ou, suivant des opinions plus récentes que je ne puis partager à cause d'autres exemples analogues, le dieu-soleil lui-même. La lumière et l'obscurité de la nuée engendrent deux couples de jumeaux : d'abord *Yama*, c'est-à-dire le jumeau, et *Yamî*, la jumelle; puis les deux *Asvins*, les cavaliers. Mais ensuite disparaît la mère, c'est-à-dire l'obscurité du chaos, où se déchaîne l'orage; les dieux la cachent, et elle laisse derrière elle deux couples. Il reste pour épouse à *Vivasvat* une femme sans nom, qui ne saurait être désignée autrement, mais qui ressemble à la première. La tradition la plus récente (*Vishṇu Purâṇa*, p. 266) l'appelle *Chhâyâ* « Ombre » c'est-à-dire que le mythe ne connaît pas d'autre femme qu'il puisse donner à *Vivasvat*. »

Était-ce bien là la conception originelle? *Saraṇyû* était-elle la nuée d'orage, laquelle, au commencement de toutes choses, planait dans l'espace infini? Est-il possible de se former une conception claire d'un être tel que celui qui nous est décrit par MM. Roth et Kuhn? Et dans le cas contraire, comment pouvons-nous découvrir l'idée qui a présidé originairement à la formation de *Saraṇyû?*

Je crois qu'il n'y a qu'un seul moyen pour pénétrer la signification primitive de *Saraṇyû*, à savoir, de rechercher si les qualités et les actes particuliers à *Saraṇyû* sont jamais attribués à d'autres divinités, dont la nature est moins obscure. La première question que nous devons donc nous adresser est celle-ci : Y a-t-il quelque autre divinité de qui il est dit qu'elle a donné naissance à des jumeaux? Nous répondons qu'il y en a une, à savoir, *Ushas* « l'Aurore ». Dans un hymne (III, 39, 3) qui décrit le lever du soleil sous l'image ordinaire d'*Indra*, vainqueur des ténèbres et rentré en possession du soleil, nous lisons ces mots :

« La mère des jumeaux a enfanté les jumeaux ; le bout de ma langue tombe, car elle approche ; les jumeaux qui sont nés prennent une forme, ces jumeaux, les vainqueurs des ténèbres, qui sont venus au pied du soleil. »

Même sans l'aide du commentateur, nous aurions pu deviner, d'après le texte lui-même, que « la mère des jumeaux » dont il est ici question, est l'Aurore ; mais nous pouvons ajouter que le commentateur adopte aussi la même manière de voir.

La seconde question que nous devons nous adresser est celle-ci : Y a-t-il quelque autre divinité qui soit représentée comme étant un cheval, ou plutôt, comme étant une cavale? Il y en a une, à savoir, *Ushas* « l'Aurore ». Il est vrai que le soleil est le dieu qui est le plus souvent appelé « un cheval (1). » Mais non-seulement il est dit aussi que l'Aurore est « riche en chevaux », et qu'elle est « portée par des chevaux » : elle-même est comparée à une cavale. Ainsi (I, 30, 29, et IV, 52, 2) (2), l'Aurore est comparée, comme nous venons de le dire à une cavale ; et, dans le second de ces deux passages, elle est appelée en même temps l'amie des *Aśvins*. Dans le *Mahâbhârata* (*Adiparva*, 2,599) nous lisons que la mère des Aśvins a la forme d'une cavale, *vaḍavá* (3).

Ici donc nous avons un couple, le Soleil et l'Aurore, que le langage mythologique pouvait bien représenter comme ayant revêtu la forme d'un cheval et d'une cavale.

Il nous faut ensuite nous demander : Quels sont ceux qui pouvaient être appelés leurs enfants? Pour répondre à cette question d'une manière satisfaisante, il sera nécessaire de soumettre à un examen assez approfondi le caractère de toute une classe de divinités

---

(1) Max Müller, *Comparative Mythology*, p. 82.
(2) *Áśve ná chitre arushi*; ou mieux, *ásveva chitre*.
(3) Kuhn, *Zeitschrift*, I, 523.

védiques. Il est important d'observer que les enfants de *Saraṇyû* sont représentés comme étant des jumeaux. L'idée de dualité est une de celles qui, dans la mythologie ancienne, se sont montrées les plus fécondes. Beaucoup des phénomènes les plus marquants de la nature étaient compris par les anciens sous cette forme, et étaient représentés dans leur phraséologie mythique comme frère et sœur, comme mari et femme, comme père et mère. Le Panthéon védique en particulier est rempli de divinités qui sont toujours introduites par couples, et elles trouvent toutes leur explication dans ce dualisme que la nature semble partout nous offrir, quand elle nous montre le Jour et la Nuit, l'Aurore et le Crépuscule, le Matin et le Soir, l'Été et l'Hiver, le Soleil et la Lune, la Lumière et les Ténèbres, le Ciel et la Terre. Ce sont là des conceptions dualistes ou corrélatives. Les deux puissances sont conçues comme n'en formant qu'une seule, comme s'appartenant réciproquement l'une à l'autre; bien plus, elles portent quelquefois un même nom. Ainsi nous trouvons *Ahorâtre* (1) (qui n'est pas dans le Rig-

---

(1) Il faut faire une distinction entre *ahorâtraḥ*, ou *ahorâtram*, « l'espace d'un jour et d'une nuit » (νυχθήμερον), lequel est du masculin ou du neutre, et *ahorâtrê*, duel composé de *ahan* « jour » et *râtri* « nuit », qui signifie le jour et la nuit, en tant qu'ils sont souvent invoqués en même temps. Je regarde ce composé comme un nom féminin; cependant, comme il ne peut se rencontrer qu'au duel, il est possible aussi de le prendre pour un nom neutre, ainsi que le fait le commentaire sur Pâṇini, II, 4, 28; 29, mais non pas Pâṇini lui-même. Ainsi (*Atharva-Véda*, VI, 128, 3) *Ahorâtrâbhyâm*, employé au duel, ne signifie pas deux fois l'espace de vingt-quatre heures, mais « le jour et la nuit », de même que *sûryâchandramasâbhyâm*, qui vient immédiatement après, signifie « le soleil et la lune ». La même remarque s'applique à *A. V.*, X, 7, 6; 8, 23;

Véda) « le jour et la nuit », mais nous trouvons aussi *Ahanî* (I, 123, 7) « les deux jours », pour signifier « le jour et la nuit ». Nous trouvons *Ushâsânáktâ* (I, 122, 2) « l'aurore et la nuit », *Náktoshâsâ* (I, 13, 7; 142, 7) « la nuit et l'aurore, mais nous rencontrons également *Ushâsau* (I, 188, 6) « les deux aurores », pour désigner l'aurore et la nuit. Il y a *Dyâvâprithivî* « le ciel et la terre » (I, 143, 2), *Prithivîdyâvâ* « la terre et le ciel » (III, 46, 5), mais aussi *Dyâvâ* (III, 6, 4). Au lieu de *Dyâvâprithivî*, nous rencontrons aussi dans le texte du Rig-Véda d'autres composés tels que *Dyâvâkshâmâ* (III, 8, 8), *Dyâvâbhûmî* (IV, 55, 1), et nous trouvons dans le commentaire *Dyunisâu* « le jour et la nuit ». Tant que nous voyons devant nous des noms aussi transparents que ceux-là, il ne peut guère y avoir de doute sur la signification des louanges qu'on leur adresse, ou des actes qu'on leur attribue. Si les hymnes appellent le Jour et la Nuit, ou le Ciel et la Terre, « des sœurs » et même « des sœurs jumelles », nous pouvons à peine dire que ce langage soit mythologique, bien que, sans aucun contredit, il y ait là un commencement de mythologie. Ainsi nous lisons (I, 123, 7):

Chând. Up., VIII, 4, 1; *Manu*, I, 65; et aux autres passages cités par Boehtlingk et Roth, à ce mot. Le sens de « deux *nychthémera* » ne pourrait nullement s'adapter à aucun de ces cas. Que *ahorâtre* était encore considéré comme nom féminin au temps où fut composée la Vâjasaneyi-sanhitâ, c'est ce qui nous est prouvé par un passage (XIV, 30), dans lequel les *ahorâtre* sont appelées *adhipatnî* « deux maîtresses ». *Ahorâtre* ne se rencontre pas dans le Rig-Véda. *Ahorâtrâṇi* s'y trouve une fois, dans le dixième livre. Un passage cité par Boehtlingk et Roth comme extrait du Rig-Véda, et où, à ce qu'ils prétendent, *ahorâtrâḥ* serait employé comme masculin pluriel, n'appartient pas au Rig-Véda.

« L'une s'en va, l'autre approche, les deux *Ahans* (le Jour et la Nuit) marchent ensemble. Une des deux voisines a créé l'obscurité en secret, l'Aurore s'est élancée brillante sur son char éclatant. »

I, 185, 1 : « Laquelle des deux est la première, laquelle est la dernière ? Comment naissent-elles, ô poëtes ? Qui le sait ? Ces deux soutiennent tout ce qui existe ; les deux *Ahans* (le Jour et la Nuit) font leurs révolutions comme des roues (1). »

Dans le *Rv.*, l. IV, h. 55, v. 3, l'Aurore et la Nuit (*Ushâsânâktâ*) sont représentées comme distinctes des deux *Ahans* (le Jour et la Nuit).

(V. 82, 8.) Il est dit que *Savitar*, le soleil, les devance.

Dans le *Rv.*, X, 39, 12, nous lisons que la fille du ciel, c'est-à-dire l'Aurore, et les deux *Ahans,* le Jour et la Nuit, naissent lorsque les *Asvins* attellent les chevaux à leur char.

De même les *Dyâvâpprithivî,* le ciel et la terre, sont représentées comme des sœurs, comme des jumelles, comme habitant la même maison (1, 159, 4), etc.

Il est clair cependant qu'au lieu d'appeler par leurs véritables noms l'aurore et le crépuscule, le matin et le soir, le jour et la nuit, le ciel et la terre, et au lieu de les désigner comme des êtres féminins, il était possible et même naturel de représenter la lumière et les ténèbres comme des puissances mâles, et d'invoquer l'auteur de la lumière et des ténèbres, et ceux qui nous apportent le jour et la nuit, comme des êtres

---

(1) Ou comme des choses qui font partie d'une roue, des rayons, etc.

personnels. Aussi nous trouvons, correspondant à ces couples que nous venons d'énumérer, un certain nombre de divinités corrélatives, qui ont en commun avec les premières la plupart de leurs caractères distinctifs, mais qui prennent une existence mythologique indépendante.

Les mieux connus de ces dieux sont les *Asvins*, dont le nom est toujours employé au duel. Soit qu'*asvin* signifie « possesseur de chevaux », ou « cavalier », ou « descendants d'*Asva*(1), le soleil, ou d'*Asvâ*, l'aurore », toujours est-il que nous retrouvons la même conception sous leur nom et sous les noms du soleil et de l'aurore, quand ces derniers sont désignés par les dénominations de *cheval* et de *cavale*. Le soleil était considéré comme un cheval de course ; la même conception s'est appliquée, bien qu'à un degré moindre, à l'aurore, et elle s'est appliquée aussi à ces deux puissances qui semblaient personnifier l'arrivée et le départ de chaque jour et de chaque nuit, et qui étaient représentées comme jouant le principal rôle dans le drame de chaque jour. Ce caractère indéterminé des deux *Asvins*, caractère dont le vague même me paraît une preuve de la justesse de cette interprétation, n'a pas échappé même aux commentateurs plus modernes. *Yâska*, dans le douzième livre de son *Nirukta*, quand il explique la nature des divinités du ciel, commence par les deux *Asvins*. Ils viennent, dit-il, les premiers de tous les dieux célestes ; ils arrivent même avant le lever du soleil. Puis il explique leur nom par une étymologie de fantaisie, à la manière des commenta-

---

(1) Cf. Krisâsvinah, *Pân.*, IV, 2, 66.

teurs indiens. Ils sont appelés *Asvin,* dit-il, de la racine *as* « pénétrer », parce que l'un pénètre tout d'humidité, et l'autre de lumière. Néanmoins il cite *Aurṇavâbha,* qui dérive *Asvin* de *asva* « cheval ». Mais quels sont ces *Asvins?* demande *Yâska.* « Les uns, répond-il, disent que ce sont le ciel et la terre, d'autres que ce sont le jour et la nuit, d'autres encore que ce sont le soleil et la lune; et les légendaires soutiennent que c'étaient deux rois vertueux. »

Examinons maintenant le temps où paraissent les *Asvins.* Yàska le place après minuit, comme la lumière commence alors à empiéter graduellement sur l'obscurité de la nuit; et cela s'accorde bien avec les indications que nous trouvons dans le Rig-Véda, où les *Asvins* paraissent avant l'aurore, « quand la Nuit s'éloigne de sa sœur, l'Aurore, quand celle qui est obscure cède devant celle qui est brillante » (VII, 71, 1); ou « quand une vache noire se place au milieu des vaches brillantes » (X, 61, 4, et VI, 64, 7).

Yâska semble supposer que l'un a fait prévaloir les ténèbres sur la lumière, et que l'autre a donné à la lumière la victoire sur les ténèbres (1). Yâska cite alors différents vers pour prouver que les deux *Asvins* s'appartiennent mutuellement l'un à l'autre (quoique l'un

---

(1) Les paroles de Yàska sont obscures, et le commentateur ne nous aide pas beaucoup à les comprendre. *Tatra yat tamo 'nupravishṭam jyotishi tadbhâgo madhyamaḥ, tan madhyamasya rûpam. Yaj jyotis tamasy anupravishṭam tadbhâgam tadrûpam âdityaḥ* (sic). *Tân etau madhyamottamâv iti svamatam âchâryasya.* Il se peut que *Madhyama* désigne *Indra,* et que *Uttama* désigne *Aditya;* mais alors l'Asvin du matin serait *Aditya,* le soleil, et l'Asvin du soir serait *Indra.* Kuhn, *loc. cit.* p. 442 prend *madhyama* pour *Agni.*

réside au ciel, dit le commentateur, et l'autre dans l'air), qu'ils sont invoqués ensemble, et qu'ils reçoivent les mêmes offrandes. « Vous cheminez durant la nuit comme deux boucs noirs (1). Quand, ô Aśvins, venez-vous ici vers les dieux? »

Toutefois, afin de prouver que les *Aśvins* sont également des êtres distincts, Yâska ajoute un autre demi-vers dans lequel l'un est appelé *Vásátya* (non point *Násatya*) « le fils de la Nuit », et l'autre « le fils de l'Aurore ».

Puis il cite des vers du Rig-Véda (ceux qu'il avait cités précédemment étant tirés d'ailleurs), dans lesquels les *Aśvins* sont appelés *ihéhajâtáu* « nés çà et là », c'est-à-dire de côtés opposés, ou dans l'air et dans le ciel. L'un est *jishnu* « victorieux » celui qui habite l'air; l'autre est *subhaga* « heureux », le fils de *Dyu*, ou du ciel, et il est ici identifié avec *Âditya* ou le soleil. Une autre citation dit : « Éveillez ces deux qui attellent leurs chars le matin! Aśvins, venez ici, pour boire de ce soma. »

Enfin : « Sacrifiez de bonne heure, saluez les Aśvins! Ce n'est pas dans le triste soir qu'est le sacrifice des dieux. Un autre que nous offre le sacrifice, et les attire au loin. Le sacrificateur qui vient le premier, est le plus aimé. »

Yâska suppose que le temps où se montrent les *Aśvins* se prolonge jusque vers le lever du soleil; à ce moment d'autres divinités paraissent et réclament leurs offrandes, et la première d'entre elles toutes est *Ushas*

---

(1) *Petvan* est traduit par *mesha*, non pas *megha*, comme le dit Roth. Cf. *Rv.*, X, 39, 2, *ajá iva*.

« l'Aurore (1) ». Ici encore une distinction est établie entre l'aurore de l'air (laquelle fut énumérée dans les deux livres précédents parmi les divinités du milieu de l'air) et l'aurore du ciel : c'est une distinction difficile à saisir. Car quoique, dans le verset que l'on suppose s'adresser spécialement à l'aurore de l'air, il soit dit qu'elle paraît dans la moitié orientale de *rajas* (et Yâska pense que par *rajas* il faut entendre le milieu de l'air), cependant il n'est guère possible que cela ait constitué une distinction véritable dans l'esprit des poëtes primitifs. « Ces rayons de l'aurore ont produit une clarté dans la moitié orientale de la voûte céleste; ils s'ornent de leur éclat, comme des hommes vigoureux qui tirent l'épée du fourreau : les vaches brillantes s'approchent des mères » (de la lumière, *bhâso nirmâtryaḥ*).

Après *Ushas* vient *Sûryâ*, un féminin de *Sûrya*, c'est-à-dire le soleil conçu comme une déesse, ou, suivant le commentateur, l'Aurore encore sous un nom différent. Dans le Rig-Véda aussi l'Aurore est appelée l'épouse de *Sûrya* (*sûryasya yóshâ*, VII, 75, 5), et les Asvins sont parfois appelés les maris de *Sûryâ* (*Rv.*, IV, 43, 6). Nous lisons dans un brâhmaṇa que *Savitar* donna *Sûryâ* (sa fille?) au roi *Soma* ou à *Prajâpati*. Le commentateur explique ce passage en disant que *Savitar* est le soleil, *Soma* la lune, et *Sûryâ* la lumière de la lune, laquelle provient du soleil. Cependant cette explication semble assez être de pure imagination, et elle sent certainement la mythologie plus moderne.

(1) *Rv.* 1, 46, 14 : *yuvóḥ ushâḥ ánu sríyam párijmanoḥ upá acharat.*

Puis vient *Vrishâkapâyî*, la femme de *Vrishâkapi*. Quelle est cette divinité? C'est ce qu'il est bien difficile de déterminer (1). Le commentaire dit qu'elle est la femme de *Vrishâkapi*, et que *Vrishâkapi* est le soleil, ainsi nommé parce qu'il est enveloppé de vapeurs (*avaśyâvân* ou *avaśyâyavân*). Il est bien probable (2) que *Vrishâkapâyî* n'est encore qu'un autre nom de l'Aurore, conçue comme étant l'épouse du soleil, qui attire ou absorbe les vapeurs de la terre. Elle a, dit-on, *Indra* pour fils, et pour belle-fille *Vâch,* laquelle désignerait ici la foudre (?); mais cette généalogie ne s'accorde guère avec le reste de l'hymne d'où notre verset est extrait, et où il semble que *Vrisâkapâyî* soit la femme d'*Indra* plutôt que sa mère. Ses vaches sont des nuées de vapeur qu'*Indra* absorbe, comme on pourrait dire que le soleil absorbe les vapeurs du matin. En voyant le nom de *Vrishâkapâyî*, il est difficile de ne pas songer à *Erikapaeos*, nom orphique de *Protogonos,* et synonyme de *Phanès, Hélios, Priapos, Dionysos;* mais la conception originelle de *Vrishâkapi* (*vrishan* « taureau, qui arrose »; *kapi* « singe » ou « tremblotant ») n'est pas beaucoup plus claire que celle d'*Erikapaeos,* et nous ne ferions qu'expliquer *obscurum per obscurius.*

Celle qui occupe le rang suivant parmi les divinités du matin est notre *Saranyû*, représentée simplement comme l'Aurore, et suivie de *Savitar*, qui se montre,

---

(1) Suivant Kuhn, elle serait le crépuscule du soir (*loc. cit.* p. 441); mais il ne donne aucune preuve à l'appui de son opinion.

(2) C'est l'opinion de Durga, qui parle d'Ushas *vrishâkapâyya-vasthâyâm.*

est-il dit, quand le ciel est « débarrassé des ténèbres et couvert de rayons. »

Il est inutile de continuer plus longtemps l'examen de cette liste systématique des dieux que nous donne Yâska. Évidemment il connaissait la véritable place occupée par les deux A*svins*, et il savait que l'action de l'un de ces dieux se faisait sentir au commencement du jour, et que, par conséquent, celle de l'autre se manifestait au commencement même de la nuit. Il les dépeint comme des jumeaux, nés en même temps au crépuscule du matin. Cependant il ne faut pas regarder Yâska comme une autorité, excepté dans les cas où l'on peut prouver qu'il est d'accord avec les hymnes du Rig-Véda, auxquels nous allons maintenant revenir.

L'idée dominante dans la conception des Asvins, telle que nous la trouvons dans les hymnes du Rig-Véda, est celle de la corrélation; et cette idée, ainsi que nous l'avons vu, est commune aux Asvins et aux autres divinités jumelles, comme le ciel et la terre, le jour et la nuit, etc. Elle est modifiée, sans aucun doute, d'après les circonstances : les Asvins sont des frères, le Ciel et la Terre sont des sœurs. Mais si nous retirons ces masques, ce que nous trouverons en dessous, ici et ailleurs, ce sera toujours les mêmes acteurs, à savoir, les phénomènes de la nature envisagée sous le double aspect de ses changements quotidiens, — du matin et du soir, de la lumière et de l'obscurité; ce dualisme peut s'étendre au printemps et à l'hiver, à la vie et à la mort, et même au bien et au mal.

Avant que nous quittions les *Asvins* pour aller à la recherche d'autres divinités jumelles, et pour pénétrer en dernier lieu le sens du mythe de *Saraṇyû*, la mère des jumeaux, l'hymne suivant pourra nous aider à graver dans notre esprit le caractère double de ces Dioscures de l'Inde :

« Comme les deux pierres (1), vous vous faites entendre pour un même objet (2). Vous êtes comme deux faucons qui s'élancent vers un arbre où se trouve un nid (3); comme deux prêtres qui récitent leurs prières à un sacrifice; comme les deux messagers d'une tribu que l'on demande dans beaucoup d'endroits. » [1.]

« Venant de bonne heure, comme deux héros sur leurs chars, comme deux boucs jumeaux, vous venez à celui qui vous a choisis; comme deux femmes, belles de corps; comme un mari et une femme sages au milieu de leur peuple. » [2.]

« Comme deux cornes, venez d'abord vers nous; comme deux pieds, vous élançant rapidement; comme deux oiseaux, ô brillants, venez ici chaque jour, comme deux conducteurs de chars (4), ô vous qui êtes forts. » [3.]

« Comme deux vaisseaux transportez-nous de l'autre

---

(1) Employées dans les sacrifices pour broyer la plante du soma et en faire sortir le jus.

(2) *Tádídártham* est employé presque adverbialement pour signifier « dans une même intention. » Ainsi, *Rv.*, IX, 1, 5. « Nous venons voir tous les jours dans une même intention. » Quant à *jar*, je le prends dans le sens ordinaire de « faire entendre un son, du bruit », et plus spécialement de « louer ». On représente souvent les pierres employées pour broyer le soma comme faisant elles-mêmes entendre des louanges, pendant que les prêtres s'en servent (V, 37, 2).

(3) *Nidhi*, originairement « ce où quelque chose est placé », plus tard « trésor ».

(4) *Rathyá*, Cf. V, 76, 1.

côté; comme deux attelages, comme deux moyeux de roue, comme deux rais, comme deux jantes; comme deux chiens qui ne font point de mal à nos jambes; comme deux armures, protégez-nous contre la destruction ! » [4.]

« Comme deux vents, comme deux rivières, votre mouvement est éternel; comme deux yeux, venez avec votre vue vers nous ! Comme deux mains, très-utiles au corps; comme deux pieds conduisez-nous vers la richesse. » [5.]

« Comme deux lèvres, parlant doucement à la bouche; comme deux seins, nourrissez-nous pour que nous vivions. Comme deux narines, comme des gardiens du corps; comme deux oreilles, soyez disposés à nous écouter. » [6.]

« Comme deux mains, rassemblant notre force; comme le ciel et la terre, réunissez les nuages. O Asvins, aiguisez ces chants qui soupirent après vous, aiguisez-les comme fait de l'épée la pierre à aiguiser. » [7.]

De même que les deux *Asvins*, qui sont plus tard distingués par les noms de *Dasra* et *Nâsatya*, nous trouvons un autre couple de dieux, *Indra* et *Agni*, qui sont invoqués ensemble au duel, *Indrâgnî*, ou par le nom de *Indrâ* « les deux Indras », et de *Agnî* « les deux Agnis » (VI, 60, 1), comme le ciel et la terre sont appelés les deux cieux, et comme les *Asvins* sont appelés les deux *Dasras* ou les deux *Nâsatyas*. Indra est le dieu du ciel brillant, *Agni* le dieu du feu, et ils ont chacun leur personnalité distincte; mais, lorsqu'ils sont invoqués ensemble, ils deviennent des puissances corrélatives et sont conçus comme ne formant plus qu'une seule divinité. Chose assez curieuse, ils sont même, dans un passage, appelés *aśvinâ* (1) (I, 109, 4), et ils ont plusieurs autres attributs en commun avec les *Aśvins*. Ils sont appelés des frères, et aussi des jumeaux; et de même que nous avons vu qu'on donnait aux *Aśvins* l'épithète de *ihehajâte* « nés çà et là », c'est-à-dire à des côtés opposés, dans l'est et dans l'ouest, ou dans le ciel et dans l'air, ainsi nous trouvons que quand *Indra* et *Agni* sont invoqués ensemble, ils sont appelés *ihehamâtarâ* « ceux dont les mères sont çà et là » (VI, 59, 2). Des épithètes qu'ils ont en commun avec les *Aśvins* sont *vṛishaṇâ* « taureaux » ou « qui donnent la pluie » (2), *vṛitrahaṇâ* « destructeurs de *Vṛitra* (3) », ou des puissances des ténèbres, *śambhuvâ* « qui donnent le bonheur » (4), *supâṇî* « aux bonnes mains », *vîlupâṇî* « aux fortes mains » (5), *jenyâvasû* « qui possèdent la véritable richesse » (6).

Mais, malgré ces traits de conformité, il ne faut pas supposer qu'*Indra* et *Agni* réunis ne soient qu'une simple répétition des *Aśvins*. Il y a certaines épithètes constamment appliquées aux *Aśvins* (*śubhaspatî*, *vâjinîvasû*, *sudânû*, etc.), et qui ne sont jamais, que je sache, données à Indra et Agni réunis. D'autres épithètes (*sadaspatî*, *sahurî*) accompagnent souvent *Indra* et *Agni*, et ne s'appliquent jamais aux *Aśvins*. En outre, il y a certaines légendes constamment racontées

---

(1) Kuhn, *loc. cit.*, p. 450, cite ce passage et certains autres qui lui semblent prouver qu'Indra était regardé comme issu d'un cheval (X, 73, 10), et qu'Agni était réellement appelé le cheval (II, 35, 6).
(2) Indra et Agni, I, 109, 4; les Aśvins, I, 112, 8.
(3) Indra et Agni, I, 108, 3; les Aśvins, VIII, 8, 9 (vṛitrahantamâ).
(4) Indra et Agni, VI, 60, 14; les Aśvins, VIII, 8, 19; VI, 62, 5.
(5) Indra et Agni, supâṇî, I, 109, 4; les Aśvins, vîlupâṇî, VII, 73, 4.
(6) Indra et Agni, VIII, 38, 7; les Aśvins, VII, 74, 3.

des *Aśvins*, considérés particulièrement comme protégeant les faibles et les mourants, et comme ressuscitant les morts, lesquelles ne sont jamais transportées à *Indra* et *Agni*. Cependant, pour ne laisser aucun doute sur la conformité au moins d'*Indra*, dans certains de ses exploits, avec un des *Aśvins* ou *Nâsatyas*, un des poëtes védiques emploie le nom composé *Indra-Nâsatyau*, Indra et Nâsatya, lequel, à cause du duel qui le suit, ne saurait s'expliquer comme signifiant « *Indra et les deux Aśvins* », mais signifie simplement « *Indra et Nâsatya* ».

Outre ce couple, *Indrâgni*, nous en trouvons quelques autres, mais de moins marquants, qui réfléchissent également le dualisme des *Aśvins* : ce sont *Indra* et *Varuṇa*, *Indra* et *Vishṇu*, et un troisième plus important que les deux autres, *Mitra* et *Varuṇa*. Au lieu d'*Indrâ-Varuṇâ*, nous trouvons encore *Indrâ* (1) « les deux Indras », et *Varuṇâ* « les deux Varunas » (IV, 41, 1). Ils sont appelés *sudânû* (IV, 41, 8), *vrishaṇâ* (VII, 82, 2), *śambhû* (IV, 41, 7), *mahâvasû* (VII, 82, 2). *Indrâ-Vishṇû* sont même appelés *dasrâ*, le nom ordinaire des *Aśvins* (VI, 69, 7). Or *Mitra* et *Varuṇa* désignent clairement le jour et la nuit. Ils sont, eux aussi, comparés à des chevaux (VI, 67, 4), et ils ont certaines épithètes en commun avec les dieux jumeaux, *sudânû* (VI, 67, 2), *vrishaṇau* (I, 151, 2). Mais leur caractère se dessine avec une netteté bien plus grande, et, quoiqu'ils aient évidemment été des forces physiques dans leur conception première, ils

---

(1) Comme en latin Castores et Polluces, au lieu de Castor et Pollux.

s'élèvent jusqu'à être des puissances morales, et sous ce rapport ils ont une supériorité marquée sur les *Aśvins* et *Indrâgnî*. Leur nature physique se reconnaît dans un hymne de *Vasishtha* (VII, 63) : —

« Le soleil, commun à tous les hommes, l'heureux, celui qui voit tout, s'avance; l'œil de Mitra et Varuṇa, le brillant; lui qui roule les ténèbres comme on roule une peau pour l'enlever. »

« Il s'avance, celui qui ranime les hommes; c'est la grande lumière ondoyante du soleil : voulant faire tourner cette même roue que tire son cheval *Etaśa*, et qui est attachée à l'attelage. »

« Resplendissant, il s'élève du sein de l'aurore; loué par les chantres, mon dieu Savitar s'est avancé, lui qui ne manque jamais le même endroit. »

« Il s'avance, celui qui brille au ciel, qui voit et qui darde au loin, le voyageur éclatant; animés par le soleil, les hommes vont sûrement à leurs travaux et achèvent leur ouvrage. »

« Là où les immortels lui ont fait une route, il suit son chemin, s'élevant comme un faucon. Nous vous adorerons, *Mitra et Varuṇa*, quand le soleil se sera levé, avec des louanges et des offrandes. »

« *Mitra*, *Varuṇa* et *Aryaman* accorderont-ils leurs faveurs à nous et à notre famille? Puisse tout nous être toujours doux et facile! Protégez-nous toujours par vos bénédictions! »

Le caractère moral et divin de Mitra et Varuṇa éclate plus vivement encore dans l'hymne suivant (VII, 65):

« Lorsque le soleil s'est levé, je vous invoque avec des hymnes, *Mitra* et *Varuṇa*, pleins d'une sainte force; vous dont l'impérissable divinité est la plus ancienne, et qui poursuivez votre route avec la connaissance de toutes choses (1). »

« Car ces deux sont les esprits vivants parmi les dieux ; ce sont les maîtres ; rendez nos champs fertiles. Puissions-nous aller auprès de vous, *Mitra* et *Varuṇa*, là où ils nourrissent les jours et les nuits. »

« Ce sont des ponts faits de nombreuses cordes tressées qui mènent au-delà de l'impiété, et il est difficile pour les mortels ennemis de les traverser. Laissez-nous passer, *Mitra et Varuṇa*, sur votre chemin de justice, et que nous traversions le péché, comme sur un navire on traverse l'eau. »

Maintenant, si nous demandons qui a pu être conçu originairement comme le père de toutes ces divinités corrélatives, nous comprendrons facilement que ç'a dû être quelque puissance suprême, laquelle se trouve en dehors des révolutions quotidiennes du monde, par exemple, le ciel conçu comme le père de toutes choses, ou quelque divinité encore plus abstraite, comme *Prajâpati* « le seigneur de la création », *Tvashtar* « celui qui façonne », ou *Savitar* « le créateur ». Leur mère, au contraire, devait représenter quelque endroit où les jumeaux se rencontrent, et d'où ils semblent s'élancer ensemble pour leur course de chaque jour. Ce devait être soit l'aurore, soit le crépuscule, le lever ou le coucher du soleil, l'est ou l'ouest, lesquels n'étaient pas alors conçus comme étant de simples abstractions, mais comme des êtres mystérieux, comme des mères, comme des puissances contenant en elles tout le mystère de la vie et de la mort,

---

(1) Le sens de ce dernier membre de phrase est incertain.

qui, de cette manière, était placé isiblement devant les yeux de l'adorateur dont il provoquait les réflexions. L'aurore, qui pour nous n'est qu'un admirable spectacle, était le problème des problèmes pour l'homme primitif qui la contemplait et y réfléchissait. C'était la région inconnue d'où sortaient chaque jour ces emblèmes resplendissants d'une puissance divine qui laissaient dans l'esprit de l'homme la première impression et la première révélation d'un autre monde, d'une puissance supérieure, de l'ordre qui règne dans l'univers, et de la sagesse qui le gouverne. Ce que nous nous contentons d'appeler le lever du soleil, était pour nos premiers ancêtres l'occasion de se proposer sans cesse l'énigme difficile à comprendre entre toutes, l'énigme de l'existence. Les jours de leur vie naissaient de ce sombre abîme, qui, chaque matin, rayonnait de lumière et semblait animé de vie. Leur jeunesse, leur âge viril, leur vieillesse, étaient tous, aux yeux des bardes védiques, le don de cette mère céleste, qui, chaque matin, apparaissait brillante, jeune, non changée, immortelle, tandis que tout le reste semblait vieillir, s'altérer, tomber, et enfin disparaître sans retour. C'était là, dans cette chambre éclatante, que, comme leurs poëtes le disaient, les matins et les jours étaient filés, ou, avec une image différente, que les matins et les jours étaient nourris (X, 37, 2; VII, 65, 2), et que la vie ou le temps était déroulé (1, 113, 16). C'était là que le mortel souhaitait d'aller pour se trouver avec Mitra et Varuṇa. Toute la théogonie et toute la philosophie du monde antique se concentraient dans l'Aurore, la mère des dieux brillants, du soleil envisagé sous ses aspects divers, du matin, du jour, du printemps; elle-même, elle était l'image resplendissante, la figure de l'immortalité.

Il nous est naturellement impossible d'entrer pleinement dans les pensées et les sentiments qui traversèrent l'esprit des poëtes primitifs lorsqu'ils formèrent des noms pour désigner cet orient lointain d'où l'aube du jour, d'où le soleil, d'où leur propre vie semblaient sortir. Au commencement de chaque jour, une vie nouvelle jaillissait devant leurs yeux, et les fraîches brises du matin arrivaient jusqu'à eux comme des messages qui leur étaient apportés d'au-delà du seuil doré du ciel, de ces terres lointaines situées au-delà des monts, au-delà des nuages, au-delà de l'aurore et de « la mer immortelle qui nous a portés ici ». L'Aurore leur semblait ouvrir des portes d'or à travers lesquelles le soleil devait passer en triomphe, et, tandis que ces portes étaient ouvertes, leurs yeux et leurs esprits tâchaient, à leur manière enfantine, de pénétrer au-delà des limites du monde fini. Ce spectacle silencieux éveillait dans l'âme humaine la conception de l'infini, de l'immortel, du divin, et les noms de l'aurore devinrent naturellement les noms de puissances supérieures. *Saraṇyû*, l'Aurore, était appelée la mère du Jour et de la Nuit, la mère de *Mitra* et de *Varuṇa* (les divins représentants de la lumière et de l'obscurité), la mère de tous les dieux brillants (I, 113, 19), la figure d'*Aditi* (I, 113, 19) (1). Or, quelle que soit la signification étymologique d'*Aditi* (1), il est

---

(1) *Rv.* VIII, 25, 3 : tấ mâtấ — mahí jejâna Aditiḥ. Cf. VIII, 101, 15; VI, 67, 4.

clair que cette divinité se rattache à l'Aurore, qu'elle représente ce qui est au-delà de l'aurore, et qu'elle a été élevée au rang d'emblème du divin et de l'infini. *Aditi* est appelée *nâbhir amṛitasya* (*umbilicus immortalitatis*), le cordon qui joint ensemble l'immortel et le mortel. Ainsi le poëte s'écrie (I, 24, 1) : « Qui nous rendra à la grande *Aditi* (à l'Aurore, ou plutôt à celle de qui nous sommes venus), pour que je puisse voir mon père et ma mère? » *Âditya*, littéralement le fils d'*Aditi*, devint le nom non-seulement du soleil, mais d'une classe de sept dieux (2), et des dieux en général. Nous lisons (*Rv.*, X, 63, 2) : « O cieux qui êtes nés d'Aditi du sein des eaux, qui êtes nés de la terre, entendez mon appel. » Comme tout est venu d'*Aditi*, elle est appelée non-seulement la mère de Mitra, de Varuṇa, d'Aryaman et des Âdityas, mais aussi, en général, la mère des Rudras (les orages), la fille des Vasus, la sœur des Âdityas (3). « Aditi est le ciel (4), Aditi est l'air, Aditi est père, mère, fils; tous les dieux sont Aditi, et les cinq tribus; Aditi est ce qui est né, Aditi est ce qui naîtra (5). » Plus tard elle est la mère de tous les dieux (6).

Dans l'*Essai sur la Mythologie comparée*, que j'ai publié dans les *Oxford Essays* (1856), j'ai réuni un

---

(1) Bœhtlingk et Roth dérivent *aditi* de *a* et de *diti*, et ils font venir *diti* de *dâ* ou *do* « couper »; ce serait donc littéralement l'*infini*. Cette étymologie est douteuse, mais je n'en connais point de meilleure.
(2) *Rv.*, IX, 114, 3 : Devâḥ Âdityâḥ yé saptá.
(3) *Rv.*, VIII, 101, 15.
(4) Cf. *Rv.*, X, 63, 3.
(5) *Rv.*, I, 89, 10.
(6) Voir Bœhtlingk et Roth, à ce mot.

certain nombre de légendes (1) qui ont été racontées originairement de l'Aurore. Je ne sache pas qu'on ait jamais opposé soit des faits, soit des arguments aux interprétations que j'ai données de ces mythes. Quant aux difficultés signalées par des savants tels que *Curtius* et *Sonne*, j'espère les avoir écartées en exposant mes vues d'une manière plus complète. La difficulté qui m'a frappé moi-même comme étant la plus sérieuse, c'est le caractère monotone de ces légendes de l'aurore et du soleil. « Est-ce que tout est donc l'Aurore? Est-ce que tout est le Soleil? » C'est là une question que je me suis faite maintes fois à moi-même avant qu'elle me fût adressée par d'autres. Je ne sais si j'ai réussi à résoudre au moins en partie cette objection par les remarques sur la situation proéminente que l'aurore et ses phénomènes occupent dans la philosophie inconsciente du monde ancien; mais je dois dire que mes propres recherches me ramènent sans cesse à l'aurore et au soleil comme formant le thème principal des mythes de la race aryenne.

Je ne citerai qu'un autre exemple aujourd'hui, avant de revenir au mythe de *Saranyû*. Nous avons vu que beaucoup de noms de divinités différentes ont été dérivés d'une seule et même racine, *dyu* ou *div*. Je crois que la racine *ah* (2), qui a donné en sanscrit *Ahanâ*

---

(1) Éos et Tithonos; Képhalos, Procris, et Éos; Daphné et Apollon; Urvaśî et Purûravas; Orphée et Eurydice; Charis et Éros.

(2) La racine *ah* se rattache à la racine *dah*, d'où dérive *Daphné* (Cf. *aś*, d'où vient *aśru*, et *daś*, d'où vient δάκρυ). Curtius donne la forme thessalienne, δαύχνη pour δάφνη. (Griech. Et., II, 68.) Il admet mon explication de Daphné comme représentant l'aurore, mais il dit : « Si nous pouvions seulement voir pourquoi l'aurore est changée

(Aghnyâ, c'est-à-dire Ahnyà) « l'Aurore », *ahan* et *ahar* (1) « jour », a fourni également le germe d'*Athênê*. D'abord, quant aux lettres, on sait que le *h* sanscrit est souvent l'exposant neutre des aspirées douces gutturale, dentale et labiale. *H* est guttural, comme dans *arh* et *argh*, dans *ranh* et *rangh*, dans *mah* et *magh*. Il est dental, comme dans *vrih* et *vridh*, dans *nah* et *naddha*, dans *saha* et *sadha*, dans *hita* au lieu de *dhita*, dans *hi* (impératif) et *dhi*. Il est labial, comme dans *grah* et *grabh*, dans *nah* et *nâbhi*, dans *luh* et *lubh*. Limitant notre observation à la permutation de *h* en *dh*, ou de *dh* en *h*, nous trouvons d'abord dans des dialectes grecs des variations telles que *órnichos* et *órnithos*, *ichma* et *ithma* (2). En second lieu, la racine *ghar* ou *har*, laquelle nous donne en sanscrit *gharma* « chaleur », est certainement le *ther* grec, qui nous donne *thermós* « chaud » (3). Si l'on nous objecte

---

en laurier! N'est-ce pas par une simple homonymie? L'aurore était appelée δάφνη « enflammée », et le laurier avait reçu le même nom parce que son bois brûle facilement; puis les deux noms, comme d'ordinaire, furent supposés n'en former qu'un seul. » Voir *Etym. M.*, p. 250, 20; δαυχμὸν εὔκαυστον ξύλον; Hésych. δαυχμὸν ἔγκαυστον ξύλον δάφνης (l, εὔκαυστον ξύλον, δάφνην, Ahrens, *Dial. Græc.*, II, 532). Legerlotz dans la Zeitschrift de Kuhn, VII, 292.

(1) Ἀχιλλεύς, le héros solaire mortel, est-il *Aharyu*? Le changement de *r* en *l* commence dans la divinité indienne *Ahalyâ*, laquelle est expliquée par Kumârila comme étant la déesse de la nuit, aimée et détruite par Indra (voir Max Müller, *History of Sanskrit Literature* p. 530). Comme Indra est appelé *ahalyâyai jâraḥ*, il est plus probable qu'*Ahalyâ* était l'aurore. *Leuké*, l'île des bienheureux, le séjour des héros après leur mort, est appelée *Achilléa. Schol. Pind. Nem.*, 4, 49. Jacobi, *Mythologie*, p. 12. Ἀχαιός pourrait être *Ahasya*, mais *Achivus* nous indique une autre direction.

(2) Cf. Mehlhorn, *Griech. Grammatik*, p. 111

(3) Voir Curtius, *Griechische Etymologie*, II, 79.

que ceci ne prouverait que le changement du *h* sanscrit en θ grec comme lettre initiale et non pas comme lettre finale, nous pouvons citer le sanscrit *guh* « cacher », grec *keúthō*, et peut-être le sanscrit *rah* « écarter », grec *lath* (1). Pareillement donc la racine *aha*, qui serait régulièrement en grec *ach*, aurait également pu y revêtir la forme *ath*. Quant à la terminaison, c'est la même que nous trouvons dans *Selêné*, le sanscrit *âná*. Par conséquent, quant aux lettres, *Athéné* correspondrait à une forme sanscrite *Aháná*, laquelle ne diffère que légèrement de *Ahaná* (2), un des noms consacrés de l'Aurore dans le Véda.

Quels sont donc les traits que possèdent en commun Athéné et l'Aurore? L'Aurore est fille de Dyu, Athéné est fille de Zeus. Homère ne connaît pas de mère pour Athéné, et le Véda ne cite pas non plus le nom d'une mère de l'Aurore, quoiqu'il soit question de ses parents au duel (I, 123, 5).

Bien que la naissance extraordinaire d'Athéné ne soit décrite que dans les poëtes postérieurs à Homère, ce mythe est sans doute d'ancienne date, car il semble n'être rien de plus qu'une traduction grecque de la phrase sanscrite qui disait qu'Ushas, l'Aurore, était sortie de la tête de Dyu, de *mûrdhâ divah*, l'Orient, le front du ciel. A Rome cette déesse était appelée *Capta*, c'est-à-dire *Capita*, de *caput* « la tête (3) », à

---

(1) Schleicher, *Compendium*, § 125, et p. 711. Raumer, *Gesammelte sprachwissenschaftliche Schriften*, p. 84.

(2) Pour des exemples de changements comme celui de *ana* et *ána*, voir Kuhn, *Herabkunft des Feuers*, p. 28.

(3) Gerhard, *Griechische Mythologie*, § 253, 3. Preller, *Römische Mythologie*, p. 260, *note*.

Messène on la nommait *Koryphasia,* à Argos *Akria.* Un des principaux traits de l'Aurore dans le Véda, c'est qu'elle s'éveille la première (I, 123, 2), et qu'elle réveille les hommes. En Grèce, le coq, l'oiseau du matin, est, après le hibou, l'oiseau d'Athéné. Si Athéné est la déesse vierge, Ushas, l'Aurore, est aussi *yuvatiḥ* « la jeune vierge », *arepasâ tanvâ* « au corps immaculé ». Cependant, en se plaçant à un autre point de vue, on a donné des époux et à Athéné et à Ushas, mais plus facilement à la déesse indienne qu'à la déesse grecque (1). C'est surtout le Véda qui nous apprend comment Athéné, étant l'aurore, avait pu devenir la déesse de la Sagesse. En sanscrit *budh* signifie « réveiller » et « connaître » (2); c'est pourquoi la déesse qui réveillait les hommes était conçue involontairement comme celle qui leur donnait la science. Ainsi il est dit qu'elle chasse l'obscurité, et que grâce à elle ceux dont la vue est faible peuvent voir bien loin (1, 113, 5). Nous lisons (I, 92, 6) : « Nous avons franchi les limites de ces ténèbres ; l'aurore venant à briller nous donne la lumière ». Mais *vayúnâ* « lumière » a aussi une double signification, et signifie « connaissance » beaucoup plus fréquemment et plus distinctement que « lumière ». Dans le même hymne (I, 92, 9) nous trouvons ce verset :

« Éclairant tous les mondes, l'Aurore, qui est née dans l'Orient, qui a la vue perçante, brille au loin ; réveillant tous les mortels pour qu'ils se lèvent et marchent, elle a reçu des louanges de tous ceux qui pensent. »

(1) Gerhard, *Griechische Mythologie,* § 267, 3.
(2) *Rv.* I, 29, 4 : saśantu tyàḥ àràtayaḥ bódhantu sùra ràtáyaḥ.

Ici les germes d'où est sortie l'Athéné grecque sont assez clairement visibles. Il va sans dire qu'elle devint une divinité fort différente de l'Ushas indienne, lorsque les Athéniens l'adorèrent comme la déesse tutélaire de la Cité du matin. Mais, quoique nous devions étudier soigneusement tout ce qui contribua au développement ultérieur de la déesse brillante, née du ciel, je crois que nous pouvons dès maintenant tenir pour certain que cette tête d'où elle était sortie n'était autre que le front du ciel.

Il est curieux que, dans la mythologie de l'Italie, Minerve, qui était identifiée avec Athéné, ait pris, dès le commencement, un nom qui semble exprimer plutôt le caractère intellectuel que le caractère physique de la Déesse de l'aurore. *Minerva*, ou *Menerva* (1), se rattache évidemment à *mens*, le grec *ménos*, le sanscrit *manas*, « esprit »; et de même que le sanscrit *śiras*, grec *kéras* « corne », fait en latin *cervus*, ainsi le sanscrit *manas*, grec *ménos*, est *Menerva* en latin. Mais il ne faut pas oublier qu'en latin *māne* est le matin; que *Mānia* est un ancien nom de la mère des Lares (2); que *mānare* se dit spécialement du soleil levant (3); et que *Mātuta*, pour ne pas parler d'autres mots de la même famille, est l'Aurore. Ceci semblerait prouver que la racine *man*, qui dans les autres langues aryennes est surtout connue comme signifiant « penser », fut réservée en latin, dès une époque très-

---

(1) Preller, *Römische Mythologie*, p. 258.
(2) Varro, *Ling. Lat.*, 9, 38, § 61, éd. Müller.
(3) Manat dies ab oriente. Varro, L. L., 6, 2, 52, § 4. Manare solem antiqui dicebant, quum solis orientis radii splendorem jacere cœpissent. Festus, p. 158, éd. Müller.

ancienne, comme le sanscrit *budh*, pour exprimer le réveil de la conscience de toute la nature à l'approche de la lumière du matin, à moins qu'il n'y ait eu, pour exprimer cette idée, une autre racine entièrement distincte et particulière au latin. Les deux idées semblent certainement se tenir de bien près; la seule difficulté est de découvrir si c'est l'idée de *bien éveillé* qui a conduit à celle d'*intelligent, capable,* ou *vice versâ*. En tout cas j'incline à admettre dans le nom de Minerve un souvenir de l'idée exprimée dans *Matuta*; et même dans *promenervare*, employé dans le *Carmen saliare* (1) pour signifier « avertir », je soupçonne qu'il doit y avoir un reste du sens primitif d'*éveiller*.

La tradition qui fait d'Apollon le fils d'Athéné (2), quoiqu'elle paraisse moderne et qu'elle semble avoir été peu répandue, n'a rien d'invraisemblable, si nous regardons Apollon comme le dieu-soleil qui s'élève de la splendeur de l'aurore. L'Aurore et la Nuit sont souvent mises l'une pour l'autre, et quoique, dans la conception originelle de la naissance d'Apollon et d'Artémis, ils fussent certainement considérés tous deux comme les enfants de la nuit, *Lētō* ou Latone, cependant même alors la place ou l'île qui, d'après la fable, les avait vus naître, c'est Ortygie, appelée plus tard Délos, ou bien Délos, appelée plus tard Ortygie, ou bien encore Ortygie et Délos à la fois (3). Or *Délos* est simplement l'île brillante; mais *Ortygie*, bien que ce nom

---

(1) Festus, p. 205. Paul. Diac., p. 123. Minerva dicta quod bene moneat.
(2) Gerhard, *loc. cit.*, § 267, 3.
(3) Jacobi, p. 574, *note*.

ait été donné plus tard à divers endroits (1), est l'aurore ou la terre de l'aurore. *Ortygia* dérive de *oryx* « caille ». La caille s'appelle en sanscrit *vartikâ*, c'est-à-dire « l'oiseau qui revient », parce qu'elle est un des premiers oiseaux qui reviennent avec le printemps. Ce même nom, *Vartikâ,* est donné dans le Véda à l'un des nombreux êtres qui sont délivrés ou ranimés par les Aśvins, c'est-à-dire par le jour et la nuit ; et je crois que *Vartikâ* « celle qui revient » est encore une des nombreuses appellations de l'Aurore. L'histoire de Vartikâ est fort courte. « Elle a été avalée, mais elle a été délivrée par les Aśvins » (I, 112, 8). « Elle a été délivrée par eux de la gueule du loup » (I, 117, 6 ; 116, 14 ; X, 39, 13). « Elle a été délivrée par les Aśvins de l'agonie » (I, 118, 8). Ce ne sont là que des répétitions, sous forme de légendes, des vieilles expressions « l'Aurore ou la caille arrive », « la caille est avalée par le loup », « la caille a été délivrée de la gueule du loup ». De là nous avons *Ortygie,* la terre des cailles, l'Orient, l'île sortie miraculeusement des flots, où Léto mit au monde ses jumeaux solaires, et de là nous avons aussi *Ortygie,* nom donné à Artémis, fille de Léto, parce qu'elle était née dans l'Orient.

L'Aurore, ou plutôt la mère de l'aurore et de toutes les splendeurs qui l'accompagnent, occupait naturellement, dans les idées religieuses du monde jeune encore, une place bien plus importante que cette autre lumière qui, dans le langage ancien, s'appelait sa sœur, le crépuscule du soir, la fin du jour, l'approche de l'obscurité, du froid, et peut-être de la mort.

(1) Gerhard, *Griechische Mythologie,* § 335, 2.

A l'aurore appartenaient les charmes qui nous séduisent dans les choses qui commencent et dans la jeunesse ; et, à un point de vue, on pouvait même regarder la nuit comme étant née de l'aurore, en tant que la nuit est la sœur jumelle du jour. A mesure que l'enfant brillant déclinait, le sombre enfant grandissait ; quand ce dernier commençait à se retirer, l'enfant brillant revenait : tous deux ils étaient nés de la même mère, — tous deux semblaient être sortis en même temps du sein brillant de l'Orient. Il était impossible de tirer une ligne exacte, et de dire où le jour commençait et où il finissait, ou de marquer le commencement et la fin de la nuit. Quand la lumière entre dans l'obscurité, comme disaient les brahmanes, alors un des jumeaux paraît ; lorsque l'obscurité entre dans la lumière, alors l'autre jumeau le suit. « Les jumeaux vont et viennent : » c'était là tout ce que les anciens poëtes avaient à dire sur la marche rapide des heures du jour et de la nuit ; c'était le dernier mot qu'ils pussent trouver, et, comme mainte bonne expression d'autrefois, celle-ci subit aussi le sort de tout langage vivant ; elle devint une formule, un adage, un mythe.

Nous savons quelle était la mère des jumeaux ; c'était l'aurore qui meurt en donnant naissance au matin et au soir ; ou, si nous adoptons la manière de voir de Yâska, c'était la nuit qui disparaît à la naissance du nouveau couple. Cette mère des jumeaux pouvait recevoir tous les noms de l'aurore, et même les noms de la nuit pouvaient rendre un côté de son caractère. Près d'elle est la place d'où s'élancent les coursiers du soleil pour parcourir leur route de chaque jour (1).

(1) Telle est, je pense, l'origine du mythe d'Aśvattha, primitive-

Près d'elle aussi est l'étable où sont enfermées les vaches, c'est-à-dire les jours brillants qui se suivent comme un troupeau de vaches : tous les matins le soleil les fait sortir et les conduit à leurs pâturages; tous les soirs des voleurs les emmènent et les cachent dans leur caverne noire, mais pour les rendre encore, après ce combat du crépuscule du matin, dont l'issue n'est jamais douteuse.

Comme l'aurore porte beaucoup de noms, il en est de même pour ses enfants; et de même que le nom le plus général est *Yamasûh* « la mère des jumeaux » (1), ainsi le nom le plus général de ses enfants est *Yamau* « les jumeaux ». Nous avons vu ces jumeaux représentés comme des hommes, les *Aśvins, Indra* et *Agni, Mitra* et *Varuṇa*. Nous avons vu que les mêmes puissances pouvaient être conçues comme des femmes, et alors elles sont dépeintes non-seulement comme étant deux sœurs, mais encore comme étant deux sœurs jumelles. Par exemple, *Rv.*, III, 55, 11 :

« Les deux sœurs jumelles (2) ont fait que leurs corps diffèrent; l'une d'elles est brillante, l'autre sombre : quoique la sombre et la brillante soient deux sœurs, la grande divinité des dieux est *une*. »

Par un simple tour du kaléidoscope mythologique, ces deux sœurs, la lumière du jour et l'obscurité de la nuit, au lieu d'être les enfants de l'Aurore, paraissent dans un autre poëme comme les deux mères du soleil. *Rv.*, III, 55, 6 :

ment « station de chevaux », et qui a été confondu ensuite avec *aś-vattha*, ficus religiosa. Voir cependant Kuhn, *Zeitschrift*, I, p. 467.

(1) *Rv.*, III, 39, 3. Yamasûḥ, yamau yamalau sûta iti yamasûr usho 'bhimânini devatâ. Sâ yamâ yamalâv Aśvinâv atroshahkâle 'sûta.

(2) *Yamyá*, duel au féminin; cf. V, 47, 5.

« Cet enfant qui s'était endormi dans l'Occident, marche maintenant seul, ayant deux mères, mais n'étant pas conduit par elles; ce sont les œuvres de Mitra et de Varuṇa, mais la grande divinité des dieux est *une*. »

Dans un autre hymne, il est dit que les deux jumelles nées ici et là (*ihehajâte*), qui portent l'enfant, sont différentes de sa mère (V, 47, 5), et dans un endroit il semble que l'une des deux soit appelée la fille de l'autre (III, 55, 12).

Nous ne devons donc pas nous étonner de voir que les deux mêmes êtres, quelque nom que nous voulions leur donner, étaient quelquefois représentés comme du sexe masculin et du sexe féminin, comme frère et sœur, et aussi comme frère jumeau et sœur jumelle. Dans ce dialecte mythologique le jour serait le frère jumeau, *Yama;* la nuit serait la sœur jumelle, *Yamî;* — et ainsi nous sommes arrivés enfin à une solution du mythe que nous désirions expliquer. Un certain nombre d'expressions s'était formé, comme : « la mère des jumeaux », c'est-à-dire l'Aurore; « les jumelles », c'est-à-dire la Nuit et le Jour; « ceux qui sont nés du coursier » ou « les cavaliers », c'est-à-dire le Matin et le Soir; « Saraṇyù est épousée par Vivasvat », c'est-à-dire l'Aurore embrasse le ciel; « Saraṇyù a laissé ses jumeaux derrière elle », c'est-à-dire l'Aurore a disparu, il fait jour; « Vivasvat prend sa seconde femme », c'est-à-dire le soleil se couche dans le crépuscule du soir; « le cheval court après sa cavale », c'est-à-dire le soleil s'est couché. Réunissez ces phrases, et l'histoire, telle qu'elle est racontée dans l'hymne du Rig-Véda, est achevée. L'hymne ne fait pas mention de *Manu*, comme fils de *Savarṇâ;* il ne fait que donner ce nom à la seconde femme de Vivasvat, et par là il ne veut dire que ce que le mot lui-même implique, à savoir que la seconde femme de Vivasvat ressemblait à la première, comme le crépuscule du soir ressemble au crépuscule du matin. La fable de Manu est probablement de date plus moderne. Pour une raison ou pour une autre, Manu, l'ancêtre mythique de la race humaine, était appelé *Sâvarṇi*, ce qui signifiait peut-être le Manu « de toutes les couleurs », c'est-à-dire de toutes les tribus et de toutes les castes. Ce nom a peut-être rappelé aux brahmanes *Savarṇâ*, la seconde femme de Vivasvat, et comme Manu était appelé *Vaivasvata* « l'adorateur », et plus tard « le fils de Vivasvat », le *Manu Sâvarṇi* pouvait naturellement être pris pour le fils de *Savarṇâ*. Toutefois je n'offre ceci que comme une conjecture, en attendant que l'on trouve quelque explication plus plausible du nom et du mythe de *Manu Sâvarṇi*.

Mais il sera nécessaire de poursuivre encore plus loin l'étude de l'histoire de *Yama*, le jumeau proprement dit. Dans le passage examiné précédemment, *Saraṇyû* est appelée simplement « la mère de *Yama* », c'est-à-dire la mère du jumeau, mais il n'y est pas fait mention de *Yamî*, la sœur jumelle. Cependant *Yamî*, elle aussi, était bien connue dans le Véda, et il y a un dialogue curieux entre elle et son frère, où elle, (la nuit) supplie son frère (le jour) de la prendre pour sa femme, et où il refuse son offre parce que « on a appelé, dit-il, un péché, qu'un frère épouse sa sœur » (X, 10, 12).

Maintenant se présente cette question : Est-il possible que *Yama*, ayant signifié originairement « jumeau », ait jamais pu être employé seul comme nom d'une divinité? Nous pouvons parler de jumeaux; et nous avons vu que, dans les hymnes du Véda, plusieurs divinités corrélatives sont dépeintes comme étant jumelles; mais peut-on parler d'un jumeau et donner ce nom à un dieu indépendant, adoré sans qu'il soit plus question de la divinité correspondante, de celle qui complète le couple? Les six saisons, composées chacune de deux mois, sont appelées les six jumelles (*Rv.*, I, 164, 15); mais aucun mois en particulier ne pouvait pour cela être appelé proprement le jumeau (1).

Rien ne saurait être plus clair que le passage suivant (X, 8, 4) :

« O Vasu (soleil), tu arrives le premier à chaque aurore! c'est toi qui as divisé les deux jumeaux, » c'est-à-dire le jour et la nuit, le matin et le soir, la lumière et l'obscurité, Indra et Agni, etc.

Examinons maintenant un verset (*Rv.*, I, 66, 4) où l'on suppose qu'Yama seul signifie « le jumeau », et plus particulièrement Agni. L'hymne tout entier est adressé à Agni, le feu, ou la lumière, dans son caractère le plus général. Je traduis littéralement :

« Comme une armée abandonnée à elle-même, il déploie sa force, comme la flèche à la pointe de feu tirée par l'archer. Yama est né, Yama naîtra, l'amant des filles, le mari des femmes. »

Ce verset, on le voit, est rempli d'allusions, que comprenaient facilement les auditeurs des poëtes védiques, mais qui sont pour nous de véritables

---

(1) Quant à yamau et à yamâh, voir *Rv.*, X, 117. 9; V. 57, 4 ; X, 13, 2.

énigmes dont on ne peut espérer trouver la solution, si tant est qu'il soit possible d'y parvenir. Or, tout d'abord, je ne regarde pas Yama comme étant un nom d'*Agni*, ni même comme étant un nom propre; mais, me rappelant qu'Agni et Indra étaient des jumeaux qui représentent le jour et la nuit, je traduis :

« (Un) jumeau est né, (un autre) jumeau naîtra, » c'est-à-dire Agni, à qui l'hymne est adressé, est né, le matin a paru; son frère jumeau, ou, si vous le voulez, son autre lui-même, le soir, naîtra.

Je crois que les mots suivants, « l'amant des filles », « le mari des femmes », contiennent une simple répétition du premier hémistiche. Le soleil levant, ou la lumière du matin, est appelé l'amant des filles, ces filles étant les splendeurs de l'aurore, au milieu desquelles le soleil se lève. Ainsi (I, 152, 4) il est dit : « Nous le voyons paraître, l'amant des filles (1), l'invincible. »

Dans le *Rv.*, I, 163, 8, les paroles suivantes sont adressées au cheval-soleil, ou au soleil envisagé comme un cheval :

« Après toi, il y a le char; après toi, Arvan, l'homme; après toi, les vaches; après toi, la troupe des filles. »

Ici les vaches et les filles ne sont en réalité que deux images qui représentent une même chose, les jours brillants, les aurores souriantes.

Dans le *Rv.*, II, 15, 7, nous voyons cité *Parâvṛij*, nom qui, comme *Chyâvana* (2) et d'autres noms en-

---

(1) Sâyana explique avec raison *kanînâm* par *ushasâm*.
(2) Dans le *Rv.*, I, 116, 10, il est dit que les Asvins ont rétabli le vieux *Chyavâna* dans sa condition du mari des filles.

core, n'est qu'un masque derrière lequel nous trouvons toujours le soleil qui revient le matin après avoir disparu le soir :

« Connaissant la cachette des filles, il (le vieux soleil) s'est levé aux yeux de tous, lui qui sait s'échapper; le (soleil) boiteux a marché, le (soleil) aveugle a vu ; Indra a accompli ceci lorsqu'il était enflammé par le soma. »

La retraite où les filles se cachent est celle où se cachent les vaches, c'est l'orient, la patrie et la demeure des aurores toujours jeunes; et dire que l'amant des filles est là (1), n'est qu'une nouvelle expression pour « le jumeau est né ».

Járah « amant » est aussi employé tout seul pour désigner le soleil levant :

Rv., VII, 9, 1 : « L'amant s'est éveillé sur le sein de l'Aurore ».

Rv., I, 92, 11 : « La femme (l'Aurore) brille de l'éclat de l'amant. »

Que signifie maintenant « le mari des femmes » ? Bien que le sens de cette expression soit plus douteux, il me semble assez probable qu'elle désignait originairement le soleil du soir, environné des splendeurs du crépuscule, lesquelles sont, en quelque sorte, une répétition plus sereine de l'aurore. L'Aurore elle-même est aussi appelée « la femme » (IV, 52, 1); mais, dans un autre passage, cette expression « le mari des femmes » s'applique clairement au soleil couchant.

---

(1) Pûshan est appelé l'amant de sa sœur, le mari de sa mère (VI, 55, 4 et 5; X, 3, 3 : svásâram járah abhí eti paschât).

Rv., IX, 86, 32 : « Le mari des femmes approche de la fin (1) ». Si cette interprétation est la vraie, « le mari des femmes » serait identique avec « le jumeau qui doit naître »; et de cette manière le vers tout entier nous offrirait un sens suivi :

« Un jumeau est né (le soleil levant ou le matin), un autre jumeau naîtra (le soleil couchant ou le soir); l'amant des filles (le jeune soleil), le mari des femmes (le vieux soleil). »

Les traductions suivantes de ce seul vers, proposées par différents savants, donneront quelque idée de la difficulté de l'exégèse védique :

Rosen : « Sociatæ utique Agni sunt omnes res natæ, sociatæ illi sunt nasciturae, Agnis est pronubus puellarum, maritus uxorum. »

Langlois : « Jumeau du passé, jumeau de l'avenir, il est le fiancé des filles, et l'époux des femmes. »

Wilson : « Agni, comme Yama, est tout ce qui est né; comme Yama, tout ce qui naîtra : il est l'amant des jeunes filles, le mari des femmes. »

Kuhn : « Le jumeau (Agni) est celui qui est né; le jumeau est ce qui doit naître. »

Benfey : « Seigneur né, il gouverne les naissances; le prétendant des jeunes filles, le mari des femmes. »

Il n'y a pas, à ma connaissance, d'autre passage du Rig-Véda où *Yama*, employé seul dans le sens de « jumeau », ait été supposé s'appliquer à *Agni* (le

---

(1) Nishkṛita, suivant Boehtlingk et Roth, « un rendez-vous », mais le sens originel « être perdu » semble mieux s'adapter à notre passage.

soleil). Mais il y a plusieurs passages, notamment dans le dernier livre, où *Yama* se trouve comme nom d'une divinité unique. Il est appelé «roi» (X, 14, 1); les morts le reconnaissent pour leur roi (X, 16, 9). Il est avec les Pitars, les pères (X, 14, 4), avec les Angiras (X, 14, 3), avec les Atharvans, Bhrigus (X, 14, 6), et les Vasishthas (X, 15, 8). Il est appelé le fils de *Vivasvat* (X, 14, 5), et l'on cite un fils immortel d'*Yama* (I, 83, 5). Le soma lui est offert aux sacrifices (X, 14, 13), et les pères qui sont morts verront Yama avec Varuna (X, 14, 7), et ils s'assiéront au banquet avec les deux rois (X, 14, 10). Le roi des morts, Yama, est aussi le roi de la mort (X, 165, 4) (1), et il est question de deux chiens qui circulent au milieu des hommes comme ses messagers (X, 14, 12). Toutefois, on prie aussi Yama, ainsi que ses chiens, de donner la vie, ce qui, originairement, a pu seulement signifier « épargner la vie » (X, 14, 14; 14, 12).

Est-il possible de découvrir dans ce *Yama*, le dieu des morts, un des jumeaux? J'avoue que ce rapprochement me semble bien forcé et artificiel; et je préférerais de beaucoup dériver ce *Yama* de *yam* « contrôler ». Cependant son père est *Vivasvat*, et le père des jumeaux était également *Vivasvat*. Attribuerons-nous à Vivasvat trois fils, deux appelés les jumeaux, *Yaman*, et un autre nommé *Yama* « le gouverneur »? Cela est possible, mais fort peu vraisemblable; et je crois que mieux vaut apprendre à suivre la marche étrange du langage antique, quelque gênante qu'elle

---

(1) *Rv.*, 1, 38, 5. L'expression « la route d'Yama » est employée comme étant d'heureux ou de funeste présage.

nous paraisse d'abord. Imaginons donc, aussi bien que nous le pouvons, que *Yama* « jumeau » était usité comme nom du soir, ou du soleil couchant, et nous pourrons peut-être comprendre comment Yama finit par être le roi des morts et le dieu de la mort.

De même que l'orient était pour les premiers penseurs la source de la vie, ainsi l'occident leur semblait être *Nirriti*, la sortie de ce monde, la région de la mort. Le soleil conçu comme se couchant ou mourant chaque jour, était le premier qui eût parcouru le chemin de la vie de l'est à l'ouest; il était le premier qui connût la mort, le premier à nous montrer la route que nous devrons suivre, quand notre course sera terminée, et que notre soleil se couchera dans l'occident lointain. C'est là que les Pères ont suivi Yama; c'est là qu'ils sont avec lui dans la joie; et c'est là que nous irons aussi quand ses messagers (le jour et la nuit) nous auront découverts. Ce sont là des sentiments naturels et des pensées intelligibles. La question est de savoir si c'étaient là les pensées et les sentiments qui traversèrent l'esprit de nos ancêtres, lorsqu'ils changèrent *Yama*, le soleil-jumeau, le soleil couchant, en *Yama*, le gouverneur des âmes décédées et le dieu de la mort.

Le nom de « fils de *Vivasvat* » donné à *Yama* suffirait pour nous suggérer la pensée que son caractère était solaire. *Vivasvat*, de même que *Yama*, est quelquefois considéré comme envoyant la mort. *Rv.*, VIII, 67, 20 : « Que le trait de *Vivasvat*, ô *Âditya*, que la flèche empoisonnée ne nous frappe pas avant que nous soyons vieux! »

Il est dit que *Yama* a traversé les eaux rapides, qu'il

a montré le chemin à beaucoup d'hommes, et qu'il a, le premier, connu le chemin par où nos pères ont passé (X, 14, 1 et 2). Dans un hymne adressé au cheval-soleil, nous lisons que « *Yama* a amené le cheval, que *Trita* l'a enharnaché, qu'*Indra* l'a monté le premier, que le *Gandharva* en a saisi la rêne ». Et immédiatement après, le cheval est *Yama*, *Âditya*, et *Trita* (I, 163, 2 et 3). Ailleurs il est dit que des trois cieux, deux appartiennent à *Savitar*, et un à *Yama* (I, 35, 6). *Yama* est dépeint comme ayant été admis dans la compagnie des dieux (X, 135, 1). Sa place est appelée « la maison des dieux » (X, 135, 7) ; et ces mots viennent immédiatement après un vers où il est dit : « L'abîme s'étend dans l'Orient, la sortie est dans l'Occident (1). »

Ces indications, quoique recueillies par fragments, suffisent pour montrer que le caractère de *Yama*, tel que nous le trouvons dans le dernier livre du *Rig-Véda*, a bien pu être suggéré par le soleil couchant, personnifié comme marchant devant la race humaine, comme étant lui-même mortel, mais en même temps roi et régnant sur les morts, comme étant adoré avec les pères, et comme ayant été le premier témoin de l'immortalité réservée aux pères, immortalité qui est analogue à celle dont jouissent les dieux eux-mêmes. On n'a pas besoin d'explication pour comprendre comment le roi des morts a pu prendre graduellement le caractère de dieu de la mort. C'est là cependant la dernière phase du caractère de *Yama*, et, dans les parties les plus anciennes du Rig-Véda, ce rôle ap-

---

(1) Autres passages à consulter : *Rv.*, I, 116, 2 ; VII, 33, 9 ; IX, 68, 3, 5 ; X, 12, 6 ; 13, 2 ; 13, 4 ; 53, 3 ; 64, 3 ; 123, 6.

partient à *Varuṇa*, qui, nous l'avons déjà vu, est, comme *Yama*, un des jumeaux.

La mère de toutes ces puissances célestes que nous venons d'examiner, c'est l'Aurore aux nombreuses dénominations, πολλῶν ὀνομάτων μορφὴ μία, *Aditi*, la mère des dieux, ou *Apyá yoshá*, l'épouse des eaux, *Saraṇyû*, la lumière qui court dans le ciel, *Ahaná*, la brillante, *Arjunî*, la resplendissante, *Urvaśî*, celle qui s'étend au loin, etc. Cependant, au-delà de l'aurore, on soupçonnait l'existence d'une autre puissance infinie, pour laquelle ni le langage des Rishis védiques, ni celui de tous les autres poëtes ou prophètes n'ont encore trouvé de nom qui soit digne d'elle.

Si donc, comme cela ne fait guère de doute pour moi, *Erînys* en grec est le même mot que *Saraṇyû* en sanscrit (1), il est facile de voir comment, après être issues d'une pensée commune, ces deux divinités prirent chacune un caractère particulier dans l'Inde et dans la Grèce. La Nuit était conçue par Hésiode comme étant la mère de la Guerre, de la Dissension et de la Fraude, mais elle était aussi appelée la mère de Némésis, ou la Vengeance (2). Eschyle appelle les Érinnyes les filles de la nuit, et nous avons vu précédemment un passage du Véda (VII, 61, 5), où il est dit que les Druhs, les puissances malfaisantes de la nuit, suivent les péchés des hommes. « L'Aurore vous découvrira » offrait une expression qui n'était que légèrement infectée de mythologie. « Les Érinnyes vous harcèle-

---

(1) La perte de l'aspirée initiale est une exception, mais, comme telle, elle est confirmée par des exemples analogues bien connus. Voir Curtius, *Griechische Etymologie*, II, 253; I, 309.

(2) Max Müller, *Essay on comparative Mythology*, p. 40.

ront » était une phrase que même Homère n'aurait pas comprise dans son sens étymologique. Si le nom d'Erinnys est quelquefois appliqué à *Démétêr* (1), c'est parce que *Déô* était *Dyâvâ*, et que *Démétêr* était *Dyâvâ mâtar*, l'Aurore, la mère (2), correspondant à *Dyaush pitar*, le ciel, le père. *Erinnys Déméter*, comme *Saranyû*, fut changée en cavale; elle fut poursuivie par *Poseidon*, sous la forme d'un cheval, et deux enfants naquirent d'elle, une fille (*Despoina*), et *Areion*. Si Poseidon représentait le soleil se levant de la mer, il se rapprocherait de *Varuna*, lequel était appelé, dans un passage du *Véda*, le père du cheval ou de *Yama*.

Et maintenant, après avoir expliqué le mythe de *Saranyû*, de son père, de son mari et de ses enfants, dans ce que je regarde comme ayant été son sens originel, il me reste à faire connaître en quelques mots les opinions des savants qui ont déjà analysé le même mythe, et qui sont arrivés à s'en représenter de différentes manières la signification primitive. Il ne sera pas nécessaire que j'entreprenne une réfutation détaillée de ces opinions, attendu que la principale différence entre elles et ma propre théorie provient des points de vue différents où nous sommes placés pour tâcher de faire pénétrer nos regards dans les régions lointaines de la pensée mythologique. Le lever et le coucher du soleil, le retour quotidien du jour et de la nuit, le combat entre la lumière et l'obscurité, tout ce drame solaire, avec tous ses détails, qui se joue chaque

---

(1) Pausanias, VIII, 25; Kuhn, *loc. cit.*, I, 152.
(2) Voir Pott, dans la *Zeitschrift* de Kuhn, VI, p. 118, *note*.

jour, chaque mois, chaque année, dans le ciel et sur la terre, voilà ce que je regarde comme formant le principal sujet de la mythologie primitive. Je pense que l'idée même de puissances divines a pris naissance dans l'étonnement avec lequel les ancêtres de la famille aryenne contemplaient les puissances brillantes (*deva*), dont personne ne pouvait dire d'où elles venaient ni où elles allaient, qui jamais ne faisaient défaut, qui ne se flétrissaient ni ne mouraient jamais, et qui étaient appelées immortelles, c'est-à-dire qui ne passent point, pour les distinguer de la faible et périssable race de l'homme. Je considère le retour régulier des phénomènes comme ayant été une condition presque indispensable pour qu'ils fussent élevés, par la magie de la phraséologie mythologique, au rang des immortels ; et j'attribue une importance proportionnellement faible aux phénomènes météorologiques, tels que les nuées, le tonnerre et l'éclair, lesquels, tout en causant pour un temps une violente commotion dans la nature et dans le cœur de l'homme, ne devaient pas être rangés à côté des êtres brillants et immortels, mais devaient plutôt être considérés soit comme leurs sujets, soit comme leurs ennemis. C'est le ciel qui réunit les nuages, c'est le ciel qui tonne, c'est le ciel qui pleut ; et le combat qui se livre entre les nuées noires et le brillant soleil, qu'elles cachent pendant un certain temps, n'est qu'une répétition irrégulière de cette lutte plus importante encore qui a lieu, chaque jour, entre les ténèbres de la nuit et la réjouissante lumière du matin.

Tout opposée à cette théorie solaire est celle qui a été proposée par M. Kuhn et adoptée par les plus éminents mythologues de l'Allemagne, et qu'on peut appeler la théorie météorologique. Un bon aperçu de cette théorie a été donné par M. Kelly dans son ouvrage, *Indo-European Tradition and Folk-lore.* « Les nuages, dit-il, les orages, la pluie, l'éclair et le tonnerre, étaient les spectacles qui, plus que tous les autres, frappaient l'imagination des Aryens primitifs, et qui l'occupaient le plus à chercher des objets terrestres qui pussent être comparés avec les aspects toujours changeants de ces phénomènes. Les spectateurs étaient chez eux sur la terre, et les choses de la terre leur étaient comparativement familières ; même le lever et le coucher des corps célestes pouvaient être regardés par eux avec d'autant plus de tranquillité que ces événements étaient plus réguliers. Mais les hommes des premiers âges ne pouvaient jamais cesser de contempler avec le plus vif intérêt ces merveilleux changements météoriques, si irréguliers, si mystérieux dans leur venue, et qui produisaient des effets si immédiats et si palpables, soit en bien, soit en mal, sur la vie et la fortune de ceux qui en étaient les témoins. C'est pourquoi ces phénomènes étaient notés avec un soin, et désignés avec une richesse d'images, qui en ont fait le fondement principal de toutes les mythologies et de toutes les superstitions indo-européennes. »

M. Schwartz, dans ses excellents essais sur la mythologie (1), se range résolûment du même côté :

« Si, contrairement aux principes que j'ai appliqués dans mon livre sur l'*Origine de la Mythologie*, l'on a

---

(1) *Der heutige Volksglaube und das alte Heidenthum*, 1862 (p. VII). *Der Ursprung der Mythologie*, 1860.

remarqué qu'en retraçant la manière dont s'est développée dans les mythes l'idée du divin, j'ai attribué un rôle trop marquant aux phénomènes du vent et de l'orage et que j'ai négligé le soleil, les recherches suivantes confirmeront ce que j'ai indiqué précédemment, à savoir qu'originairement le soleil était conçu implicitement comme un acteur secondaire parmi ceux qui jouent leur rôle sur la scène céleste, et qu'il ne prit de l'importance que dans un état plus avancé de la contemplation de la nature et de la formation des mythes. »

Ces deux vues sont aussi diamétralement opposées qu'il est possible que le soient deux manières de se représenter le même objet. L'une, la théorie solaire, regarde les révolutions journalières et régulières du ciel et de la terre comme la matière dont on a formé le tissu varié de la mythologie religieuse des Aryens, admettant seulement qu'on y a mêlé çà et là les aspects plus violents des orages, du tonnerre et des éclairs. L'autre, la théorie météorologique, considère les nuées, les orages et les autres aspects des convulsions de la nature comme ayant produit l'impression la plus profonde et la plus durable sur l'esprit de ces observateurs primitifs, qui auraient cessé de voir avec étonnement les mouvements réguliers des corps célestes, et n'auraient pu sentir une présence divine que dans la tempête, dans le tremblement de terre, ou dans le feu.

Adoptant ce dernier système, M. Roth, ainsi que nous l'avons vu, a expliqué *Saraṇyû* comme étant la noire nuée d'orage, qui vole dans l'espace au commencement de toutes choses, et il a pris *Vivasvat* pour la lumière du ciel (1). Expliquant d'abord le second couple de jumeaux, il a pris les A*śvins* pour les premiers qui apportent la lumière, en précédant l'aurore (mais qui sont-ils?), tandis que dans le premier couple, appelé simplement *Yama*, le frère jumeau, et *Yamî*, la sœur jumelle, il a découvert le premier couple créé, l'homme et la femme, produits par l'union de la vapeur humide de la nuée et de la lumière céleste. Il suppose qu'après leur naissance un nouvel ordre de choses a commencé, et que c'est pour cela que l'on disait que leur mère, — l'aurore chaotique et agitée par l'orage, — avait disparu. Sans insister beaucoup sur ce fait que, suivant le Rig-Véda, *Saraṇyû* devint d'abord mère de *Yama*, puis disparut, donna ensuite le jour aux Aśvins, et abandonna enfin ces deux couples d'enfants, il faut observer qu'il n'y a pas dans le Véda un seul mot qui désigne *Yama* et *Yamî* comme ayant été le premier couple des mortels, — comme l'Adam et l'Ève de l'Inde, — ou qui représente la première création de l'homme comme due à l'union de la vapeur et de la lumière. Si *Yama* avait été le premier créé des hommes, assurément les poëtes védiques, en parlant de lui, n'auraient pu passer cette particularité sous silence. *Yima*, dans l'Avesta, n'est pas représenté non plus comme le premier homme, ou comme le père du genre humain (2). C'est un des premiers rois, et son règne

---

(1) *Zeitschrift der deutschen Morgenländischen Gesellschaft*, IV, p. 425.

(2) Spiegel, *Érân*, p, 245. « D'après un récit ce sont les mensonges et l'orgueil de Jima qui mirent fin au bonheur de son règne. Suivant les traditions plus anciennes de l'*Avesta*, Jima ne meurt pas, mais, quand le mal et la misère commencent à régner sur la terre, il se

représente l'idéal du bonheur sur la terre, alors que la maladie et la mort étaient inconnues, et que l'on ne souffrait ni de la chaleur ni du froid ; mais là se borne ce que l'Avesta nous apprend sur *Yima.* La découverte du développement ultérieur que reçut en Perse la figure d'*Yima* fut une des dernières et des plus brillantes découvertes d'Eugène Burnouf. Dans son article « sur le Dieu Homa », publié dans le *Journal Asiatique*, il a ouvert cette mine entièrement nouvelle de recherches sur la religion primitive et sur les anciennes traditions qui étaient communes aux Aryens avant leur séparation. Il a montré qu'il est possible de faire remonter trois des noms les plus célèbres de la poésie épique des Persans plus modernes, *Jemshid*, *Feridún* et *Garshasp*, à trois héros cités dans le Zend-Avesta comme les représentants de trois des premières générations humaines, *Yima-Kshaêta*, *Thraêtana* et *Keresaspa*, et que les prototypes de ces héros Zoroastriens peuvent se retrouver dans le *Yama*, le *Trita* et le *Kriśāśva* du Véda. Il a fait plus encore. Il a montré que, de même que *Thraêtana*, en Perse, est fils d'*Athwya*, le nom patronymique de *Trita*, dans le Véda, est *Áptya*. Il a expliqué le changement de *Thraêtana* en *Feridún*, à l'aide de la forme du nom en pehlevi, donnée par Neriosengh, à savoir, *Phredun*. Ce fut aussi Burnouf qui identifia *Zohâk*, le tyran de la Perse, tué par Feridún, et que même Firdusi connaît encore sous le nom d'*Ash dahâk*, avec l'*Aji dahâka*, le serpent qui mord (ainsi qu'il traduit ce nom),

retire dans un territoire plus étroit, une sorte de jardin ou d'Éden, où il continue à vivre heureux avec ceux qui lui sont restés fidèles. »

détruit par *Thraétana* dans l'Avesta. Nulle part le passage de la mythologie physique à la poésie épique, et même à l'histoire, n'a été mis dans un jour aussi clair qu'ici. Je puis citer les paroles de Burnouf, un des plus grands savants que la France, si riche en génie philologique, ait jamais produits :

« Il est, sans contredit, fort curieux de voir une des divinités indiennes les plus vénérées donner son nom au premier souverain de la dynastie ario-persane ; c'est un des faits qui attestent le plus évidemment l'intime union des deux branches de la grande famille qui s'est étendue, bien des siècles avant notre ère, depuis le Gange jusqu'à l'Euphrate (1). »

M. Roth a signalé quelques rapprochements plus minutieux dans l'histoire de Jemshid; mais sa tentative pour faire de *Yama* un *Adam* indien, et de *Yima* un *Adam* perse, a été, je crois, une erreur.

M. Kuhn a donc eu raison de rejeter cette partie de l'analyse de M. Roth. Mais il est d'accord avec ce dernier pour regarder *Saraṇyû* comme la nuée d'orage, et, bien qu'il ne veuille pas reconnaître dans *Vivasvat* la lumière céleste en général, il prend *Vivasvat* pour une des nombreuses appellations du soleil, et il considère leur enfant premier-né, *Yama*, comme identique avec *Agni*, le feu, ou plutôt l'éclair, suivi de sa sœur jumelle, le tonnerre. Il explique alors le second couple, les *Asvins*, comme étant *Agni* et *Indra,* le dieu du feu et le dieu du ciel brillant, et il arrive ainsi à la solution suivante du mythe : — « Quand l'orage est fini, et que l'obscurité qui cachait la nuée unique a disparu, *Savitar* (le soleil) embrasse encore une fois

(1) Max Müller, *On the Veda and Zendavesta*, p. 31.

la déesse, la nuée, laquelle avait pris la forme d'une cavale qui s'enfuit. Encore caché, il brille, ardent et montrant son bras d'or, et ainsi il engendre *Agni*, le feu ; enfin il déchire le voile nuptial, et alors naît *Indra*, le ciel bleu. » Il explique la naissance de *Manu*, l'homme, comme une répétition de celle d'*Agni*, et, pour lui, l'Adam indien est *Manu*, ou *Agni*, et non pas *Yama*, l'éclair, ainsi que le pense M. Roth.

Il est nécessairement impossible de faire pleinement justice aux spéculations de ces hommes éminents sur le mythe de *Saranyû*, en donnant cette légère esquisse de leurs opinions. Ceux qui s'intéressent à ce sujet devront consulter leurs ouvrages, et les comparer avec les interprétations que j'ai proposées. J'avoue que, tout en me plaçant à leur point de vue, je ne puis saisir aucune suite ou liaison nette des idées dans le travail mythologique qu'ils décrivent. Je ne saurais m'imaginer que des hommes qui étaient au niveau de nos bergers aient conversé entre eux d'une noire nuée d'orage, planant dans l'espace, et produisant, par son union avec la lumière ou avec le soleil, le premier homme et la première femme ; ni qu'ils aient appelé le ciel bleu fils de la nuée, parce que le ciel se montre quand la nuée d'orage a été ou embrassée ou détruite par le soleil. Toutefois ce n'est pas à moi qu'il appartient de prononcer un jugement, et je dois laisser à ceux qui sont moins attachés à des théories particulières, de décider laquelle de ces interprétations est la plus naturelle, la plus conforme aux indications éparses des anciens hymnes du Véda, et le plus en rapport avec ce que nous savons de l'esprit des premiers âges de l'humanité.

DOUZIÈME LEÇON

LA MYTHOLOGIE MODERNE.

Rôle de la mythologie moins important dans le langage moderne que dans le langage ancien. — Erreurs et malentendus où sont entraînés les hommes en se servant de mots auxquels ils n'attachent aucun sens déterminé. — L'altération phonétique, suivie de l'étymologie populaire, source très-fréquente de mythologie. Exemple curieux : la barnache et la bernacle. — Les légendes du moyen âge. — Part de vérité profonde et touchante contenue dans les récits mythiques. — Rôle des mots abstraits dans la mythologie. — Influence des mots sur la pensée. — Exemples des services que la science du langage peut rendre à la philosophie.

La *mythologie moderne*, dans le sens que j'attache à ce mot, forme un sujet si vaste et si important que, dans cette dernière leçon, je ne puis qu'en indiquer le caractère et montrer le vaste domaine où nous pouvons la voir à l'œuvre. Après la définition que j'ai donnée de la mythologie, en plusieurs occasions, il me suffit de répéter ici que je comprends sous ce nom tous les cas où le langage usurpe une puissance indépendante, et réagit sur l'esprit, au lieu d'être, ce qu'il devrait être par sa nature, la simple traduction et l'expression, par une forme extérieure et sensible, des conceptions de l'esprit.

Dans les âges primitifs, l'action de la mythologie

était assurément plus vive et plus étendue, et ses effets se faisaient sentir plus profondément que dans ces temps de mûre spéculation où les mots ne sont plus acceptés de confiance, mais sont constamment soumis à l'épreuve de la définition logique. Quand le langage prend des allures plus calmes, quand les métaphores deviennent moins hardies et plus explicites, il y a moins de danger qu'on se figure le Soleil comme un cheval, parce qu'un poëte l'aura appelé « le coursier céleste », ou qu'on représente Séléné comme éprise d'Endymion, parce qu'un proverbe aura exprimé l'approche de la nuit en disant que « la Lune suit d'un regard d'amour le soleil couchant ». Cependant le langage conserve encore, sous une forme différente, sa secrète magie; et, s'il ne crée plus des dieux et des héros, il crée bien des noms qui sont les objets d'un culte semblable. Celui qui examinerait l'influence que des mots, de simples mots, ont exercée sur l'esprit des hommes, pourrait écrire une histoire du monde plus instructive qu'aucune de celles que l'on a écrites jusqu'à présent. Au fond de presque toutes nos controverses philosophiques et religieuses se trouvent des mots dépourvus d'une signification définie; et les sciences dites exactes se sont souvent laissé égarer, elles aussi, par cette même voix de sirène.

Je ne parle pas ici de ce manifeste abus du langage qui a lieu quand des écrivains, sans mûrir leurs pensées et sans les arranger dans un ordre convenable, répandent dans leurs ouvrages un flot de termes difficiles et appliqués improprement, qui passent à leurs yeux, sinon aux yeux des autres, pour la science profonde et la haute spéculation. Ce sanctuaire de l'ignorance et de la vanité est à peu près détruit; et les savants ou les penseurs qui ne savent point exprimer d'une manière suivie et intelligible ce qu'ils veulent dire ont peu de chance, de nos jours ou du moins dans notre pays, d'être considérés comme les dépositaires d'une science mystérieuse. *Si non vis intelligi debes negligi.* En ce moment, j'ai plutôt en vue certains mots que tout le monde emploie, et qui paraissent tellement clairs qu'il semble que ce soit de l'impertinence de les soumettre à un examen. Cependant, si nous exceptons le langage des mathématiques, c'est une chose extraordinaire que d'observer combien le sens des mots est variable, à quel point il change d'un siècle à l'autre, et par quelles nuances les mots se distinguent dans la bouche de presque tous ceux qui les emploient. Des termes tels que *la Nature, le droit, la liberté, la nécessité, le corps, la substance, la matière, l'Église, l'État, la révélation, l'inspiration, la connaissance, la croyance,* sont lancés de tous côtés dans les guerres de mots, comme si tout le monde en connaissait la signification et les employait dans le même sens; tandis que la plupart des hommes, et particulièrement ceux qui représentent l'opinion publique, apprennent ces mots dans leur enfance, en commençant par les conceptions les plus vagues, auxquelles ils ajoutent de temps à autre des idées nouvelles : plus tard peut-être ils corrigent également au hasard quelques-unes de leurs erreurs involontaires, mais jamais ils ne font un inventaire exact de ces mots, jamais ils n'approfondissent l'histoire des termes qu'ils manient si librement, ni ne se rendent clairement compte de leur signification pleine et entière, suivant les règles rigoureuses de la définition logique. On a dit souvent que la plupart des discussions roulent sur les mots. Cette assertion est vraie, mais elle implique plus qu'elle ne semble impliquer. Les différences verbales ne sont pas ce qu'on les suppose quelquefois, c'est-à-dire des différences purement formelles, extérieures, légères, accidentelles, qu'on peut faire disparaître par une simple explication, ou en consultant un dictionnaire (1). Ce sont des différences qui proviennent de la conception, plus ou moins complète et exacte, que nous attachons aux mots : c'est l'esprit qui est en défaut, et non pas seulement la langue.

Si un enfant à qui l'on a appris à appliquer le mot *or* à une chose jaune et brillante, soutenait contre tous venants que le soleil est de l'or, l'enfant aurait sans doute raison, parce que, dans son esprit, le mot *or* signifie quelque chose de brillant. Nous n'hésitons pas à dire qu'une fleur est bordée d'or, en voulant exprimer par là la couleur seulement et non pas la substance. L'enfant apprend plus tard qu'il y a d'autres qualités, outre la couleur, qui sont particulières à l'or véritable et le distinguent des substances qui y ressemblent. Il apprend à ranger chacune de ces qualités sous le terme *or*, de sorte qu'enfin l'or ne signifie plus pour lui tout ce qui brille, mais quelque chose de pesant, de malléable, de fusible, et de soluble dans l'eau régale (1); et il ajoute à ces qualités toutes celles que peuvent faire découvrir les recherches des géné-

---

(1) « On peut faire remonter la moitié des perplexités des hommes à l'obscurité de la pensée, laquelle se produit et se cache sous l'obscurité du langage. » — *Edinburgh Review*, oct. 1862, p. 378.

(1) Cf. Locke, III, 9, 17.

rations successives. Cependant, malgré toutes ces précautions, le mot *or*, si soigneusement défini par les savants, est repris et emporté vers d'autres acceptions par le flot du langage, et nous pouvons entendre un banquier discuter le cours de l'or en termes tels que nous ayons peine à croire qu'il parle de ce même objet que nous avons vu en dernier lieu dans le creuset du chimiste. Vous vous rappelez que l'expression « à la main d'or », appliquée au soleil, donna naissance à une légende qui expliquait comment le soleil avait perdu une main, et comment elle avait été remplacée par une main artificielle faite d'or. C'était là de la mythologie ancienne. Si maintenant nous disions que, depuis quelques années, pour prendre une expression familière, tout le monde roule sur l'or, et si nous voulions conclure de là que l'augmentation de la propriété imposable dans ce pays est due à la découverte de l'or en Californie, nous ferions de la mythologie moderne, en employant le mot *or* dans deux sens différents. Dans un cas nous le prendrions comme synonyme de la richesse réalisée, et, dans l'autre cas, comme nom de l'agent monétaire. Nous commettrions la même erreur que les anciens, en employant le même mot dans deux sens légèrement différents, et en confondant ensuite une signification avec l'autre.

Car que l'on ne suppose pas que la mythologie, même sous la forme la plus nue, se trouve renfermée dans la période la plus primitive de l'histoire du monde.

Encore qu'une des sources de la mythologie, la métaphore *radicale* et *poétique*, soit moins abondante dans les idiomes modernes que dans les idiomes anciens, il y a un autre agent qui, dans nos langues modernes, produit, quoique d'une manière différente, à peu près les mêmes résultats; c'est-à-savoir l'*altération phonétique*, suivie de l'*étymologie populaire*. Par suite de l'altération phonétique beaucoup de mots ont perdu leur transparence étymologique; et même des mots originairement distincts, et pour la forme et pour la signification, revêtent quelquefois une forme identique. Or, comme l'esprit humain a soif d'étymologies, comme il a la passion de découvrir, par voies légitimes ou illégitimes, pourquoi tel nom a été imposé à telle chose, il arrive constamment que l'on fait subir aux mots un nouveau changement afin de les rendre encore une fois intelligibles; ou bien, quand deux mots distincts dans l'origine ont fini par se confondre et n'avoir plus qu'une même forme, on sent le besoin de résoudre la difficulté qui se présente alors à l'esprit, et l'on ne tarde pas à trouver une explication.

La Tour sans venin est un exemple de cette étymologie populaire, mais il s'en faut de beaucoup que ce soit un exemple unique.

De l'anglo-saxon *blót* « sacrifice », *blotan* « tuer pour le sacrifice », on avait dérivé le verbe *blessian* « consacrer, bénir », lequel a donné en anglais moderne *to bless* « bénir ». Ce dernier verbe semble se rattacher à *bliss* « bonheur », anglo-saxon *blis* « joie », avec lequel il n'avait originairement rien de commun.

Sorrow « chagrin » est l'anglo-saxon *sorh*, l'allemand *Sorge;* la parenté supposée entre *sorrow* et *sorry* « fâché » est purement imaginaire, car *sorry* vient de l'anglo-saxon *sáriy*, dérivé de *sár* « blessure, plaie ».

La plupart des Allemands s'imaginent que leur

substantif *Sündfluth* « le déluge » signifie « l'inondation due au péché », de *Sünde* « péché » et *Fluth* « inondation »; mais *Sündfluth* n'est qu'une modification populaire de *sinfluot* « la grande inondation », modification qui a été suggérée par le besoin de trouver au mot, dont un des éléments s'était obscurci, une étymologie satisfaisante.

Beaucoup des vieilles enseignes de cabarets contiennent ce que nous pouvons appeler de la mythologie hiéroglyphique. Il y avait une maison sur Stoken Church Hill, près d'Oxford, sur l'enseigne de laquelle étaient peintes des plumes et une prune. L'auberge était vulgairement connue sous le nom de *The Plum and Feathers* (1) : c'était originairement *The Plume of Feathers*, des armoiries du prince de Galles (2).

Il y a beaucoup de cette sorte de mythologie populaire qui flotte dans le langage du peuple, par suite de la tendance très-naturelle et très-générale qu'ont les hommes à être convaincus que tout nom doit avoir une signification. Si la signification réelle et originelle d'un nom vient à être oubliée (et cet oubli est causé

---

(1) Brady, *Clavis Calendario*, vol. II, p. 13.
(2) D'autres exemples :
The Cat with a wheel = St. Catherine's wheel.
The Bull and Gate = The Boulogne Gate (souvenir de la prise de Boulogne par Henri VIII).
The Goat and compasses = God encompasseth us (vieille enseigne puritaine).
Trench, *English Past and Present*, p. 223, cite encore :
The George and Cannon = The George Canning.
The Billy Ruffian = The Bellerophon (le vaisseau).
The Iron Devil = The Hirondelle.
Rose of the Quarter Sessions = la Rose des quatre saisons.

principalement par les ravages de l'altération phonétique), on attribue une nouvelle signification à la forme altérée du nom, d'abord avec quelque hésitation, mais bientôt avec une pleine assurance.

A Lincoln, au bas du Haut-Pont, se trouve une auberge à l'enseigne des Boucs noirs (*The black Goats*). Elle avait autrefois pour enseigne *The three Goats*, corruption des trois *gowts* ou égouts, par lesquels les eaux du *Swan Pool*, vaste étang qui existait jadis à l'ouest de la ville, étaient conduites dans le lit du Witham. On avait donné à l'auberge bâtie sur le bord du plus considérable de ces *gowts* le nom de *The three Gowts*, lequel fut changé en *The three Goats*, altération qui a pu se produire facilement dans le patois du Lincolnshire (1).

Dans cette même ville, un escalier par où l'on monte du milieu de New Road à un vieux chemin de barrière conduisant à Minster Yard, est appelé *Grecian Stairs* « Marches grecques ». Ces marches étaient appelées originairement *the Greesen*, le pluriel du vieil anglais *gree* « marche, degré » (2). Lorsque le mot *Greesen*

---

(1) Voir M. Francis C. Massingberd, dans les *Proceedings of the Archæological Institute*, Lincoln, 1848, p. 58. *Gowt* est le même mot que l'allemand *Gosse* « égout, ruisseau ».

(2) *Idem, ibid.* p. 59. Ce savant antiquaire cite plusieurs exemples du pluriel *greesen*. Ainsi *Actes*, XXI, 40, au lieu de la traduction anglaise moderne, « *And when he had given him license, Paul stood on the stairs,* » Wickliffe a écrit : « *Poul stood on the greezen.* » Shakespeare ajoute à *grize* le mot *step*, par manière d'explication :

> Let me speak like yourself; and lay a sentence
> Which, as a *grize* or *step*, may help these lovers
> Into your favour.   (*Othello*, 1, 3:)

Dans *Hackluyt's voyages*, vol. II, p. 57, nous lisons : « The king

ne fut plus compris, on y ajouta *Stairs* « escalier », par manière d'explication, et l'instinct de l'étymologie populaire finit par changer *Greesen Stairs* en *Grecian Stairs*.

Nous avons à Oxford le collége de *Brasenose*, dont le nom se prononce comme il s'écrit. Au-dessus de la porte d'entrée il y a un nez de bronze (*a Brazen Nose*), et le même emblème fait partie, depuis plusieurs siècles, des armes du collége. — Il n'existe, que je sache, nulle légende pour expliquer la présence étrange de ce signe au-dessus de la porte du collége; mais la faute en est uniquement au peu d'imagination poétique des cicérones d'Oxford. — En Grèce, Pausanias aurait raconté je ne sais combien de traditions dont un pareil monument rappellerait le souvenir. A Oxford, on nous dit simplement que ce collége était originairement une brasserie, et que le nom de *brasen-huis* s'est changé graduellement en *brasenose*.

Le collége de Brasenose a été fondé, au commencement du règne de Henri VIII, par la libéralité de William Smyth, évêque de Lincoln, et de sir Richard Sutton. La première pierre en fut posée le 1ᵉʳ juin 1509, et la charte (laquelle est octroyée à *The King's Hall and*

of the said land of Java hath a most brave and sumptuous palace, the most loftily built that I ever saw, and it hath most high *greesses*, or *stayers*, to ascend up to the rooms therein contained. »

« In expensis Stephani Austeswell, equitantis ad Thomam Ayleward, ad loquendum cum ipso apud Havant, et inde ad Hertynge, ad loquendum cum Dominâ ibidem, de evidenciis scrutandis de *Pe de Gre* progenitorum hæredum de Husey, cum vino dato eodem tempore, XX. d. ob. » Extrait des archives du collége de Winchester (temps de Henri IV), et communiqué par M. W. Gunner, *Proceedings of the Archæological Institute*, 1848, p. 64.

college of Brasenose) est datée du 15 janvier 1512. Ce collége occupe l'emplacement de quatre des anciens *halls* de l'université (1) : c'étaient *Little University Hall* (que certains antiquaires pensent avoir été bâti par Alfred, et qui occupait l'angle au nord-est, près de la ruelle), *Brasenose Hall* (situé à l'endroit où se trouve la grande porte actuelle), *Salisbury Hall* (qui occupait l'emplacement d'une partie de la bibliothèque), et *Little St. Edmund Hall* (qui était encore plus au sud, à peu près à la place où est aujourd'hui construite la chapelle). Il est bien probable que le nom de Brasenose a été dérivé d'un *Brasinium, Brasen-huis* « brasserie », qui dépendait du collége bâti par Alfred ; mais une opinion vulgaire suppose que ce collége fut ainsi nommé à cause de certains étudiants qui y furent transférés de l'université temporaire de Stamford, où l'anneau de fer du marteau de la grande porte passait dans un nez d'airain (2).

---

(1) [Les étudiants qui, dans les premiers temps, se rendaient à Oxford, prenaient leur logement chez les bourgeois de la ville. Quand ils se réunissaient en assez grand nombre pour pouvoir louer une maison entière et subvenir aux frais d'un maître gradué en une des facultés, cette maison prenait le nom de *Inn*, *Hostel* ou *Hall* = (Aulä), et le maître, choisi par les étudiants eux-mêmes, en devenait le *Principal*. Anthony Wood nous dit qu'au temps d'Édouard I on comptait jusqu'à trois cents de ces maisons. Le nombre des étudiants ayant considérablement diminué vers le milieu du quinzième siècle, beaucoup des *Halls* cessèrent d'exister. Aujourd'hui il n'y en a plus que cinq. Les *Halls* diffèrent des colléges (qui sont au nombre de dix-neuf) en ce qu'ils n'ont point de chartes, en ce que leurs membres ne sont pas constitués en corporations, et en ce qu'ils n'ont guère pour dotation que leurs bâtiments et le terrain sur lequel ils ont été élevés. Tr.]

(2) Parker, *Handbook of Oxford*, p. 79.

On trouve dans les proverbes des exemples de cette sorte d'étymologies populaires, lesquelles donnent parfois naissance à la mythologie populaire. Il y a un proverbe anglais, *to know a hawk from a handsaw* « distinguer un faucon d'une scie à main » : la véritable forme de ce proverbe était, *to know a hawk from a hernshaw*, « distinguer un faucon d'un héronneau » (1).

Le vieux français *buffetier*, c'est-à-dire quelqu'un qui sert au *buffet* (par ce terme on désignait autrefois une table placée à l'entrée de la grande salle des châteaux, et où les pauvres gens, les voyageurs et les pèlerins, pouvaient s'asseoir pour prendre leur part des plats dont on n'avait plus besoin à la table haute), ce mot *buffetier*, dis-je, est devenu en anglais *beefeater* (2), nom que portent en Angleterre les soldats aux gardes, et je suis persuadé que nombre de personnes s'imaginent que ce nom a été donné à ces grands et robustes gaillards, parce qu'ils se nourrissent principalement de bœuf.

Notre mot *Barnacle* « bernacle ou barnache » nous offre un des plus curieux exemples de la puissance de l'étymologie et de la mythologie populaires. Il n'arrive pas souvent que nous puissions suivre un mythe de siècle en siècle dans les différentes périodes de son développement, et il sera peut-être curieux d'analyser en détail cette fable de la barnache.

---

(1) Wilson, *Pre-Historic Man.* p. 68. Cf. Pott, *Doppelung*, p. 81. Förstemann, *Deutsche Volksetymologie*, dans la *Zeitschrift* de Kuhn, vol. I. Latham, *History of the English language.*

(2) Cf. Trench, *English Past and Present*, p. 221.

Le mot *Barnacles* dans le sens de « lunettes » semble se rattacher au mot allemand qui a la même signification, à savoir *Brille* (1). Ce mot allemand est une corruption de *beryllus*. Dans un vocabulaire de 1482, nous trouvons *brill, parill,* nom masc., « pierre précieuse, façonnée comme du verre ou de la glace (*eise*), » *berillus* ou *bernlein,* même signification (2). Sébastien Frank, au commencement du seizième siècle, emploie encore *barill* pour « lunettes ». Le mot devint plus tard un nom féminin, et, comme tel, il est encore aujourd'hui le terme consacré pour signifier « lunettes ».

Au lieu de *beryllus,* dans le sens de « pierre précieuse », nous trouvons en provençal *berille* (3); et, dans le sens de « lunettes », nous trouvons le vieux français *béricle* (4). *Béricle* fut plus tard changé en *bésicles* (5), que l'on dérive communément, mais à tort, de *bis-cyclus*.

Dans le dialecte du Berri (6), nous trouvons, au lieu de *béricle* ou *bésicles,* la variante dialectique *berniques,* laquelle nous rappelle la forme allemande

---

(1) Cf. Grimm, *D. W.* au mot *Brill*. M. Wedgwood dérive *barnacles,* dans le sens de « lunettes », du limousin *bourgna* « pleurnicher »; wallon *boirgni* « regarder d'un seul œil pour viser »; languedocien *borni* « aveugle »; *bornikel* « quelqu'un qui voit avec difficulté »; *berniques* « lunettes ». *Vocab. du Berri*.

(2) « Berillus (gemma, speculum presbiterorum aut veterum, d. i. brill). » Diefenbach, *Glossarium Latino-Germanicum*. *Eise* est peut-être mis pour désigner le cristal.

(3) Raynouard, *Lexique roman*.

(4) *Dict. du vieux français,* Paris, 1766, à ce mot.

(5) *Dict. provençal-français,* par Avril, 1839, à ce mot.

(6) *Vocab. du Berri,* à ce mot.

Bern-lein (1). Une forme analogue est l'anglais *barnacle*, qui signifiait originairement « lunettes », et qui a été employé plus tard pour désigner les morailles, avec lesquelles on pince le nez des chevaux vicieux qu'on veut ferrer, saigner ou panser (2). De même *Brille* est employé en allemand pour désigner un morceau de cuir garni de clous que l'on met sur le nez de jeunes animaux qu'il s'agit de sevrer. *Bernicula* semble venir de *beryllicula*, ce dernier ayant été changé en *berynicula*, afin d'éviter la répétition de *l*. Quant au changement de *l* en *n*, nous voyons des exemples analogues dans *melanconico*, *filomena*, etc. (Diez, *Grammatik*, p. 190).

Barnacle, quand il signifie un cirripède, ne peut guère être que le diminutif du latin *perna*, *pernacula* ayant été changé en *bernacula* (3). Pline parle d'une sorte de coquillages appelés *pernæ*, ainsi nommés à cause de leur ressemblance avec une cuisse de porc (4).

---

(1) Dans le *Dict. du vieux français*, Paris, 1766, nous trouvons *bernicles* dans le sens de « rien ».

(2) Skinner dérive *barnacle*, « frænum quod equino rictui injicitur », de *bear* « porter » et *neck* « cou ».

(3) Cf. Diez, *Grammatik*, p. 256. Bolso (pulsus), brugna et prugna (prunum). etc. *Berna*, au lieu de *Perna*, est cité dans le *Glossarium Latino-Germanicum, mediæ et infimæ ætatis*, ed. Diefenbach; nous trouvons aussi dans Du Cange *berna, suuinbache*. Skinner dérive *barnacle* de *bearn* « fils » et de l'anglo-saxon *aac*, anglais *oak* « chêne ». Wedgwood propose comme étymologie de de *barnacle* le mot *bayrn* « bonnet », du dialecte de l'île de Man ; aussi *barnagh* « lépas », et le gaélique *bairneach* « bernacle »; le gallois *brenig* « lépas ».

(4) Plin., *Hist. Nat.*, 32, 55 : Appellantur et pernæ concharum generis, circa Pontias insulas frequentissimæ. Stant velut suillo

Les corps de ces petits animaux sont mous, et renfermés dans une enveloppe formée de plusieurs plaques calcaires ; leurs pattes sont changées en une touffe de cirres articulés ou de franges, qu'ils peuvent sortir de la cavité du *manteau* qui garnit l'intérieur de leur coquille. Avec ces cirres, ils pêchent leur nourriture, à peu près comme un homme pêche à l'épervier, et dès qu'ils sont plongés dans l'eau, à la marée montante, ils ne cessent de les faire mouvoir. On les trouve généralement fixés aux rochers, à des planches, des pierres, ou même à des coquillages vivants, d'où ils ne se détachent jamais une fois qu'ils s'y sont attachés. Mais, avant de se fixer ainsi, ils vont librement de côté et d'autre, et, dans cet état, ils semblent avoir un organisme beaucoup plus parfait. Ils sont alors pourvus d'yeux, d'antennes, et de pattes ou bras, et ils sont aussi actifs qu'aucun des autres petits animaux qui vivent dans la mer.

Les cirripèdes sont divisés en deux familles, les lépas et les balanes. Les premiers sont attachés à l'endroit où ils sont fixés par un pédicule flexible, doué d'une grande force de contraction. Leur coquille se compose généralement de deux pièces triangulaires sur chaque côté, et elle est fermée par derrière par une autre pièce allongée, de sorte que la coquille tout entière se compose de cinq pièces.

Les balanes, ou glands de mer, ont une coquille formée généralement de six pièces, la pièce inférieure étant solidement fixée à la pierre ou à la planche sur laquelle vit l'animal.

crure longo in arena defixæ, hiantesque, qua limpitudo est, pedali non minus spatio, cibum venantur.

Ces testacés ont été connus de tout temps en Angleterre, et on leur donnait le nom de *Barnacles,* c'est-à-dire *Barnaculæ,* ou petites moules. Bien que leur nom fût à peu près identique pour le son avec *Barnacles* « lunettes », il n'avait originairement aucun rapport avec ce terme, lequel était dérivé, ainsi que nous l'avons vu, de *beryllus.*

Mais voici un troisième prétendant à ce nom de *Barnacle,* c'est le fameux *Barnacle Goose,* l'oie barnache. Il y a une oie nommée *Bernicla,* et bien qu'on l'ait parfois confondue avec un canard (*Anas niger minor, Scoter,* la macreuse), cependant il est incontestable que l'oie barnache est un oiseau réel, et qu'on en peut voir la figure et la description dans tout bon traité d'ornithologie (1). Mais, quoique cet oiseau existe bien réellement, les descriptions qui en sont données, non-seulement dans les ouvrages populaires, mais aussi dans les traités scientifiques, forment un des chapitres les plus extraordinaires de l'histoire de la mythologie moderne.

Je commencerai par une des descriptions les plus récentes, extraite des *Philosophical Transactions,* n° 137, janvier et février 1677-8. Dans un mémoire

---

(1) Linné la décrit (sub « Aves, Anseres ») comme « N° 11, Bernicla, A. fusca, capite, collo pectoreque nigris, collari albo. Branta s. Bernicla. Habitat in Europa boreali, migrat super Sueciam. »

Willoughby, dans son *Ornithology,* livre III, dit : « I am of opinion that the Brant-Goose differs specifically from the Bernacle, however writers of the History of Birds confound them, and make these words synonymous. » M. Gould, dans son ouvrage *The Birds of Europe,* vol. V, donne une figure de l'*Anser leucopsis,* l'oie barnache, au n° 350, et une autre de l'*Anser Brenta,* l'oie cravant, au n° 352.

sur les Barnaches, écrit par sir Robert Moray, ancien membre du conseil de Sa Majesté pour le royaume d'Écosse, nous lisons (p. 925) :

« Dans les îles occidentales de l'Écosse, le bois avec lequel les gens du peuple construisent leurs maisons provient en grande partie des arbres que l'Océan rejette sur ces bords. Ce sont ordinairement des sapins et des frênes. Ils sont généralement fort grands et dépouillés de leurs branches, lesquelles, à ce qu'il semble, ont dû être cassées ou usées par le frottement, plutôt que coupées, et ces troncs sont tellement battus par la tempête qu'ils ont entièrement perdu leur écorce, surtout les sapins. Me trouvant dans l'île de Uist, j'ai vu sur la plage un tronçon de grand sapin, qui avait environ deux pieds et demi de diamètre et de neuf à dix pieds de long. Il était depuis si longtemps hors de l'eau qu'il était fort sec, et la plupart des coquillages qui l'avaient autrefois couvert, avaient été enlevés, rongés par le temps ou usés par le frottement. Seulement sur les parties qui se trouvaient près du sol étaient encore attachées des quantités de petites coquilles contenant de petits oiseaux parfaitement formés, et que l'on supposait être des barnaches.

« Ces coquilles étaient très-rapprochées les unes des autres, et elles étaient de diverses grandeurs. Elles avaient la couleur et la consistance de coquilles de moules, et leurs valves étaient unies par un ligament semblable à celui des moules, et qui leur sert de charnière pour s'ouvrir et se fermer....

« Les coquilles sont attachées à l'arbre par un pédicule plus long que la coquille, lequel est une sorte de membrane, arrondie, creuse et plissée, ressemblant assez au gosier d'un poulet. Ce pédicule s'élargit du côté où il se fixe sur l'arbre, duquel il semble tirer la matière qui sert pour le développement de la coquille et du petit oiseau qu'elle renferme.

« Dans toutes les coquilles que j'ai ouvertes, dans les plus petites comme dans les plus grosses, j'ai trouvé cet oiseau si curieusement et si complétement formé, qu'il ne semblait pas qu'il lui manquât rien, quant aux parties internes, pour être un oiseau de mer parfait. Toutes les parties en étaient si distinctes dans leur petitesse, qu'on eût dit que l'on voyait un gros oiseau à travers un verre concave, tant les couleurs et les formes étaient partout claires et nettes. Le petit bec ressemblait à celui d'une oie; les yeux étaient marqués; la tête, le cou, la poitrine, les ailes, la queue et les pattes étaient parfaitement formés, ainsi que les plumes, qui étaient de couleur noirâtre : les pattes, autant que je puis m'en souvenir, ne différaient pas de celles des autres oiseaux aquatiques. Tous ces oiseaux étant morts et desséchés, je n'ai pas cherché à en examiner les parties internes..... Je n'ai jamais vu aucun de ces petits oiseaux en vie; mais des personnes dignes de foi m'ont assuré en avoir vu d'aussi gros que le poing. »

Ici donc nous avons, à une époque aussi rapprochée de nous que 1677, un témoin qui, tout en reconnaissant qu'il n'a pas assisté à la métamorphose de la bernacle en la barnache, affirme néanmoins devant un public savant qu'il a vu dans la coquille le bec, les yeux, la tête, le cou, la poitrine, les ailes, la queue, les pattes et les plumes de l'oiseau, quand il était encore à l'état d'embryon.

Mais nous n'avons pas à remonter bien loin en arrière pour trouver un témoin qui prétend avoir assisté à cette transformation, c'est à savoir John Gerarde, de Londres, « maître en chirurgie ». A la fin de son *Herball,* publié en 1597, non-seulement nous trouvons un dessin représentant l'arbre, avec les oiseaux qui sortent des branches, qui s'échappent à la nage dans la mer, ou qui tombent sur la terre, mais nous lisons aussi la description suivante (p. 1391) :

« Dans les parties septentrionales de l'Écosse, et dans les îles adjacentes qu'on appelle les Orcades, se trouvent des arbres sur lesquels poussent certains coquillages de couleur blanche tirant sur le roux, lesquels contiennent de petites créatures vivantes. Lorsque ces coquillages ont atteint leur entier développement, ils s'ouvrent, et il en sort ces petits oiseaux vivants que nous nommons *Barnakles* « barnaches », et que, dans le nord de l'Angleterre, on appelle *Brant Geese*, et, dans le Lancashire, *Tree-Geese* « oies d'arbre ». Ceux de ces oiseaux qui tombent sur la terre meurent et disparaissent. Voilà ce que nous avons appris par les écrits des autres, et aussi de la bouche des habitants de ces contrées, et il se peut très-bien que ce récit soit conforme à la vérité.

« Mais nous allons maintenant déclarer ce que nous avons vu de nos yeux et touché de nos mains. Il y a sur la côte du Lancashire une petite île appelée *The Pile of Foulders*, sur laquelle on trouve les débris de vieux navires et de navires mis en pièces, dont beaucoup y ont été jetés par les naufrages, et aussi les troncs et les branches de vieux arbres pourris qui y ont été apportés par la mer. Sur ces bois on voit une certaine écume, qui, avec le temps, engendre des coquilles ressemblant pour la forme à la moule, mais plus pointues et d'une couleur blanchâtre. Dans l'intérieur de

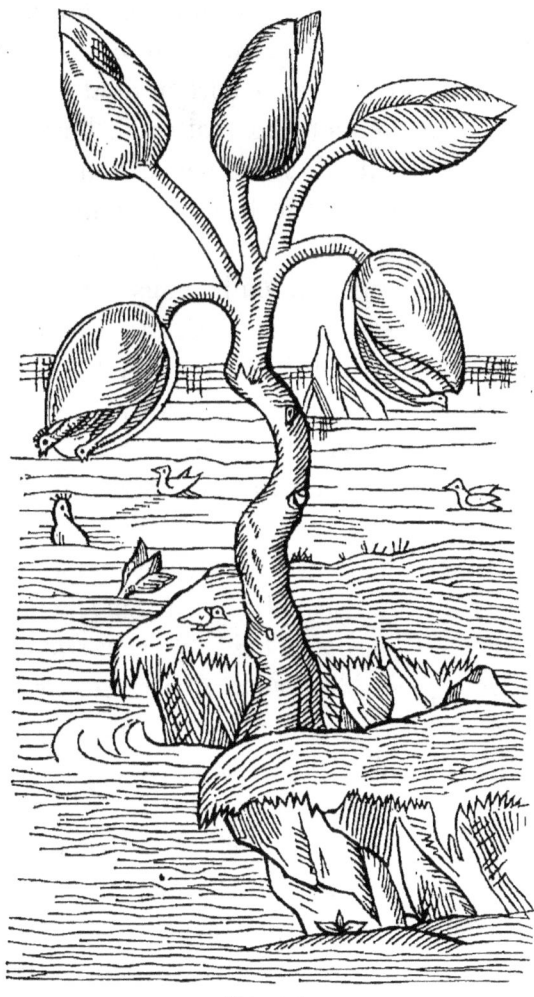

Figure 1.

ces coquilles se trouve quelque chose de blanchâtre, ressemblant assez à une fine dentelle de soie, et dont une extrémité est attachée à une des valves, comme la moule l'est à sa coquille et l'huître à son écaille, tandis que l'autre extrémité tient à une masse grossière, qui, avec le temps, vient à prendre la forme d'un oiseau. Lorsque l'oiseau est parfaitement formé, la coquille s'ouvre, et la première chose que l'on voit paraître est cette dentelle ou ce cordon dont nous venons de parler; puis viennent les pattes de l'oiseau, et, à mesure qu'il grossit, il ouvre peu à peu la coquille, jusqu'à ce qu'enfin il en sorte entièrement, et n'y reste plus suspendu que par le bec. Bientôt après il atteint son entière grosseur, et il tombe dans la mer, où il lui pousse des plumes, et alors c'est un véritable oiseau, plus gros qu'un canard, et plus petit qu'une oie, ayant le bec et les pieds noirs, et les plumes blanches et noires, marquées comme celles de la pie; les habitants du Lancashire ne lui donnent jamais d'autre nom que celui de *tree-goose* « oie d'arbre ». Ces oiseaux abondent tellement dans l'île précitée et dans toute la contrée voisine que les plus beaux n'y coûtent que trois pence. *Si quelqu'un doute de la vérité de ce que j'avance, je le prie de venir me trouver, et je le convaincrai par des témoignages non suspects.* »

Sébastien Munster, dans sa *Cosmographia universalis*, publiée en 1550, et dédiée à Charles-Quint, nous apprend que cette superstition n'était pas particulière à l'Angleterre, mais que les savants de tous les pays de l'Europe l'adoptaient également. Il nous raconte la même histoire, sans omettre le dessin; et quoiqu'il mentionne la remarque sarcastique d'Æneas Sylvius au sujet de ces miracles « qui fuient toujours vers des régions plus lointaines »(1), il ne doute nullement lui-

---

(1) Séb. Munster, p. 49.

même de l'existence de l'arbre qui produit des oiseaux, de laquelle, comme il le remarque, Saxo Grammaticus se porte garant. Voici ce qu'écrit Sébastien Munster : — « In Scotia inveniuntur arbores, quæ producunt fructum foliis conglomeratum : et is cum opportuno tempore decidit in subjectam aquam, reviviscit convertiturque in avem vivam, quam vocant anserem arboreum. Crescit et hæc arbor in insula Pomonia, quæ haud procul abest a Scotia versus aquilonem. Veteres quoque Cosmographi, præsertim Saxo Grammaticus, mentionem faciunt hujus arboris, ne putes esse figmentum a novis scriptoribus excogitatum. »

Nous emprunterons une autre description de ces oies extraordinaires à Hector Boëce, chanoine d'Aberdeen (1465-1536), lequel publia en 1527 son histoire d'Écosse écrite en latin. Cette histoire est précédée d'une description du royaume d'Écosse, où nous lisons (pp. 8 et 9) (1) le passage suivant :

« Au sujet des oies que l'on appelle *clakis*, et qui, suivant une opinion commune mais erronée, sont produites par des arbres dans ces îles, il me reste à dire ce que j'en ai appris, après m'être, pendant longtemps, préoccupé de cette question, et l'avoir examinée et approfondie avec le plus grand soin. Je crois que le principe générateur de ces oiseaux se trouve plutôt dans la mer qui sépare ces îles, que dans toute autre chose. Car je les ai vus produits de différentes manières, mais toujours dans la mer.

« Si l'on jette un tronc d'arbre dans cette mer, il

---

(1) Scotorum Historiæ a prima Gentis origine, cum aliarum et rerum et gentium illustratione non vulgari, libri XIX, Hectore Bœthio Deidonano auctore. Parisiis, 1574.

s'y engendre d'abord, après un certain laps de temps, des vers qui, après avoir rongé le bois, montrent une tête et des pattes, et ensuite des ailes garnies de plumes : ils finissent par être aussi gros que des oies, et, lorsqu'ils sont arrivés à la taille convenable, ils s'élancent dans les airs, comme les autres oiseaux, portés par leurs ailes. C'est ce qui a été vu aussi clair que le jour par de nombreux spectateurs, sur la côte de Buchanness, en l'année de Notre-Seigneur quatorze cent quatre-vingt-dix. Un grand arbre, rongé par ces vers, y ayant été apporté par les flots, auprès du château de Petslego, les premiers qui le virent, frappés de la nouveauté de cet événement, coururent annoncer la nouvelle au seigneur de l'endroit. Ce dernier fit immédiatement scier l'arbre en deux ; ce qui ne fut pas plus tôt fait, que l'on vit dans l'intérieur de l'arbre une quantité considérable de vers (dont les uns n'avaient pas encore de membres articulés, et les autres commençaient à en avoir), et d'oiseaux parfaitement formés, les uns couverts de plumes, les autres n'en ayant point encore. Tout le monde fut fort étonné de ce spectacle extraordinaire, et le seigneur du pays ordonna que l'on transportât l'arbre dans l'église de Saint-André, près de la petite ville de Tyre, où il se trouve encore aujourd'hui tout vermoulu.

« Deux ans après, un arbre semblable fut apporté par la mer dans l'embouchure de la Tay, près de la ville de Dundee, où beaucoup de personnes s'empressèrent de l'aller voir. Et, deux autres années plus tard, tout le monde put assister au même spectacle dans le port de Leith, auprès d'Édimbourg. Un grand navire, nommé *le Christophe*, après être resté à l'ancre pendant trois ans consécutifs auprès d'une des Hébrides, fut conduit à Leith, où on le mit à sec sur la grève; et alors on vit que la partie du navire qui était toujours restée plongée dans la mer, était toute rongée de vers semblables à ceux que nous avons décrits précédemment, les uns n'étant encore que de simples vers, d'autres commençant à ressembler à des oiseaux, et d'autres enfin étant changés en oiseaux parfaitement conformés. On prétendra peut-être que cette puissance génératrice se trouve dans les troncs et les branches des arbres qui ont poussé dans ces îles, et que ce navire, *le Christophe*, avait été construit avec du bois provenant des Hébrides : je raconterai donc ce dont j'ai été moi-même témoin, il y a sept ans. Alexandre Galloway, curé de Kynkell, distingué par sa vertu et son zèle pour la science, ayant arraché une touffe d'algues marines, vit qu'elles étaient entièrement couvertes de coquilles, depuis leurs racines. Surpris de ce qu'il voyait, et désireux de savoir ce qu'étaient ces coquillages, il en ouvrit un, et alors son étonnement redoubla, car, au lieu d'y trouver un mollusque, il y vit, chose étrange, un oiseau ; et la coquille était toujours proportionnée à la grosseur de l'oiseau. Connaissant depuis longtemps l'intérêt que je prenais à de telles découvertes, il s'empressa de se rendre auprès de moi, et de me montrer ce qu'il venait de trouver ; et je ne fus pas plus surpris d'apprendre une chose si étonnante que charmé d'avoir sous les yeux un phénomène aussi curieux et aussi inouï. Voilà, ce me semble, un fait qui prouve suffisamment que les germes de ces oiseaux ne se trouvent point dans les troncs ni dans les fruits des arbres, mais dans l'Océan, que Virgile, comme Homère, appelle avec raison « le père de toutes choses » (1).

Remontons maintenant jusqu'au douzième siècle, et nous trouverons, au temps de Henri II (1154-89), un récit exactement semblable, et la même croyance si fermement établie que Giraldus Cambrensis croyait de son devoir de protester contre la coutume, très-répandue de son temps, de manger les oies barnaches pendant le carême, parce qu'elles étaient considérées, non pas comme des oiseaux, mais comme du poisson. — Voici ce que dit Giraldus dans sa *Topographia Hiberniæ* (2) :

(1) Dans *la Sepmaine, ou Création du Monde*, de G. de Saluste, seigneur du Bartas (Paris, 1583), nous lisons à la p. 421 :

« Ainsi sous soy Boote és glaceuses campaignes,
Tardif, void des oysons qu'on appelle Gravaignes :
Qui sont fils, comme on dit, de certains arbrisseaux
Qui leur feuille féconde animent dans les eaux.
Ainsi le vieil fragment d'une barque se change
En des canars volans, ô changement estrange !
Mesme corps fut iadis arbre vert, puis vaisseau,
N'aguere champignon, et maintenant oiseau. »
[Tr.]

(2) Silvester Giraldus Cambrensis, *Topographia Hiberniæ, in Anglica, Normannica, Hibernica, Cambrica, a veteribus scripta.* Frankofurti, 1603, p. 706 (sous Henri II, 1154-89).

« Sunt et aves hic multæ quæ Bernacæ vocantur : quas mirum in modum contra naturam natura producit : Aucis quidem palustribus similes, sed minores. Ex lignis namque abiegnis per æquora devolutis, primo quasi gummi nascuntur. Dehinc tamquam ab alga ligno cohærente conchylibus testis ad liberiorem formationem inclusæ, per rostra dependent : et sic quousque processu temporis firmam plumarum vestituram indutæ vel in aquas decidunt, vel in aëris libertatem volatu se transferunt, ex succo ligneo marinoque occulta nimis admirandaque seminii ratione alimenta simul incrementaque suscipiunt. Vidi multoties oculis meis plusquam mille minuta hujusmodi avium corpuscula, in littore maris ab uno ligno

« Il y a ici beaucoup d'oiseaux appelés *Bernacœ*, que la nature produit d'une manière extraordinaire et contre nature. Ils ressemblent à des oies de marais, mais sont plus petits. Ils sont produits par des troncs de sapins ballottés par les flots de la mer, et d'abord ils ressemblent à de la gomme. Plus tard, étant renfermés dans des coquilles, afin de pouvoir se développer plus librement, ils restent suspendus par le bec à une algue adhérente au bois. Et, dans cet état, ils se développent en se nourrissant du suc du bois et de la mer, par une alimentation toute cachée et merveilleuse, jusqu'à ce que, avec le temps, ils se couvrent de plumes solides, et alors ou ils tombent dans l'eau ou ils prennent leur libre vol dans l'air. Mainte fois, sur le rivage de la mer, j'ai vu de mes propres yeux plus de mille de ces petits corps d'oiseaux, renfermés dans des coquilles et déjà tout formés, suspendus à une seule pièce de bois. Il n'y a pas ici d'œufs fécondés par un accouplement, comme chez les oiseaux, et ils ne naissent jamais d'œufs couvés par un oiseau. Dans aucun coin du monde on ne les voit être en amour ni construire des nids. C'est pourquoi, dans certaines parties de l'Irlande, les évêques et les religieux ne se font pas scrupule de manger de ces oiseaux, en temps de jeûne,

dependentia testis inclusa et jam formata. Non ex harum coitu (ut in avibus assolet) ova gignuntur, non avis in earum procreatione unquam ovis incubat : in nullis terrarum angulis vel libidini vacare vel nidificare videntur. Unde et in quibusdam Hiberniæ partibus, avibus istis tamquam non carneis quia de carne non natis, episcopi et viri religiosi jejuniorum tempore sine delicto vesci solent. Sed hi quidem scrupulose moventur ad delictum. Si quis enim ex primi parentis carnei quidem, licet de carne non nati, femore comedisset, eum a carnium esu non immunem arbitrarer. »

sous prétexte qu'ils ne sont pas de la chair, n'étant pas nés de la chair. Mais ils sont ainsi entraînés, par la subtilité de cette distinction, à commettre une faute. Car si quelqu'un avait mangé de la cuisse de notre premier père, qui était assurément de chair, quoiqu'il ne fût pas né de la chair, je ne le considérerais pas comme innocent du péché d'avoir mangé de la chair. »

Puis viennent d'autres raisonnements de la même force, que nous pouvons bien omettre. Le fait important à constater, c'est que, dans le douzième siècle, la croyance à la transformation miraculeuse de la bernacle en l'oie barnache était aussi fermement établie que dans le dix-septième, et ensuite que sur cette croyance s'en était fondée une autre, à savoir que l'on pouvait en sûreté de conscience manger des oies barnaches pendant le carême.

Je ne saurais dire de combien cette fable est antérieure à Giraldus, mais il ne faut pas supposer qu'elle n'ait jamais rencontré de contradicteurs durant les cinq siècles pendant lesquels nous en avons constaté l'existence. Elle a été réfutée par Albert le Grand (mort en 1280), lequel déclare avoir vu ces oiseaux pondre des œufs et les couver (1). Elle a été réfutée

(1) « Barbates mentiendo quidam dicunt aves : quas vulgus bonngas (baumgans?) vocat : eo quod ex arboribus nasci dicuntur a quibus stipite et ramis dependent : et succo qui inter corticem est nutritæ : dicunt etiam aliquando ex putridis lignis hæc animalia in mari generari : et præcipue ex abietum putredine, afferentes quod nemo unquam vidit has aves coire vel ovare : et hoc omnino absurdum est : quia ego et multi mecum de sociis vidimus eas et coire et ovare et pullos nutrire sicut in ante habitis diximus : hæc avis caput habet quasi pavonis. Pedes autem nigros ut cygnus : et sunt membrana conjuncti digiti ad natandum : et sunt in dorso cinereæ ni-

encore par Roger Bacon (mort en 1294). Æneas Sylvius (1) (qui devint plus tard le pape Pie II, 1458-64), étant en Écosse auprès du roi Jacques, s'enquit avec grand empressement de cet arbre, et il se plaint « que les miracles fuient toujours devant nous »; car, lorsqu'il demanda à voir ce fameux arbre, on lui répondit qu'il ne se trouvait pas en Écosse mais dans les Orcades. En 1599, des marins hollandais, qui avaient visité le Groenland, racontèrent qu'ils y avaient trouvé des œufs des oies barnaches (qu'ils appelaient en hollandais *rotgansen*) et qu'ils avaient vu ces oies les couver; qu'ils avaient entendu ces oiseaux crier *rotte, rotte, rotte;* qu'ils en avaient tué un d'un coup de pierre, et qu'ils l'avaient mangé, avec soixante œufs (2).

Cependant on n'en continua pas moins à raconter cette fable, et à manger ces oiseaux pendant le carême sans remords de conscience. Aldrovandus, dans son *Ornithologia* (1613, lib. XIX), cite un prêtre irlandais du nom d'Octavianus, qui lui avait affirmé, en jurant

---

gredinis : et in ventre subalbidæ, aliquantum minores anseribus. »
— *De Animalibus*, lib. XXIII, p. 186.

(1) Scribit tamen Æneas Sylvius de hac arbore in hunc modum : « Audiveramus nos olim arborem esse in Scotia, quæ supra ripam fluminis enata fructus produceret, anetarum formam habentes, et eos quidem cum maturitati proximi essent sponte sua decidere, alios in terram, alios in aquam, et in terram dejectos putrescere, in aquam vero demersos, mox animatos enatare sub aquis et in aerem plumis pennisque evolare. De qua re cum avidius investigaremus dum essemus in Scotia apud Jacobum regem, hominem quadratum et multa pinguedine gravem, didicimus miracula semper remotius fugere, famosamque arborem non in Scotia, sed apud Orchades insulas inveniri. » — Seb. Munster, *Cosmogr.* p. 49.

(2) *Trois Navigations faites par les Hollandais au Septentrion*, par Gérard de Vora. Paris, 1599, p. 112.

sur l'Évangile, qu'il avait vu ces oiseaux à l'état informe et qu'il les avait eus dans les mains. Et Aldrovandus lui-même (1), après avoir pesé tous les témoignages pour et contre l'origine miraculeuse de l'oie barnache, arrive à cette conclusion, qu'il aime mieux errer avec la majorité des hommes que d'élever la voix contre tant d'écrivains illustres. En 1629, un certain comte Maier publia à Francfort un livre intitulé *de Volucri arborea,* dans lequel il explique toute la génération de cet oiseau, et se livre à certaines spéculations des plus absurdes et des plus blasphématoires (2).

Mais comment cette histoire extraordinaire a-t-elle pu prendre naissance? Pourquoi a-t-on jamais conçu cette idée, qu'un oiseau était produit par un coquillage, et que cet oiseau particulier, la barnache, était produit par ce coquillage particulier, la bernacle? Une fois l'histoire mise en circulation, il y a plusieurs causes qui devaient la faire vivre, et elle a certainement eu une vitalité extraordinaire. Il y a, dans ce coquillage, la bernacle, certains traits qu'un observateur superficiel pourrait prendre pour les premiers rudiments d'un oiseau; et il est incontestable que les pieds, en particulier, avec lesquels

---

(1) « Malim tamen cum pluribus errare quam tot scriptoribus clarissimis oblatrare quibus præter id quod de ephemero dictum est, favet etiam quod est ab Aristotele proditum, genus scilicet testatum quoddam navigiis putrescente fæce spumosa adnasci. » (P. 173, ligne 47.)

(2) Voici le titre du chapitre quatrième : « Quod finis proprius hujus volucris generationis sit ut referat duplici suâ naturâ, vegeabili et animali, Christum Deum et hominem, qui quoque sine patre et matre, ut ille, existit. »

cet animal saisit sa nourriture et l'introduit dans sa coquille, ressemblent à des plumes très-délicates.

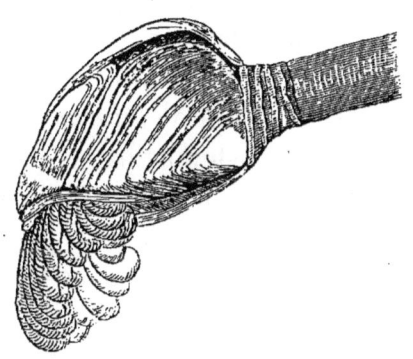

Figure 2.

Ce fait, que la fable concernant l'origine des barnaches offrait une excuse pour les manger pendant le carême, devait, sans aucun doute, contribuer beaucoup à affermir la croyance populaire, et à y attacher, en une certaine mesure, un caractère sacré. A Bombay, où, dans certaines classes de la population, le poisson est regardé comme un mets défendu, les prêtres appellent les poissons « végétaux de mer », et sous ce nom il est permis d'en manger. Il ne viendrait à l'idée de personne de soupçonner Linné d'avoir partagé l'erreur vulgaire : pourtant il a conservé, pour le coquillage, le nom de *anatifera,* et le nom de *bernicla* pour cette espèce d'oie.

Je crois que c'est le langage qui a d'abord suggéré ce mythe. Nous avons vu que ces coquillages étaient appelés régulièrement et proprement *bernaculæ*. Nous avons vu aussi que l'on prenait en Irlande les oies barnaches. C'était contre les évêques irlandais qu'écrivait Giraldus Cambrensis, qui les blâmait de ce qu'ils osaient manger ces oiseaux pendant le carême; et des témoignages ultérieurs nous apprennent que l'on s'empressa de faire bon accueil en France à la découverte faite par les ecclésiastiques irlandais. Or l'Irlande s'appelle *Hibernia*, et je crois que ces oiseaux furent désignés originairement par le nom de *hibernicæ* ou *hiberniculæ*. La première syllabe tomba parce qu'elle ne portait pas l'accent, comme dans l'italien *il verno* « l'hiver », pour *il iverno*. Cette chute de la première syllabe se rencontre assez fréquemment dans les mots latins, que la langue vulgaire des moines a fait passer dans les dialectes romans modernes (1); et, dans les dictionnaires du latin du moyen âge, nous trouvons le mot *hybernagium* sous la forme tronquée de *bernagium* (2). Ces oiseaux ayant donc été appelés *hiberniculæ*, puis *berniculæ*, se trouvèrent ainsi avoir le même nom que les coquillages, appelés *bernaculæ*; et, les deux noms paraissant identiques, on crut aussi à l'identité de l'oiseau avec le coquillage. Tout sembla conspirer plus tard pour confirmer l'erreur première, et pour donner à ce qui n'avait été originairement qu'un bon *canard* irlandais toute la dignité d'une vérité scientifique et la gravité d'une vérité théologique.

Il convient cependant de mentionner qu'il y a une dérivation du nom *bernacula*, laquelle fut suggérée à Gesner par un de ses correspondants. « Joannes Caius, dit-il, m'écrit dans une de ses lettres : « Je crois que

---

(1) Cf. Diez, *Rom. Gr.*, p. 162 : *rondine* = hirundo
vescovo = episcopus
chiesa = ecclesia.

(2) Cf. Du Cange. « Bernagium, pro Hybernagium, ni fallor, miscellum frumentum. »

l'oiseau que nous appelons *Anser brendinus,* et que d'autres nomment *bernaclus,* devrait s'appeler *bernclacus,* car, dans la langue des anciens Bretons, l'oie sauvage portait le nom de *clake,* comme chez les Écossais modernes. — Aussi ces derniers conservent encore le nom qui s'est corrompu chez nous en *lake ou fenlake* « oie de marais », et ils disent *fencklake;* car notre peuple intervertit souvent l'ordre des lettres, et prononce *bern* au lieu de *bren.* » (*Historia Animalium,* lib. III, p. 110.)

Le correspondant de Gesner pensait donc que ce nom dérivait de l'écossais; qu'en écossais l'oiseau était appelé *bren clake;* que ce nom était prononcé *bernclake,* et qu'en ajoutant à ce dernier mot une désinence latine, on en avait fait *bernclacus.* Il y a cependant contre cette étymologie une objection fatale, c'est que, parmi les très-nombreuses variantes du mot *bernicula* (1), aucune ne se rapproche le moins du monde de *bernclacus.* Autrement il est certain que *clake* ou *claik* signifie « oie », et que la barnache, en particulier,

---

(1) Le nom varie, même en latin. Dans les ouvrages d'ornithologie se rencontrent les noms suivants, qui sont tous employés pour désigner le même oiseau, mais dont je ne puis garantir l'exactitude ou l'authenticité.

Anglais : Bernacle, Scotch goose.
Écossais : Clakis ou claiks, clak-guse, claik-gees, Barnacle.
Dialecte des Orcades : Rodgans.
Hollandais : Ratgans.
Allemand : Baumgans.
Danois : Ray-gaas, Radgaas.
Norvégien : Raatne-gans, goul, gagl.
Islandais : Helsingen.
Français : Barnache, cane à collier, nonnette, religieuse, macquerolle (?), macreuse (?).
Latin : Bernicula, Bernacula, Bernacla, Bernicla, Bernecla, Ber-

est ainsi nommée (1). Quant à *bran*, ce mot signifie en composition « foncé » comme dans l'anglo-saxon *branwyrt*, « mûre de ronce », qu'il ne faut pas confondre avec *brunewyrt*, « brunelle » ou « bétoine »; et Jamieson, dans son dictionnaire écossais, explique *branded*, *brannit*, par « brun roux, couleur d'une chose qui aurait été roussie par le feu ». Ainsi *a branded cow* signifie « une vache presque entièrement brune ». *A brant-fox* est un renard aux pieds noirs. *Branta*, comme nous l'avons vu, était un nom donné à la barnache, et l'on disait que ce nom lui avait été donné à cause de sa couleur noire.

Bien des légendes sacrées et profanes du moyen âge sont là pour nous prouver avec quelle facilité de telles fictions prennent naissance, lorsqu'il s'agit, comme dans le cas qui nous occupe, de lever des difficultés suscitées par des noms que l'on ne comprend plus. Tout le monde en Angleterre connaît l'histoire

---

necela (Fred. II Imp., *de Arte venandi*), Bernaca, Bernicha, Bernecha, Berneca, Bernichia, Branta (ab atro colore anser scoticus), Bernesta, Barnaces (Brompton, p. 1072), Barliata (Isidorus), Barbata (Albert le Grand).

Cf. Du Cange et Ménage. Diefenbach, *Glossarium Latino-Germanicum* : « Galli has aves *Macquerolles* et *Macreuses* appellant, et tempore Quadragesimali ex Normannia Parisios deferunt. Sed revera deprehensum est a Batavis, anseres hosce ova parere, » etc. (Willoughby).

Un autre nom est donné par Scaliger. Jules-César Scaliger, ad Arist. de Plantis, lib. 1 : — « Anates (inquit, melius dixisset Anseres) Oceani, quas Armorici partim *Crabrans*, partim *Bernachias* vocant. Eæ creantur ex putredine naufragiorum, pendentque rostro a matrice, quoad absolutæ decidant in subjectas aquas, unde sibi statim victum quærunt : visendo interea spectaculo pensiles, motitantesque tum pedes, tum alas. »

(1) Brompton, *Chronicle of Ireland*. col. 1072, ap. Jun.

de Whittington, le pauvre paysan, qui doit à son *chat* d'être devenu lord-maire de Londres. Le savant éditeur des *Munimenta Gildhallæ Londinensis*, M. H. T. Riley, nous dit dans sa Préface (p. XVIII) que, dans le quatorzième siècle, et au commencement du quinzième, le négoce était connu en Angleterre, dans les classes élevées, sous le nom français *achat,* lequel s'écrivait et probablement se prononçait, dans ce pays, *acat.* Voilà donc l'origine des richesses de Whittington ; mais, comme le français fut plus tard dépossédé par l'anglais moderne, on oublia probablement ce que signifiait *acat,* et quelque esprit inventif, à une époque bien postérieure, put profiter de cet oubli pour fonder un nouveau récit sur le double sens d'un vieux mot qui disparaissait de l'usage (1).

Vous connaissez l'histoire de saint Christophe. La Légende dorée (2) nous dit que c'était un Chananéen de taille gigantesque, et terrible à voir. « Il ne voulait servir personne qui eût lui-même un maître ; et

(1) *Rerum Britannicarum Medii Ævi Scriptores, Munimenta Gildhallæ Londinensis*, vol. I. Liber Albus. Londres, 1859. Comme il ne m'a pas été possible de découvrir la forme la plus ancienne de l'histoire de Whittington, je dois laisser à M. Riley tout l'honneur et toute la responsabilité de cette explication.

[Cette explication de M. Riley nous paraît d'autant plus acceptable que *acat* était bien la forme normande et picarde de *achat,* et aujourd'hui encore, dans le nord de la France, les gens qui parlent patois ne disent jamais *acheter* mais *acater.* Burguy, *Grammaire de la langue d'oïl*, I, 57, donne l'exemple suivant extrait de la *Chronique de Jan van Heilu :* « del *acat* de le vile devant dite » ; et Littré cite cet autre exemple pris dans Du Cange au mot *accatum :* « je fac savoir que tous les *acas* ». Tr.]

(2) *Legenda Aurea,* cap. 100.

[Dans le *Mémoire pour les études des Missions étrangères,* rédigé par l'abbé Fleury, à la demande du vicaire apostolique de

lorsqu'il apprit que son maître avait peur du démon, il le quitta pour se mettre au service de ce dernier. Plus tard, en passant auprès d'une croix, il remarqua que son nouveau maître en avait peur, et, apprenant ainsi qu'il y avait quelqu'un de plus puissant que le démon, il le quitta à son tour pour se faire serviteur du Christ. Il fut instruit par un vieil ermite, mais, comme il ne pouvait ni jeûner ni prier, on lui dit de servir le Christ en faisant traverser une rivière profonde aux voyageurs qu'il porterait sur son dos. Ce qu'il fit, jusqu'à ce qu'un jour il s'entendit appeler trois fois, et à la troisième fois, il vit un enfant qui demandait à traverser la rivière. Il le prit sur ses

Siam, se trouvent les recommandations suivantes : — « Je voudrais encore que l'on fît un point de conscience d'observer la défense que fait saint Paul de s'arrêter aux fables, et que l'on ne mêlât jamais à la doctrine chrétienne rien qui fût indigne de la majesté de l'Évangile. Je le dis, parce que je vois qu'en France les missionnaires et les catéchistes ne craignent point assez de débiter des histoires tirées du *Pédagogue chrétien*, et de la *Fleur des exemples;* que l'on met entre les mains de tous les peuples des Vies des saints, la plupart apocryphes, et que nos histoires ecclésiastiques les plus sérieuses, je dis même celle de Baronius, ne sont pas assez correctes sur ce point... Je voudrais user de la même précaution pour les images, et je ne souffrirais point que l'on proposât le dragon de sainte Marguerite, ni celui de saint George, ni saint Christophe comme un géant, ni saint Jacques en habit de pèlerin. Ici tout le monde est accoutumé depuis longtemps à ces ouvrages, et il y est plus difficile de les abolir. Mais à quoi bon les porter à de nouveaux chrétiens qui n'en ont aucun besoin ? »

Afin de donner plus de poids à ces conseils, l'abbé Fleury, dans la lettre qu'il écrivit à l'évêque le 3 mars 1689, en lui adressant ce *Mémoire*, lui dit : « J'ai communiqué ce mémoire à quelques-uns de mes meilleurs amis, et Mgr l'évêque de Meaux, le premier théologien de notre siècle, a bien voulu prendre la peine de l'examiner et me donner ses avis que je n'ai pas manqué de suivre. » Tr.]

épaules, mais l'enfant était si lourd qu'il eut toutes les peines du monde à atteindre l'autre rive. Lorsqu'il y fut enfin arrivé, l'Enfant lui dit qu'il avait porté le Christ lui-même sur ses épaules, et, pour preuve de la vérité de ce qu'il lui disait, l'Enfant ordonna à Christophe de ficher en terre le bâton qui lui servait depuis des années, lequel prit racine aussitôt et devint un arbre. » On rapporte que plus tard beaucoup d'autres miracles furent opérés en sa faveur, jusqu'à ce qu'enfin il souffrit le martyre.

Il est clair, et les écrivains catholiques le reconnaissent eux-mêmes, que toute la légende de saint Christophe a été suggérée par son nom, lequel signifie « celui qui porte le Christ ». Ce nom n'avait eu originairement qu'un sens spirituel, comme saint Ignace prit le nom de *Theophorus* (1) « celui qui porte Dieu », à savoir, dans son cœur. Mais de même que l'on a raconté que les gens qui mirent saint Ignace à mort trouvèrent le nom de Dieu miraculeusement empreint sur son cœur, lorsqu'ils l'arrachèrent de sa poitrine, ainsi le nom de *Christophorus* donna naissance à la légende rapportée ci-dessus. Nous ne pouvons dire s'il y a eu réellement un *Christophorus* qui souffrit le martyre en Lycie, sous Décius, dans l'année 250; mais Alban Butler lui-même, dans ses *Vies des Saints*, admet qu' « il ne paraît pas que l'opinion vulgaire qui lui attribue une haute stature ait d'autre fondement

---

(1) « L'accent placé sur la pénultième de Θεοφόρος, ainsi que le nom est écrit dans les *Actes* du saint, nous montre qu'il a une signification active, « quelqu'un qui porte Dieu » ; le nom aurait un sens passif, « porté par Dieu », si l'accent était sur l'antépénultième. » — Alban Butler, *Vies des Saints*, vol. II, p. 1.

que son nom même, et l'origine de ce nom semble avoir été purement allégorique, ainsi que Baronius l'observe; et c'est ce qu'a exprimé Vida dans une épigramme sur ce saint :

> Christophore, infixum quod eum usque in corde gerebas,
> Pictores Christum dant tibi ferri humeris (1).

« Les énormes statues de saint Christophe, que l'on peut voir encore dans beaucoup de cathédrales gothiques, exprimaient, comme par une allégorie, qu'il avait traversé la mer des tribulations, et par cette mer les fidèles voulaient désigner les nombreuses souffrances à travers lesquelles il était parvenu à la vie éternelle. » La *Légende dorée* nous dit qu'avant d'être appelé Christophorus, il portait le nom de Reprobus. D'autres, corrigeant la légende, nous disent que son nom avait été dans l'origine *Offerus* (2), la seconde partie de *Christoferus;* et par là ils nous montrent qu'ils s'étaient complétement mépris sur le sens du nom qu'il portait originairement.

Une autre légende, que l'on suppose devoir son origine à une méprise analogue, est celle de sainte Ursule et des 11,000 vierges, dont on montre encore aujourd'hui les ossements dans une des églises de Cologne. Ce nombre extravagant de jeunes vierges martyres, qui n'est pas spécifié dans les plus anciennes légendes, est regardé par certains écrivains comme une erreur fondée sur ce fait, qu'une des compagnes d'Ursule se serait appelée *Undecimella :* c'est une explication très-plausible, mais je dois avouer que je

---

(1) Vida, *Hymn.* 26, t. II, p. 150.
(2) Maury, *Légendes pieuses,* p. 53.

n'ai pu trouver aucune autorité pour ce nom *Undecimella* (1).

On se tromperait beaucoup si l'on supposait que ces légendes, et autres du même genre, furent inventées et répandues sciemment et avec intention. Elles étaient le produit naturel du sol intellectuel de l'Europe, où les semences du christianisme avaient été jetées avant que les mauvaises herbes de l'ancienne mythologie païenne eussent été arrachées et consumées. Ces légendes ne sont pas plus artificielles, elles

---

(1) « Nous ne croyons pas devoir entrer dans les contestations émues au sujet de sainte Ursule et de ses compagnes, puisqu'étant destitués des secours qui nous seraient nécessaires pour les terminer, nous n'en pourrions sortir avec la satisfaction de personne. Il nous suffira, en attendant de nouvelles lumières, d'en demeurer aux termes de la correction du martyrologe romain, où l'on parle avec une sage circonspection d'elle et de ses compagnes, sans en limiter le nombre. Quelques savants (Sirmond, Valois, etc.) ont fait en notre siècle l'ouverture d'une opinion nouvelle qui, nous donnant l'explication du nom des *Onze mille*, réduirait ce prodigieux nombre des compagnes de sainte Ursule à une seule personne. Cette compagne unique de la sainte, selon leur conjecture, aura porté le nom d'*Undecimille*, d'où les copistes de martyrologes, accoutumés, comme on le sait, à corrompre les noms et à multiplier les erreurs, auront formé onze mille en deux mots. On peut très-bien s'imaginer le nom d'Undécimille, quoique très-rare et peut-être unique, sur le modèle de Décimille, de Septimille; sur celui de Sextille, de Quintille, de Quartille, dont nous avons divers exemples. Mais il nous faut quelque chose de plus pour appuyer un sentiment si nouveau. » (*Les Vies des Saints*, composées sur ce qui nous est resté de plus authentique et de plus assuré dans leur histoire, avec l'histoire de leur culte, selon qu'il est établi dans l'Église catholique. Paris, M. DCC. I. tome III, p. 330.) [Tr.]

Voir aussi Jacobus a Voragine, *Legenda Aurea*, cap. 158. Galfredus, Monumetensis, lib. V, cap. 16. *St. Ursula und ihre Gesellschaft*. Eine kritisch-historische Monographie, von Johann Hubert Kessel. Köln, 1863.

ne sont pas plus l'œuvre de certains individus, que ne l'avaient été les anciennes fables de la Grèce, de Rome ou de l'Inde ; nous savons même que l'Église, que l'on a accusée parfois d'encourager et de favoriser ces superstitions, s'est efforcée de temps en temps, mais en vain, d'en arrêter le rapide développement. Ce qui est arrivé à l'époque où ces légendes se sont formées, c'est ce qui arrivera toujours quand on apprendra aux grandes masses des peuples à parler le langage de leurs maîtres, de leurs apôtres ou de leurs missionnaires, avant que les pensées de ces derniers soient devenues leurs pensées. Ce qui, dans l'esprit du maître, est spirituel et vrai, devient, dans la bouche de l'élève, matériel et souvent faux. Cependant, même sous leur forme altérée, les mots enseignés par les maîtres conservent leur caractère sacré ; ils ne tardent pas à être une partie intégrante de ces fondements sur lesquels s'élève la vie religieuse de toute une nation, et à ces fondements les docteurs mêmes des peuples craignent alors de toucher, de peur qu'en voulant mettre chaque pierre à sa place, ils n'ébranlent l'édifice tout entier qu'il a fallu des siècles pour construire. Saint Thomas d'Aquin (mort en 1274) demanda à saint Bonaventure (mort en 1271) d'où lui venaient cette force et cette onction que l'on trouvait dans tous ses écrits. Bonaventure montra du doigt un crucifix suspendu contre le mur de sa cellule. « C'est cette image, dit-il, qui me dicte toutes mes paroles. » Que peut-il y avoir de plus simple, de plus vrai, de plus intelligible ? Mais la réponse de Bonaventure fut répétée ; le peuple la prit au pied de la lettre, et, quoi qu'on pût dire pour mettre cette réponse dans son vrai jour, il soutint que Bonaventure possédait un crucifix parlant. Un prodige profane fut substitué à une vérité sacrée; et ceux même qui comprenaient la vérité, et qui considéraient comme un devoir de protester contre l'erreur vulgaire, étaient condamnés par les mille voix de la multitude, comme des incrédules qui refusaient de croire aux miracles. Souvent les tableaux venaient ajouter une nouvelle sanction à ces superstitions populaires. Zurbaran peignit saint Pierre Nolasque agenouillé devant un crucifix parlant. Nous ne savons si l'artiste avait l'intention de reproduire un fait ou de peindre un symbole. Mais la foule comprit le tableau comme représentant un fait tout matériel, et où aurait-on trouvé le prédicateur assez hardi pour expliquer à ses auditeurs l'idée simple, mais assurément plus profonde, exprimée par ce tableau auquel ils s'étaient habitués à rendre une espèce de culte?

C'était une coutume fréquente chez les artistes du moyen âge de représenter les martyrs, qui avaient souffert la mort par le glaive, portant leur tête dans leurs mains (1). Le peuple qui voyait les sculptures ne pouvait y découvrir qu'un seul sens, et il croyait fermement que certains martyrs avaient porté miraculeusement leur tête dans leurs mains, après avoir été décapités (2). Plusieurs saints étaient représentés avec

---

(1) Maury, p. 207.
(2) Maury, p. 287 : « Cette légende se trouve dans les Vies de saint Denis, de saint Ovide, de saint Firmin d'Amiens, de saint Maurice, de saint Nicaise de Reims, de saint Soulange de Bourges, de saint Just d'Auxerre, de saint Lucain, de sainte Esperie, de saint Didier de Langres, et d'une foule d'autres. »

une colombe soit à côté d'eux, soit près de leur oreille. L'artiste se proposait simplement d'exprimer par là que ces hommes avaient été favorisés des dons du Saint-Esprit ; mais le peuple qui voyait les images croyait fermement que le Saint-Esprit était apparu au saint sous la forme d'une colombe (1).

Rien n'était encore plus ordinaire pour ces artistes que de représenter le péché ou l'idolâtrie sous la forme d'un serpent ou d'un dragon. Un homme qui avait lutté bravement contre les tentations du monde, un roi païen qui s'était converti au christianisme (2), étaient naturellement représentés sous les traits d'un saint Georges combattant contre le dragon, et le tuant. Un missionnaire qui avait prêché l'Évangile avec succès, et qui avait délivré un pays du venin de l'hérésie ou de l'idolâtrie, devenait immédiatement un saint Patrice, chassant de l'Irlande tous les animaux venimeux (3).

Or il convient d'observer combien, dans tous ces cas, la conception première exprimée par ces paroles ou ces tableaux dont nous avons parlé, est plus haute, plus digne de vénération, et plus vraiment religieuse, que cette pétrification miraculeuse, à laquelle s'attache l'intérêt superstitieux de la multitude. Si Constantin et Clovis, au moment le plus critique de leur vie, ont senti que la victoire leur venait des mains du seul vrai Dieu, du Dieu révélé par Jésus-Christ, et prêché dans les villes de tout l'empire romain par les disci-

---

(1) *Ibid.*, p. 182.
(2) *Ibid.*, p. 135. Eusebius, *de Vita Const.*, ed. Heinicher, Lipsiæ, 1830, p. 150.
(3) *Ibid.*, p. 141.

ples méprisés d'un Maître crucifié, cela nous montre sûrement la puissance du christianisme avec une grandeur bien plus majestueuse que si l'on nous dit que cet empereur et ce roi convertis ont vu, ou ont cru voir, dans l'air, une bannière portant une croix ou cette inscription : « *In hoc signo vinces* » (1).

Si Bonaventure sentait la présence de Jésus-Christ dans sa cellule solitaire, et si le cœur d'Ignace était rempli et animé par l'esprit de Dieu, nous pouvons comprendre ce qu'on nous dit, nous pouvons éprouver une émotion sympathique, nous pouvons admirer, nous pouvons aimer. Mais, si l'on vient nous dire que l'un possédait simplement un crucifix parlant, et que sur le cœur de l'autre étaient empreintes les quatre lettres grecques ΘΕΟΣ, en quoi cela nous touche-t-il ?

Ces vieux tableaux et ces vieilles sculptures, qui représentent des saints combattant contre un dragon, des martyrs prêts à donner leur vie pour la vérité, ou des écrivains inspirés prêtant une oreille attentive à la voix de Dieu, tous ces tableaux, dis-je, perdent toute leur signification et toute leur beauté, s'ils ne représentent que des hommes de force herculéenne, qui ont terrassé quelque monstre ressemblant à un gorille, ou des êtres tout différents de nous, qui ne sont pas morts quoique leur tête eût été séparée de leur corps,

---

(1) Des histoires semblables sont rapportées dans la vie d'Alfonse, premier roi de Portugal, qui, dit-on, aperçut dans le ciel une croix brillante avant la bataille d'Ourique, en 1139, et dans la vie de Waldemar II, de Danemark. La croix rouge de Danemark, le Danebrog, date de la victoire de Waldemar sur les Esthoniens en 1219. Voir Dahlmann, *Geschichte von Dännemark*, vol. I, p. 368.

ou des vieillards qui portaient une colombe sur chaque épaule. Ces colombes qui s'approchaient de l'oreille des vieux prophètes, désignaient l'Esprit de Dieu, descendant comme une colombe et s'arrêtant sur leur tête ; et les pieux sculpteurs d'autrefois auraient été saisis d'horreur, s'ils avaient pu penser que l'on prendrait un jour ces images pour de véritables oiseaux, occupés à dicter aux prophètes les paroles qu'ils devaient écrire.

Tout est vrai, naturel et plein de sens, si nous entrons avec un esprit de révérence dans la pensée de l'art et du langage anciens. Tout devient faux, merveilleux et dénué de signification, si nous interprétons les paroles profondes et puissantes des voyants d'autrefois dans le sens superficiel et faible des chroniqueurs modernes.

Il y a un exemple curieux d'interprétation erronée, qui a précédé de longtemps l'époque de Galilée. Dans le grec plus moderne, les tremblements de terre étaient appelés *Theomēnia,* littéralement « la colère de Dieu » (1). Cette expression avait probablement été suggérée par le langage de la Bible, où nous trouvons

---

(1) Θεομηνία, ira divina [Eustath. p. 891, 24] : τὴν Θεομηνίαν Διὸς λέγει μάστιγα (Stephani Thesaurus, Didot).

Tzetzes, *Historiarum variarum Chiliades,* ed Kiesseling, Lipsiæ, 1826, V, 727 (cf. Grote, vol. I, p. 539) :

Ἂν συμφορὰ κατέλαβε πόλιν θεομηνία, εἴτ' οὖν λιμὸς, εἴτε λοιμὸς, εἴτε καὶ βλάβος ἄλλο.

Theophanes Contin. p. 673 (Symeon Magister, *De Michaele et Theodora*) :

Ἐν μιᾷ νυκτὶ συνέβη γενέσθαι σεισμοὶ μεγάλοι· καὶ αὐτὸς ὁ Φώτιος ἀναβὰς ἐπὶ τοῦ ἄμβωνος δημηγορῆσαι, εἶπεν ὅτι οἱ σεισμοὶ οὐκ ἐκ πλήθους ἁμαρτιῶν ἀλλ' ἐκ πλησμονῆς ὕδατος γίνονται. Joannes Malalas (Bonnæ, 1831), p. 249 : Τῆς αὐτῆς πόλεως Ἀντιοχείας ληφθείσης ὑπὸ ἐναντίων, ὡσαύτως δὲ καὶ θεομηνίας γενομένης καὶ διαφόρων σεισμῶν καὶ ἐμπρησμῶν.

des passages tels que celui-ci (Ps. ClV, 32) : « Il regarde la terre, et elle tremble ; il touche les collines, et elles fument. » C'était en soi un terme très-juste, mais qui ne tarda pas à perdre sa signification étymologique, et devint le nom conventionnel et ordinaire pour un tremblement de terre. Cependant cette expression entretint dans l'esprit du peuple l'idée que les tremblements de terre étaient, d'une manière spéciale, un effet de la colère divine, et qu'ils différaient en cela des orages, ou de la famine, ou de la peste. Telle fut la source du mal. Le nom *Theomēnia*, après avoir exprimé d'abord une idée très-vraie, ne fut plus qu'une expression inexacte, quand on cessa de le comprendre dans son véritable sens. Et alors qu'est-il arrivé? Les gens qui, comme Photius, étaient assez téméraires pour attribuer des tremblements de terre à des causes naturelles, étaient décriés par la multitude irréfléchie, comme étant des incrédules et des hérétiques.

Nous avons en dernier lieu à considérer une classe de mots qui exercent une très-puissante influence sur l'esprit. Ces mots régissent l'esprit au lieu d'être régis par lui, et ils produisent une sorte de mythologie, dont les effets s'étendent bien loin, même de nos jours. Dans une leçon précédente, j'ai fait observer que, outre les noms abstraits tels que *vertu, fortune, bonheur, paix* et *guerre*, il y en a d'autres d'un caractère légèrement différent, qui se prêtent également à la personnification mythologique. Un nom tel que le latin *virtus* exprimait originairement une certaine qualité, l'énergie virile, la qualité distinctive de l'homme, ou plutôt toutes les bonnes qualités particulières à l'homme. Tant que ce nom était simplement employé comme nom qualificatif, ou comme adjectif changé en substantif, aucune confusion n'était à redouter. Les noms abstraits étaient, dans l'origine, des noms collectifs, et c'est par une transition bien facile que l'on passe d'un pluriel, tel que « les clercs » (*clerici*), à un nom collectif ou abstrait, tel que « le clergé » (*clericatus*). *Humanitas* a signifié primitivement « tous les hommes », « l'espèce humaine ». Mais lorsque l'esprit, se laissant tromper par la forme extérieure du mot *virtus,* prit ce qui n'était simplement qu'un attribut collectif pour une essence subjective et personnelle, alors le mal était fait : un adjectif était devenu un substantif, un attribut avait été changé en sujet. Et, comme il n'y avait pas de fondement réel et naturel que l'on pût donner à cette création illégitime de l'esprit, on la plaça presque involontairement sur le même piédestal où avaient été dressées les statues des puissances appelées divines. On en parla comme d'un être surnaturel ou divin. *Virtus,* l'énergie virile, n'était plus représentée comme étant possédée par l'homme, mais comme le possédant elle-même, le gouvernant, et l'animant aux grandes choses. Elle devint une puissance, une puissance divine, et bientôt elle eut ses temples, ses autels et ses sacrifices, comme d'autres divinités plus anciennes. Beaucoup de celles-ci durent leur origine à une confusion intellectuelle absolument identique. Nous sommes portés à nous imaginer que le Jour, la Nuit, l'Aurore, le Printemps, le Ciel, la Terre, la Rivière, sont des êtres substantiels, ou du moins plus substantiels que la Vertu ou la Paix.

Mais analysons ces mots, cherchons la base substantielle sur laquelle ils reposent, et nous trouverons qu'ils échappent à nos investigations, presque autant que les déesses de la Vertu et de la Paix. Nous pouvons trouver quelque chose de palpable dans tout ce qui est individuel ; nous pouvons parler d'un caillou, d'un cheval, d'une pierre, d'une fleur ou d'un animal, comme d'êtres indépendants ; et, encore que leurs noms soient dérivés de quelque qualité générale particulière à chacun d'eux, cependant cette qualité devient substantielle dans quelque chose qui existe, et elle résiste à toute analyse ultérieure. Mais, si nous parlons de l'Aurore, qu'entendons-nous par ce mot ? Prétendons-nous désigner une substance, un individu, une personne ? Assurément non. Nous voulons parler du temps qui précède le lever du soleil. Mais maintenant, qu'est-ce que le temps ? Qu'y a-t-il de substantiel, d'individuel, ou de personnel dans le temps, ou dans une portion quelconque du temps ? Cependant le langage n'y peut rien : tous les noms qu'il emploie sont ou masculins ou féminins (car le neutre est de date plus récente), et une fois le nom de l'Aurore formé, il exprimera pour tout le monde, excepté pour le philosophe, l'idée d'un être substantiel, sinon d'un être individuel et personnel. Nous avons vu qu'un des noms de l'Aurore en sanscrit était *Saraṇyû*, et que ce nom était identique avec le grec *Erinys*. C'était, dans l'origine, une expression parfaitement vraie et naturelle que l'on employait quand on disait que les rayons de l'Aurore feraient paraître les œuvres des ténèbres, les péchés commis pendant la nuit. Le proverbe allemand dit :

> Kein Faden ist so fein gesponnen,
> Er kommt doch endlich an der Sonnen.

« Il n'est pas de fil si fin, qui un jour ne paraisse au soleil. »

L'expression qui dirait que l'Érinys, que Saraṇyû, que l'Aurore, découvre le criminel, n'était nullement, dans l'origine, entachée de mythologie. Elle signifiait tout simplement qu'un jour ou l'autre le crime finit toujours par être découvert. Mais elle devint mythologique, dès qu'on eut oublié le sens étymologique d'Érinys, et dès que l'Aurore, une portion de temps, eut pris le rang d'un être personnel.

Les *Weird Sisters* avaient la même origine. *Weird* signifiait primitivement « le passé » (1). C'était le nom donné à la première des trois *Nornas,* les Parques des peuples germaniques. On les appelait *Urðr, Verðandi,* et *Skuld* « le Passé, le Présent et le Futur » (2), *das Gewordene, das Werdende, das (sein) Sollende.* Ces trois noms exprimaient exactement la même idée que les Grecs exprimaient par le fil qui est fait, le fil qui passe entre les doigts, et le fil qui est encore sur la quenouille ; ou par *Lachesis* chantant les choses qui ont été (*tà gegonóta*), *Clotho,* les choses qui sont (*tà ónta*), et *Atropos,* les choses qui seront (*tà méllonta*).

En anglo-saxon, *Wyrd* se rencontre fréquemment dans le sens de « destin » ou « destinée ». Beowulf,

---

(1) Grimm, *D. M.* p. 376. *Geschichte der deutschen Sprache,* p. 665.

(2) Faut-il voir dans *Elysium* un autre nom pour l'avenir et le dériver de ἔρχομαι, ἤλυθον ?

V, 915 : — Gaeð â wyrd swâ hiô sceal, « la destinée va toujours comme elle doit. »

Par les *Weird Sisters* on a voulu désigner soit le destin personnifié, soit des devineresses prédisant la destinée de l'homme. Shakspeare conserve le nom saxon; Chaucer les appelle *the fatal sustrin*.

Lorsque les peuples anciens parlaient de la Terre, nul doute qu'ils n'aient voulu d'abord parler du sol sur lequel ils marchaient; mais ils ne tardèrent pas à attribuer à ce mot une signification plus étendue. Ils appelèrent naturellement cette terre leur *mère*, c'est-à-dire, en tant qu'elle les nourrissait; et ce seul nom de *mère*, une fois appliqué à la Terre, suffisait pour lui donner les premiers éléments d'une personnalité, sinon d'une personnalité humaine. Mais, dès qu'on eut parlé de la Terre comme ayant une individualité distincte, on sentit qu'elle était quelque chose de plus que le sol renfermé entre les claies des bergeries, entre des murs, ou entre des montagnes.

Pour l'esprit des penseurs primitifs, la Terre devint un être infini, s'étendant aussi loin que leurs sens et leurs pensées pouvaient s'étendre, et n'étant soutenu par rien, pas même par l'Éléphant et la Tortue de la philosophie orientale plus moderne. Ainsi la Terre devint naturellement et irrésistiblement un être vague, un être réel et cependant non fini, un être personnel et cependant non humain; et, quand les nations anciennes eurent à lui donner un nom, et à la comprendre dans une catégorie de la pensée, ils ne purent que l'appeler une déesse, une déesse brillante, puissante, immortelle, la mère des hommes, la bien-aimée du ciel, la Grande Mère.

Il est parfaitement vrai que dans nos langues modernes nous ne parlons plus de dieux et de déesses ; mais ne rencontre-t-on dans nos vocabulaires scientifiques et non scientifiques aucun de ces êtres indéfinis, tels que la Terre, ou l'Aurore, ou le Futur? N'employons-nous jamais de termes qui, si on les analysait rigoureusement, se trouveraient n'avoir aucune base substantielle? Ainsi, dans la fable orientale, la Terre repose sur l'Éléphant, l'Éléphant sur la Tortue ; — mais la Tortue se balance dans l'espace infini.

Prenons le mot *Nature*. *Natura* signifie étymologiquement celle qui donne naissance, qui produit. Mais qui est-elle, ou qui est-ce? Les nations anciennes en firent une déesse, et à nos yeux cette erreur est une puérilité ; mais, qu'est-ce que la Nature pour nous-mêmes? Nous employons le mot facilement et constamment, mais quand nous essayons de concevoir la Nature comme étant un être ou une réunion d'êtres, comme étant une force ou une réunion de forces, notre esprit retombe bientôt impuissant : il n'y a là rien que l'esprit puisse saisir, rien qui existe ou qui résiste.

Qu'entend-on par cette expression, que les fruits sont produits par la Nature? La Nature ne peut pas signifier ici une puissance indépendante, car nous ne croyons plus en une *Gæa* ou une *Tellus*, en une *Terre notre mère*, produisant les fruits dont nous vivons (*Zeídōros*). *Gæa* était un des nombreux noms du Divin ; — la Nature est-elle autre chose pour nous?

Voyons ce que les naturalistes et les philosophes ont à nous dire concernant la nature.

« J'ai toujours nommé le Créateur, dit Buffon, mais

il n'y a qu'à ôter ce mot et mettre à la place la puissance de la nature. »

« La nature, dit-il encore, n'est point une chose, car cette chose serait tout; la nature n'est point un être, car cet être serait Dieu. »

Et il ajoute : « La nature est une puissance vive, immense, qui embrasse tout, qui anime tout, qui, subordonnée au premier Être, n'a commencé d'agir que par son ordre, et n'agit encore que par son consentement. »

Est-ce que tout cela est plus intelligible, plus conséquent avec soi-même, que les fables de *Gœa*, la mère d'*Ouranos*, l'épouse d'*Ouranos*?

Voici en quels termes Cuvier parle de la nature (1) :

« Par une de ces figures auxquelles toutes les langues sont enclines, la *nature* a été personnifiée : les êtres existants ont été appelés les *œuvres de la nature*, les rapports généraux de ces êtres entre eux sont devenues les *lois de la nature*, etc..... C'est en considérant ainsi la nature comme un être doué d'intelligence et de volonté, mais secondaire et borné, quant à la puissance, qu'on a pu dire qu'elle veille sans cesse au maintien de ses œuvres, qu'elle ne fait rien en vain, qu'elle agit toujours par les voies les plus simples, etc..... On voit combien sont puérils les philophes qui ont donné à la nature une espèce d'existence individuelle, distincte du Créateur, des lois qu'il a imprimées au mouvement, et des propriétés ou des formes données par lui aux créatures, et qui l'ont fait

---

(1) Voir quelques excellents articles de M. Flourens, dans le *Journal des Savants*. 1863.

agir sur les corps avec une puissance et une raison particulières. A mesure que les connaissances se sont étendues en astronomie, en physique et en chimie, ces sciences ont renoncé aux paralogismes qui résultaient de l'application de ce langage figuré aux phénomènes réels. Quelques physiologistes en ont seuls conservé l'usage, parce que, dans l'obscurité où la physiologie est encore enveloppée, ce n'était qu'en attribuant quelque réalité aux fantômes de l'abstraction, qu'ils pouvaient faire illusion à eux-mêmes et aux autres sur la profonde ignorance où ils sont touchant les mouvements vitaux. »

La nature, si nous croyions tout ce qu'on en dit, serait l'être le plus extraordinaire que l'on puisse imaginer : elle éprouve, dit-on, de l'horreur pour certaines choses (*horror vacui*), elle fait ses frasques (*lusus naturæ*), elle commet des méprises (*errores naturæ, monstra*). Elle est même quelquefois en guerre avec elle-même, car, comme nous le dit Giraldus : « c'est contre les lois de la nature que la nature produit les barnaches », et, dans ces dernières années, nous avons beaucoup entendu parler de sa puissance de sélection.

On emploie quelquefois le mot nature pour signifier simplement matière, ou tout ce qui existe en dehors de l'esprit. Cependant, plus ordinairement, on suppose la nature douée d'une vie indépendante, et agissant d'après des lois éternelles et invariables. Puis encore, nous entendons employer le terme nature de manière qu'il comprenne la vie spirituelle et l'activité intellectuelle de l'homme. On parle de la nature spirituelle de l'homme, des lois naturelles de la pensée, de la religion naturelle. L'essence divine elle-même n'est pas nécessairement exclue, car le mot *nature* arrive parfois à embrasser la cause première de laquelle tous les êtres ne seraient que l'émanation, la réflexion ou la création.

Mais, tandis que le terme *nature* semble ainsi indistinctement applicable aux choses matérielles et aux choses spirituelles, aux choses humaines et aux choses divines, le langage, d'autre part, nous aide à distinguer entre les œuvres de la nature et les œuvres de l'homme, les premières fournissant les matériaux des sciences physiques, les autres ceux des siences historiques, et il confirme aussi la distinction que l'on peut faire entre les œuvres de la nature et de l'homme, d'une part, et, d'autre part, l'action divine sous toutes ses formes : d'un côté se trouve ce que l'on appelle naturel et humain, de l'autre ce que l'on qualifie de surnaturel et de surhumain.

Mais maintenant considérez à quelle bruyante confusion nous sommes exposés si, sans avoir clairement aperçu le sens du mot nature, sans être bien convenus entre eux de la définition précise qu'ils donneraient de ce terme, les hommes s'engagent dans une discussion sur le *surnaturel*. Nos gens se combattront et se diront de très-gros mots parce que les uns exprimeront, au sujet du surnaturel, certaines opinions que les autres repousseront. Les uns et les autres vous taxeraient d'impertinence si vous leur demandiez de définir ce qu'ils entendent par « le surnaturel »; et cependant, s'il y a au monde une chose évidente, c'est que les antagonistes attachent à ce terme des idées tout à fait différentes, et des idées du caractère le plus vague.

On a fait bien des tentatives pour définir le surnaturel ou le miraculeux; mais dans toutes ces définitions on a omis de définir le sens des mots nature et naturel.

C'est ainsi que saint Thomas d'Aquin disait qu'un miracle est « ce qui arrive en dehors de l'ordre de la nature (præter ordinem naturæ) ». Saint Augustin avait rédigé plus soigneusement sa définition : « Nous appelons miracles, écrit-il, ce que Dieu accomplit en dehors du cours ordinaire de la nature, *tel qu'il nous est connu* (contra cognitum nobis cursum solitumque naturæ). » D'autres ont défini les miracles des événements qui dépassaient le pouvoir de la nature (opus excedens naturæ vires); mais on a trouvé la formule insuffisante, les miracles, disait-on, ne devant pas seulement dépasser le pouvoir de la nature, mais devant en violer l'ordre (cum ad miraculum requiratur, nedum ut excedat vires naturæ, sed præterea ut sit præter ordinem naturæ). Les miracles furent divisés en trois classes : 1° ceux qui étaient au-dessus de la nature (supra naturam); 2° ceux qui étaient contre la nature (contra naturam); 3° ceux qui étaient au-delà de la nature (præter naturam). Mais ce que l'on n'a jamais expliqué, c'est où finissait la nature et où commençait le surnaturel. Saint Thomas d'Aquin allait jusqu'à admettre des *miracula quoad nos*, et saint Augustin soutenait que, dans le langage humain, on appelait contre nature des événements qui étaient seulement en dehors *de ce que les mortels savent du cours de la nature* (dici autem humano more contra naturam esse quod est contra naturæ usum mortalibus notum). On peut voir un examen détaillé de toutes ces définitions dans l'ouvrage de Benoît XIV, *De servorum Dei beatificatione et Beatorum canonizatione* (première partie du livre IV). Ce serait pourtant en vain que là ou ailleurs nous chercherions une définition de ce qui est naturel (1).

Il y a ici un large champ ouvert à celui qui étudie le langage. C'est à lui qu'il appartient de remonter au sens original de chaque mot, d'en suivre l'histoire, d'indiquer par quels changements de forme et de sens il a passé dans les écoles de philosophie, sur les marchés commerciaux, dans les assemblées politiques. C'est à lui de montrer combien il arrive souvent que des idées différentes sont comprises sous un seul et même terme, et que des termes différents expriment une même idée. Ces deux tendances du langage, l'*Homonymie* et la *Polyonymie*, qui favorisèrent, comme nous l'avons vu, l'abondante production de la mythologie primitive, témoignent encore de leur puissance en favorisant la naissance et le développement des systèmes philosophiques. L'histoire de termes comme *savoir* et *croire*, *fini* et *infini*, *réel* et *nécessaire*, aurait plus d'effet que toute autre chose pour éclaircir l'atmosphère philosophique de notre siècle.

L'influence que le langage exerce sur nos pensées a été sentie par bien des philosophes, et par Locke plus que par tout autre. Quelques personnes ont pensé que cette influence, bonne ou mauvaise, était en tout cas inévitable; d'autres ont supposé qu'il était possible de lutter contre elle par une définition conve-

---

(1) Voir un excellent article récemment publié dans la *Revue d'Édimbourg*, intitulé *On the supernatural*, Sur le surnaturel; on l'attribue à un de nos hommes d'État les plus éminents.

nable des mots, ou par l'introduction d'un nouveau langage technique. Quelques citations peuvent être utiles pour montrer comment les penseurs indépendants se sont toujours révoltés contre la cruelle tyrannie du langage, et combien pourtant cette tyrannie a été peu ébranlée. C'est ainsi que Bacon dit :

« En dernier lieu, considérons les fausses apparences qui nous sont imposées par les mots, qui sont formés et appliqués d'après les idées et les capacités du vulgaire ; et, quoique nous croyions gouverner nos mots, quoique nous ayons là-dessus la plus sage théorie, — loquendum ut vulgus, sentiendum ut sapientes, — cependant il est certain que les mots, comme l'arc du Tartare, lancent en arrière des traits qui vont frapper l'intelligence même du plus sage, et embrouillent et pervertissent singulièrement le jugement. Il est donc presque nécessaire, en toute controverse et dispute, d'imiter la sagesse des mathématiciens, et de commencer par définir tous les mots et termes que nous emploierons, afin que nos interlocuteurs puissent savoir en quel sens nous les prenons, et si, oui ou non, ils sont d'accord avec nous à ce sujet. Car il arrive, faute de cette précaution, que nous sommes obligés de finir, un peu plus tôt, un peu plus tard, par où nous aurions dû commencer, c'est-à-dire par étudier, discuter et définir les termes. »

Écoutons maintenant Locke :

« Je suis disposé à croire, dit-il, que si l'on se rendait un compte plus exact des imperfections que présente le langage comme instrument de la connaissance, beaucoup des controverses qui font tant de bruit dans le monde cesseraient d'elles-mêmes, et le chemin qui conduit à la science et peut-être aussi à la paix serait bien plus largement ouvert qu'il ne l'est aujourd'hui. »

Voici la remarque que fait Wilkins, en expliquant les avantages de sa langue philosophique :

« Cette entreprise contribuera beaucoup aussi à mettre fin à un certain nombre des différends actuels qui nous séparent dans les matières religieuses; elle démasquera en effet beaucoup d'erreurs étranges, qui se dissimulent sous le couvert de phrases affectées, car une fois que ces formules auront été développées philosophiquement, et rendues en termes qui auront gardé leur valeur propre et naturelle, on verra qu'elles ne sont que confusion et contradiction. Et quant à plusieurs de ces notions qui se prétendent profondes, et qui, exprimées en grands mots emphatiques, font la réputation de certains hommes, lorsque nous les examinerons à cette lumière, nous découvrirons qu'elles ne veulent rien dire du tout ou que tout au moins elles sont bien plates et bien pauvres. Ce travail n'eût-il pas d'autre fruit, cependant, au temps où nous vivons, il mériterait encore la peine qu'il coûterait à celui qui s'y consacrerait : c'est ce que l'on reconnaîtra en songeant à tout le mal qui se fait, et aux nombreuses impostures dont on rend les hommes victimes, au moyen de phrases insignifiantes et affectées. »

Parmi les philosophes modernes, c'est Brown qui appuie le plus fortement sur ce même sujet :

« Combien le seul matérialisme de notre langage a lui-même agi pour obscurcir la conception que nous nous formons touchant la nature de l'esprit et ses différents phénomènes, c'est une question qu'il est évidemment hors de notre pouvoir de résoudre, puisqu'une solution impliquerait que l'esprit de celui qui la donne est libre de l'influence dont il a retracé et décrit les effets. Mais voici ce dont, au moins, nous pouvons être sûrs, c'est qu'il nous est presque impossible de nous exagérer cette influence, car nous ne devons pas penser que l'effet en ait été borné aux ouvrages des philosophes. Elle a agi bien plus puissamment encore, dans le discours familier et les réflexions silencieuses des masses, qui n'ont jamais eu de prétentions à la philosophie, s'incorporant ainsi en quelque sorte à l'essence même de la pensée humaine.

« Dans cette période reculée de la vie sociale où le langage prit naissance, l'inventeur d'un mot ne songeait guère probablement qu'aux services immédiats que ce terme nouveau lui rendrait et rendrait à ses compagnons pour les aider à se communiquer les uns aux autres leurs besoins et à concerter leurs plans de coopération mutuelle. Il ne se doutait guère qu'en émettant ce léger son qui ne retentissait que pour s'éteindre tout aussitôt, et que déterminait une si légère différence d'articulation, il créait ce qui constituerait ensuite un des êtres les plus impérissables, et ce qui formerait, dans les esprits de millions d'hommes, pendant toute la durée des siècles futurs, une partie du travail complexe de leur existence intellectuelle ; il ne se doutait pas que ce terme créé par lui donnerait naissance à des systèmes durables de croyances, systèmes qui peut-être, n'était l'invention de ce seul mot, n'auraient jamais un moment triomphé, et qu'il modifierait des sciences, dont les premiers éléments mêmes n'existaient point encore. L'inventeur du terme le plus barbare peut ainsi avoir eu sur les destinées de l'humanité une influence plus profonde que celle où le plus illustre conquérant peut espérer atteindre par une longue vie de fatigue, d'anxiété, de péril et de crime.

« Quelques phrases d'Aristote ont fait des conquêtes autrement étendues et durables que celles de son royal élève, et aujourd'hui encore on peut dire qu'elles font sentir leur puissance aux esprits mêmes qui n'y songent qu'avec un sourire de mépris » (1).

Sir W. Hamilton, dans ses *Leçons sur la métaphysique* (2), fait les remarques suivantes : « A des objets qui diffèrent autant que les images sensibles et ces notions intellectuelles que ne peut représenter aucune forme, on devrait donner des noms différents, et c'est ce qu'on a fait partout où l'on a créé une nomenclature philosophique qui prétendît le moins du monde à la perfection. Dans la langue allemande, qui est maintenant, de toutes les langues vivantes, la plus riche en termes métaphysiques, ces deux catégories d'objets sont soigneusement distinguées. Dans notre idiome, au contraire, les mots *idée, conception, notion*, sont employés à peu près indifféremment, comme synonymes. Le vague et la confusion qui en résultent, même dans l'étroite sphère où, faute de pouvoir faire les distinctions nécessaires, la spéculation se trouve enfermée chez nous, sont sensibles surtout à ceux qui ont quelque connaissance de la philosophie des différents peuples de l'Europe. »

Je donnerai, pour conclure, deux ou trois exemples

---

(1) Brown, *Works*, I, p. 341.
(2) *Lectures on metaphysics*, II, p. 312.

qui feront comprendre de quelle manière, selon moi, la science du langage pourrait rendre service au philosophe.

Le substantif *connaissance* et le verbe *connaître* sont employés, dans les langues modernes, au moins dans trois sens différents.

D'abord nous pouvons dire qu'un enfant connaît sa mère, ou qu'un chien connaît son maître. Ceci ne signifie qu'une chose, c'est que l'enfant et le chien reconnaissent l'identité de deux perceptions, l'une actuelle, et l'autre passée. Cette espèce de connaissance n'est produite que par le témoignage des sens et de la mémoire qui conserve les impressions reçues par les sens, et l'animal la possède comme l'homme. Nous disons que celui auquel cette connaissance fait défaut *oublie*, et, soit dit en passant, l'oubli est un phénomène plus difficile à expliquer que le souvenir. Locke l'a examiné dans l'un des plus éloquents passages de son *Essai sur l'entendement* (1). « La mémoire de quelques hommes, dit-il, est très-tenace, elle l'est jusqu'au miracle; mais cependant il semble qu'il y ait comme une décadence de toutes nos idées, même de celles qui nous ont le plus frappé, et cela dans les esprits les plus susceptibles de tout retenir; de sorte que, si elles ne sont pas quelquefois renouvelées par un exercice répété des sens, ou par un retour sur l'espèce d'objets qui d'abord en provoqua la naissance, l'empreinte s'efface, et, enfin, il ne reste rien de visible. C'est ainsi que souvent nos idées, comme les enfants de notre jeunesse, meurent avant

---

(1) L. II, ch. 10, § 5.

nous, et que nos esprits nous représentent ces tombes dont nous approchons, ces tombes qui gardent encore leurs revêtements de cuivre et de marbre quand déjà le temps en a effacé les inscriptions et fait tomber pièce à pièce les figures qui les décoraient. Les images que reçoit notre esprit y sont peintes avec des couleurs sujettes à s'effacer et qui, si elles ne sont quelquefois rafraîchies, s'évanouissent et disparaissent. Est-ce la constitution de nos corps et le tempérament de nos esprits animaux qui influent sur la force de la mémoire? Est-ce la nature du cerveau qui fait une telle différence que chez les uns il retient les caractères qui y ont été gravés comme fait le marbre, chez les autres comme fait le grès, chez d'autres enfin comme le sable des grèves? Ce sont là des questions que nous n'examinerons pas ici, quoiqu'il puisse paraître probable que la constitution physique ait souvent de l'influence sur la mémoire, puisqu'il arrive fréquemment qu'une maladie dépouille complétement l'esprit de toutes ses idées, et que les flammes de la fièvre, en quelques jours, calcinent et réduisent en une poussière où tout se confond, toutes ces images qui semblaient aussi durables que si elles eussent été gravées sur marbre. »

En second lieu, nous pouvons dire : Je connais que ceci est un triangle. Ici nous avons une conception générale, celle d'un triangle, qui ne nous est pas fournie par les sens seulement, mais qui est élaborée par la raison, et nous affirmons cet attribut d'un objet que nous apercevons en même temps par nos sens. Nous reconnaissons une certaine perception comme entrant dans la catégorie générale de triangle. Ici vous apercevez la différence. Non-seulement nous reconnaissons ce que nous voyons comme identique avec ce que nous avions vu précédemment, mais il faut encore que nous ayons réuni en un groupe certaines impressions, et que nous ayons donné un nom à ce groupe, avant que nous puissions appliquer ce nom toutes les fois que ce même groupe se présente de nouveau à nous. C'est là un genre de connaissance qui est refusé à l'animal, et qui est particulier à l'homme comme être doué du pouvoir de raisonner. C'est dans cette classe que rentre toute connaissance scientifique. L'absence de cette espèce de connaissance est appelée *ignorance*.

En troisième lieu, nous disons que l'homme connaît qu'il y a un Dieu. Cette connaissance-là n'est fondée ni sur le témoignage des sens, ni sur celui du raisonnement. Personne n'a jamais vu Dieu, personne ne s'est jamais formé, par le procédé que nous avons décrit plus haut, une idée générale de Dieu. Ni les sens ni le raisonnement ne peuvent nous fournir la connaissance de Dieu. Ce qu'on appelle les preuves de l'existence de Dieu, preuves *ontologiques, téléologiques* ou *cosmologiques,* tout cela n'a de sens pour nous qu'après que l'idée de Dieu est née dans notre esprit. Nous avons donc ici une troisième espèce de connaissance, qui nous prouve ce qui n'est ni fourni par les organes des sens, ni élaboré en nous par le raisonnement, et ce qui, toutefois, possède une évidence égale, je dirai plus, supérieure à l'évidence des sens et de la raison. On appelle quelquefois *ténèbres spirituelles* l'absence de cette connaissance.

Si l'on ne commence par distinguer soigneusement ces trois sortes de connaissances, on verra se produire les réponses les plus contradictoires quand sera posée cette question générale : « Comment l'homme connaît-il ? »

Le mot *croire* exprime de même, dans nos langues modernes, des espèces d'assentiment très-différentes. Quand nous parlons de notre croyance en Dieu, ou à l'immortalité de l'âme, ou à la Providence, ou à la filiation divine et miraculeuse du Christ, nous voulons exprimer par là une espèce de certitude indépendante du témoignage des sens et de celui de la raison, et pourtant plus convaincante pour nous que ces deux témoignages, une certitude que ne pourront ébranler ni les perceptions dues à nos sens, ni les conclusions les plus rigoureuses d'arguments logiques. C'est l'assentiment le plus entier, le plus résolu que puissent donner des créatures faites comme nous le sommes.

Mais quand nous disons que nous croyons que Notre-Seigneur souffrit sous Ponce-Pilate, ou qu'il vécut sous le règne d'Auguste, nous n'avons pas l'intention de dire que nous croyons à ces faits de la même manière et au même titre qu'à l'existence de Dieu ou à l'immortalité de l'âme. L'adhésion que nous accordons à ces événements est fondée sur le témoignage historique, qui n'est autre chose qu'une certaine forme du témoignage des sens, que le résultat d'un certain nombre de perceptions, classées et contrôlées par la raison. Si l'on pouvait produire des faits qui prouveraient que notre chronologie est erronée, et qu'Auguste régna cinquante ans plus tôt ou plus tard, nous renoncerions volontiers à croire que le Christ et Auguste furent contemporains. Quand on dit *croire* en pareil cas, cela signifie seulement que l'on a des motifs fondés sur une perception ou un raisonnement, pour admettre certains faits. J'ai vu la révolution de février à Paris en 1848 : c'est là un fait de perception extérieure. J'ai vu des hommes qui avaient vu la révolution de juillet, à Paris, en 1830 ; c'est là un fait qui s'appuie sur une perception, que confirment des arguments empruntés au raisonnement. J'ai vu des hommes qui en avaient vu d'autres, lesquels avaient assisté à la révolution de Paris en juillet 1789 : c'est encore là une déposition des sens complétée et garantie par le raisonnement. La même chaîne nous fait remonter jusqu'aux temps les plus reculés ; mais là où les anneaux en sont faibles ou brisés, il n'est pas de puissance de croire qui soit capable de les rétablir dans leur intégrité. Il est impossible d'admettre aucun fait historique, pris comme tel, sans le témoignage des sens ou de la raison. Nous pouvons être aussi certains de faits historiques que de notre propre existence, ou nous pouvons en être incertains. Nous pouvons consentir à les admettre ou nous y refuser, ou nous pouvons les admettre provisoirement, conditionnellement, avec quelque doute, avec une insouciante indifférence. Mais nous pouvons aussi peu *croire* à un fait, en employant le mot croire dans son premier sens, que raisonner avec nos sens, ou voir avec notre raison. Si, toutefois, le verbe croire est employé pour exprimer différents degrés d'adhésion de l'esprit à des faits historiques, il est de grande importance de ne point oublier que ce terme ainsi employé ne signifie pas cette certitude suprême que comporte notre croyance en Dieu et dans l'immortalité (*credo in*), certitude à laquelle on ne peut jamais atteindre par des probabilités accumulées.

Croire est employé dans un troisième sens quand nous disons : « Je crois qu'il va pleuvoir. » Je crois ne signifie ici que « je conjecture ». C'est donc le même mot qui exprime le plus haut aussi bien que le plus bas degré de certitude que comportent les différentes affirmations de l'esprit humain. Les confusions où l'on est tombé pour avoir employé ce mot à tort et à travers ont causé quelques-unes des plus violentes controverses qui aient divisé les hommes en matière de religion et de philosophie.

L'*infini*, on nous l'a dit et redit, n'est qu'une idée négative ; c'est seulement un terme exclusif de l'idée de limites, mais qui ne renferme rien de positif ; bien plus on nous assure, du ton le plus dogmatique, qu'un esprit fini ne peut concevoir l'infini. Un pas de plus, et nous nous précipitons dans le gouffre de la métaphysique. Il n'y a pas d'infini, nous dit-on, car, puisqu'il y a un fini, l'infini a sa limite dans le fini, et par conséquent ne peut être infini. Or tout ceci n'est pas autre chose que jouer avec les mots en se passant d'idées. Pourquoi l'infini est-il une idée négative ? Parce que le mot *infini* est dérivé du mot *fini* au moyen de la particule négative *in*. Mais c'est là un pur accident, un fait de l'histoire du langage, et pas autre chose. La même idée peut être exprimée par les mots le *parfait*, l'*éternel*, l'*absolu*, termes positifs, ou qui, du moins, ne contiennent pas d'élément négatif. Que des mots à forme négative peuvent exprimer des idées positives, c'est une vérité que savaient très-bien des philosophes grecs comme Chrysippe ; ils auraient aussi peu songé à classer le mot *immortel* parmi les termes d'idées négatives, qu'à faire d'*aveugle* l'expression d'une idée positive. La véritable idée de l'Infini n'est ni la négation ni la modification d'une autre idée (1). Le fini, au contraire, est en réalité la limitation ou la modification de l'infini, et, si nous raisonnons sérieusement, il ne nous est pas possible de concevoir le fini comme autre chose que l'ombre de l'infini. Le langage même, si nous savons lui faire subir une contre-interrogation bien dirigée, confirmera cette vérité. En effet, quelle que puisse être l'étymologie de *finir*, que *finire* soit dérivé de *findere* ou de *figere* (2), qu'il signifie ce qui coupe ou ce qui est fixé, il est clair qu'il représente quelque chose qui échappe tout à fait aux sens. Nous admettions, dans le raisonnement mathématique, que les points, les lignes et les plans ne peuvent jamais exister pour l'œil. Il en est de même, en grand, dans l'ensemble des choses. Aucun doigt, aucun rasoir n'a jamais touché à l'extrémité d'aucune chose ; aucun œil n'a saisi la ligne d'horizon qui partage le ciel et la terre, ou la ligne qui sépare le vert du jaune, ou qui unit le jaune au blanc. Aucune oreille n'a jamais saisi le point où se fait le passage d'une note à une autre. Nos sens ne nous donnent jamais rien d'exactement fini et déterminé, les

---

(1) Sur les différentes espèces d'infinité, voyez Roger Bacon, *Opus tertium*, cap. 51 (éd. Brewer, p. 194). De l'infini positif il dit : « Et dicitur infinitum non per privationem terminorum quantitatis, sed per negationem corruptionis et non esse. » L'Oxford du dix-neuvième siècle n'a point à rougir, sous le rapport de la métaphysique, de l'Oxford du treizième.

(2) Bopp, *Vergleichende Grammatik*, III, p. 248. Schweizer, dans le *Journal* de Kuhn, III, p. 357.

impressions en sont toujours relatives, mesurées par des degrés, mais par des degrés d'une échelle qui se prolonge à l'infini. Quelques autorités nous disent que l'oreille peut recevoir en une seconde 38,000 vibrations, donnant la plus haute note connue (1). Le nombre le plus bas de vibrations produisant un son musical est de seize à la seconde. Entre ces deux points s'étend la sphère de nos perceptions musicales, mais il y a, en réalité, au-delà de ces deux limites, un progrès à l'infini. Il en est de même de la couleur. De quelque côté que nous regardions, nous ne trouvons jamais un terme réel, une *fin* appréciable. Les mots *finis* et *fini* expriment donc quelque chose que les sens par eux-mêmes ne fournissent pas, quelque chose qui, dans le domaine de la perception, est purement négatif; c'est un mot qui désigne quelque chose qui, dans la langue des sens, n'a pas du tout d'existence. Mais ce quelque chose a une existence dans la langue de la raison. La raison, qui a ses droits comme les sens, exige le *fini* en dépit des sens, et quand nous parlons d'après la raison, le *fini*, c'est-à-dire les mesures de l'espace et du temps, les nuances de la couleur, les notes du son, voilà ce qui devient les éléments les plus positifs de notre pensée. Or c'est de notre raison que nous sommes le plus fiers; nous aimons à être appelés des êtres raisonnables, et nous sommes portés à mépriser quelque peu, comme de moindre importance, les deux autres sources de la connaissance. Mais il y a pourtant, à côté de la raison, ces deux autres organes de la connaissance, les sens et la foi, qui, avec la raison,

(1) Voyez t. 1, p. 127.

constituent notre être, sans qu'aucun d'eux soit subordonné à un autre, chacun conservant, dans sa sphère propre, son autorité indépendante. La foi, — la langue ne me fournit pas de mot qui rende mieux ma pensée, — c'est l'organe par lequel nous saisissons l'infini, c'est-à-dire tout ce qui dépasse la portée de nos sens et tout ce qui se soustrait aux prises de notre raison. L'infini est caché aux sens, la raison en nie l'existence, mais il est perçu par la foi, et une fois perçu, il l'est comme prêtant un appui à l'expérience des sens et aux combinaisons de la raison. Ce qui, pour notre raison, est purement négatif, l'in-fini, devient pour notre foi une idée positive, l'infini, et si une fois nos yeux sont ouverts, nos sens mêmes ont la perception de cet absolu sans limites qui nous entoure de tous côtés, et sans lequel les phénomènes passagers des sens et le merveilleux mais frêle réseau que tisse notre raison seraient vanité, et rien que vanité.

Les sciences naturelles elles-mêmes, qui se vantent généralement de l'exactitude de leur langage, n'ont pas su pourtant se délivrer tout à fait de mots qui, si on les analysait rigoureusement, seraient reconnus contenir aussi peu de données substantielles que la Némésis et les Érinnyes. Les naturalistes ont l'habitude de parler des *atomes*, molécules indivisibles, pures conceptions de l'esprit, comme s'ils avaient une réalité au sens propre de ce mot, tandis qu'il est impossible à nos sens de prendre connaissance de quoi que ce soit qui ne puisse être divisé ni mesuré. Les chimistes parlent de substances impondérables, conception aussi inadmissible que celle des atomes. Impondérable signifie ce qui ne peut être pesé. Mais peser, c'est comparer la gravité d'un corps à celle d'un autre corps. Or il est impossible que le poids d'un corps soit assez faible pour défier toute comparaison avec le poids d'un autre corps; ou, si nous supposons un corps sans poids ni gravité, nous parlons d'une chose qui ne peut exister dans le monde où nous vivons, dans ce monde où règne, sans qu'aucune parcelle de matière puisse s'y soustraire, l'inflexible loi de la gravitation.

Chaque progrès accompli dans les sciences physiques semble être marqué par l'abandon de quelqu'un de ces termes mythologiques; mais il en naît de nouveaux aussitôt que l'on a réussi à se débarrasser des anciens. Jusqu'à ces dernières années, *Calorique* était un terme d'un usage constant, auquel s'attachait l'idée de quelque chose qui existait réellement et qui produisait de la chaleur. Cette idée a maintenant fait son temps, et la chaleur est, dit-on, le résultat des *vibrations moléculaires* de l'éther. On suppose que toute matière est plongée dans un milieu hautement élastique, et ce milieu a reçu le nom d'*Éther*. Il y a sans doute là un grand progrès. Cependant qu'est-ce que l'éther, dont chacun parle maintenant comme d'une substance, la chaleur, la lumière, l'électricité, le son n'étant qu'autant de modes ou de modifications de ce fluide? L'éther est un mythe, — une qualité dont on a fait une substance, — une abstraction réalisée, abstraction qui rend sans doute des services à la spéculation physique, mais qui est destinée plutôt à marquer l'horizon actuel de nos connaissances qu'à représenter quoi que ce soit que nous puissions saisir soit avec nos sens, soit avec notre raison. Aussi longtemps qu'on l'emploie dans ce sens, comme un *x* algébrique, comme une quantité inconnue, ce terme ne peut faire aucun mal, pas plus que si on parle de l'Aurore, en l'appelant Érinnys, ou du ciel comme Zeus. Le mal commence quand le langage s'oublie, et qu'il nous fait prendre le mot pour la chose, la qualité pour la substance, le *Nomen* pour le *Numen*.

FIN DU TOME DEUXIÈME.

TABLE ANALYTIQUE.

A

Achilleus, identité possible de ce nom avec Aharyu, 253 *note*.
Aditi, divinité védique, signification étymologique de ce nom, 251.
Æneas Sylvius, ce qu'il dit des barnaches, 305 *note*.
Agni, dieu védique, signification de ce nom, 145.
Aham « je », remarques sur l'étymologie de ce pronom sanscrit, 67 et *note*.
Ahorâtre « le jour et la nuit », 234 et *note*.
Aldrovandus, ce qu'il dit des barnaches, 305.
Alfonse de Portugal, à la bataille d'Ourique, 319 *note*.
Aloadæ, géants grecs, origine de leur nom, 34.
Altération (l') phonétique, suivie de l'étymologie populaire, source de mythologie moderne, 284.
Ame (l'), de quelle racine ce mot dérive, 57.
Anaxagore et Anaximène interprétaient la mythologie grecque allégoriquement, 125.

Aphrodite, originairement l'aurore, 97.
Arcadiens (les), descendants de Zeus, 183.
Arcture, étymologie de ce mot, 84.
Arès et Mars, origine de ces deux noms, 36.
— Arès, personnification du ciel troublé par l'orage, 37 et *note*.
Argynnis, nom d'Aphrodite, identifié avec le sanscrit *arjuni* « brillante », 97.
Aristote, sur les mots, 4.
— ses vues sur l'origine de la mythologie, 126.
— remarque que tous les hommes ont la notion de la divinité, 175.
Arkah, mot sanscrit, signifiant « soleil » et « hymne », 82.
Ἄρκτος, identité de ce mot avec le sanscrit *riksha*, 82 *note*.
Arminius, son souvenir était gardé par les Germains au temps de Tacite, 201.
— dérivation probable de son nom, 202.
Asvins (les) du Véda, 237, 242.
— hymne qui leur est adressé, 243.
Athéné, étymologie de ce nom, 253.

Athéné, personnification de l'aurore, 254.
— comment Athéné, l'aurore, a pu devenir la déesse de la sagesse, 255.
Athéniens (prière des), demandant la pluie, 171.
Atlas (explication de la fable d'), proposée par certains historiens grecs, 130; et par M. Paley, 135.
Augustin (saint), ses remarques sur les rapports entre les sons des mots et les idées que ces mots expriment, 25 note.
— ses vues sur les dieux du paganisme, 186 et note.
— sa remarque sur le Fatum des anciens, 156 et note.
Aurore (nom de l') dans le Véda, 97.
— les mythes de l'aurore, 205.
— Saramâ, divinité védique, identifiée avec l'aurore, 206 et suiv.
— l'énigme de l'aurore, 249, 250.
— les légendes de l'Aurore, place qu'elles occupent dans la mythologie ancienne, 252.
— la déesse Athéné, 253.
— la déesse Minerve, 256.
— Ortygie, l'Aurore, 258.
— l'aurore tenait une place bien plus importante dans les pensées des hommes primitifs que le crépuscule du soir, 258.

B

Bacon remarque l'influence des mots sur la pensée, 332.
Banier (l'abbé), son ouvrage sur la Mythologie expliquée par l'histoire, cité, 132.
Barnache et bernacle, étymologie de ces mots, 308.
Be « être », étymologie de ce verbe anglais, 69.
Beef-eater, étymologie de ce mot anglais, 289.

Believe « croire », étymologie de ce mot anglais, 60.
Bertrand (Alexandre), son ouvrage sur les Dieux protecteurs des Héros grecs et troyens dans l'Iliade, cité, 171.
Besicles, étymologie de ce mot, 290.
Blâmer, étymologie de ce mot, 41.
Bless « bénir », étymologie de ce mot anglais.
Bochart, son ouvrage de Theologia gentili, etc., 133.
Boëce (Hector) raconte la formation des barnaches, 299.
Bonaventure (saint) et saint Thomas d'Aquin, 316.
Boötès, autre nom d'Arcture, 87.
Bouddhistes (les), leur Nirvâna ou Néant, 64.
Boves et temo, nom latin de la Grande-Ourse, 87.
Brasenose (collége de), étymologie de ce nom, 287.
Bréal (M.), sa note sur Hermès, 220.
Brown fait observer l'influence des mots sur la pensée, 333.
Burnouf (E.), son importante découverte relative à la religion des Aryens avant leur schisme, 276.

C

Cafres (métaphores), 59.
Callisto (mythe de), 183.
Calorique (le), 345.
Castrèn, ses remarques sur les idiomes des races touraniennes, 20.
Cerbère et Orthros, 224.
Charis, un des noms d'Aphrodite, 96.
— objections de Curtius contre l'explication proposée par l'auteur pour le mot charis, 98.
— Signification primitive de ce mot, 99.
— Sonne examine la conjecture de l'auteur au sujet de l'identité de harit avec charis, 110 et suiv.

TABLE ANALYTIQUE.

Chinois (phraséologie cérémonieuse des), 69 *note*.
Christianisme (premier contact du) avec le paganisme, 155.
Christophe (saint), sa légende, 311.
Chrysippe essaye de concilier la mythologie et la philosophie, 119.
Cléanthe (hymne de) à Zeus, cité, 181.
Cousin essaye de réfuter l'observation de Locke sur ce fait que les mots exprimant des idées non sensibles ont été dérivés métaphoriquement de mots exprimant des idées sensibles, 66.
— combat victorieusement les conclusions que certains philosophes sensualistes voudraient tirer de l'observation de Locke, 70.
Creuzer, son système pour expliquer les mythologies de l'antiquité, 127.
Crœsus (G.), comment il expliquait la mythologie grecque, 134.
Cronos, dieu grec, 169.
Cuvier, ses remarques sur l'emploi que l'on fait généralement du mot *Nature*, 327.
Cyclopes (explication de la fable des), proposée par M. Paley, 135 *note*.

D

Daiva, le destin, étymologie de ce mot sanscrit, 198.
Danebrog, la croix rouge du Danemark, origine de ce nom, 319 *note*.
Darwin, sa théorie de la sélection naturelle, 13, 18.
Déméter, l'aurore, 271.
Démocrite, ses théories sur le langage, 8-10.
Deva, signification étymologique de ce mot, 196.
Diana, dérivation de ce nom, 195.
Dieu (notre perception de) n'est pas le résultat d'un raisonnement, mais une intuition de l'esprit, 173-175, 338.
— le nom de Dieu dans diverses langues, 175 et *suiv*.
— formation du terme général qui exprime en sanscrit la Divinité, 196-198.
Diovis, vieux nom italien pour Jupiter, 194.
Div, forme de *dyu*, 195.
— par quels mots *div* est représenté en grec et en latin, 195.
— dérivés de *div*, 195.
Dodone (les colombes de), 129.
— Chant des Pléiades dans le temple de Dodone, 178.
Doute, étymologie de ce mot, 60.
Druh, signification étymologique de ce mot sanscrit, 197.
Dualité (idée de) très-fréquente dans la mythologie ancienne, 234.
Dyaus, la divinité brillante et céleste de la Grèce et de l'Inde, 162.
— signification de *dyu* en sanscrit, 163.
— passages du Véda où *dyu* signifie « ciel » et « jour », 165.
— invocations où Dyaus occupe le premier rang, 166.
— passages où Dyu et Indra sont mentionnés ensemble comme père et fils, 167.
— autres passages où Dyu est placé au-dessous d'Indra, 168.
— comment on peut expliquer la synonymie de *dyu* « le ciel » et de *dyu* « le dieu », 186-189.
— formes diverses du mot *dyu*, 191.

E

Éaque, roi d'Égine, descendant de Jupiter, 183.
Empédocle, comment il interprétait la mythologie grecque, 124.
Enalia, un des noms d'Aphrodite, 97.

Ens, identité de ce mot latin avec le sanscrit *sat*, 61.

Éole, ce qu'il était aux yeux de certains historiens grecs, 130.

Éos, divinité du matin, 97.

Épicharme, ses vues sur la mythologie grecque, 124.

Épicure, ses théories sur le langage, 12.

— ses remarques sur la mythologie de ses compatriotes, 119.

Érinnys, identifiée avec Saraṇyû, 231, 270.

Eschyle, quelle idée il se faisait de Zeus, 180.

Étais, étymologie de cet imparfait, 69.

Être, étymologie de ce mot, et signification de la racine d'où il dérive, 68, 69.

Étymologies (les) populaires, 284.

Euripide, ses idées religieuses, 120.

Europe et Zeus, sens de ce mythe, 184.

Évhémère, ses voyages, son système d'herméneutique religieuse; son ouvrage Ἱερὰ Ἀναγραφή, traduit par Ennius, 128.

F

Fatum (le) des anciens, 156.

Feridoun (le) des épopées persanes, origine de ce nom, 276.

Finis et le *fini*, sens de ces mots, 342.

Finnois (le), particularités de cet idiome, 21.

Fleury (l'abbé de), son Mémoire adressé au vicaire apostolique de Siam, 311 *note*.

G

Garshasp (le) des épopées persanes, 276.

Gérarde, sa description de la barnache, 296.

Germains (les) adoraient un Dieu caché, 175.

— ont adoré, à une époque, le dieu Tyr comme leur divinité principale, 199.

— leurs dieux Tuisco et Mannus, 199.

— leurs chants guerriers, 201.

— caractère religieux de leur mythologie; ils reconnaissaient l'origine céleste et terrestre de l'homme, 203.

Géryon d'Érythée, comment Hécatée expliquait ce mythe, 129.

GHAR, signification primitive de cette racine aryenne, 92.

Ghost « esprit », à quels mots il se rattache, 64.

Giraldus Cambrensis, ses remarques sur les barnaches, 303.

Gladstone, ses vues sur la mythologie grecque, 135.

Gouna, ce qu'on entend par ce terme de la grammaire sanscrite, 191 *note*.

Grecs (théories des) sur le langage, 4 et *suiv*.

— leur mythologie, voir *Mythologie*.

— combien ils ont excellé dans les arts et les sciences, 113.

— leur religion considérée comme indépendante de la mythologie, 150 et *suiv*.

— ce que les Grecs anciens adoraient en adorant Zeus, 173.

Grimm, sur les éléments religieux de la mythologie germanique, cité, 202.

Guigniaut (M.), sa savante traduction de la *Symbolique* de Creuzer, 127 *note*.

H

H prend quelquefois la place de *f*, 62 *note*.

Hamilton (sir W.) fait voir l'in-

fluence des mots sur la pensée, 335.
Harits (les), chevaux du soleil chez les poëtes védiques, 93-96.
Hawaii (îles), pauvreté du dialecte qui s'y parle, 19.
Hécatée, son interprétation de certaines fables grecques, 129.
Heimgang, un des noms de la mort chez les anciens Germains, 203.
Hélène est probablement identique avec la Saramâ védique, 215.
Héraclite, ses théories sur le langage, 5-8.
— proteste contre les fables racontées par Homère au sujet des dieux, 117.
Hermès (mythe d'), 206, 222.
— conjecture sur l'identité d'Hermès avec le Saramêya védique, 217.
Herminones (les), tribu germanique, origine probable de ce nom, 202.
Hérodote, comment il interprétait la fable des colombes noires de Dodone, 129.
— son étymologie de *theos*, 138.
— sur le culte des Pélasges, 174.
Hindous (les), rapprochements entre leur mythologie et celle des Grecs, 141.
Historiquement, analyse de ce mot, 1.
Homère, son système de théologie, 116, 177, 178.
— clartés admirables jetées par certains passages d'Homère sur la religion des anciens, 150-154.
Homonymie (l'), un des traits caractéristiques du langage primitif, 76.
Huet prétendait découvrir dans la mythologie grecque des souvenirs de l'histoire sainte, 134.

I

Imago, origine de ce mot latin, 58.
Impondérables (substances), remarque sur cette expression, 344.

Indra, le Jupiter védique, 164.
— passages du Véda où Dyu et Indra sont mentionnés ensemble comme père et fils, 167.
— autres passages où Indra est placé au-dessus de Dyu, 168.
— étymologie du mot *Indra*, 168 note.
Indrâgnî, dieux védiques, 246.
Infini (l'), 341.
Ingævones (les), tribu germanique, origine de ce nom, 201.
Irmin, vieux dieu saxon, 202.
Irmino et Isco, fils de Mannus, 202.
Istævones (les), tribu germanique, origine de ce nom, 202.

J

Jan, Janus, structure étymologique de ce nom, 194.
Janvier, étymologie de ce mot, 194.
Je, le sanscrit *aham*, est un mot d'étymologie douteuse, 66.
Jemshid (le) des épopées persanes, son origine, 276.
Jerusalem artichokes « topinambours », origine de cette expression anglaise, 91.
Jones (sir W.), comment il comparait les dieux de l'Inde avec ceux de la Grèce et de l'Italie, 141 note.
Jovis, à quelle forme sanscrite ce mot répondrait, 194.
Jumala, dieu finnois, 176.
Júnó correspondrait à une forme grecque *Zēnōn*, 195.
Junonius, épithète de Janus, 194.
Jupiter, le dieu suprême des Aryens, 147.
— ce nom est le même que le sanscrit *Dyu*, 162, 194.

K

Kelly, sur la théorie météorologique

pour l'interprétation de la mythologie, 273.

Kingsley (C.), sur la manière dont les hommes formèrent un nom pour la Divinité, 204.

Kuhn, son interprétation du mythe de Saramâ, 206.

— son interprétation du mythe de Saraṇyû, 231, 277.

— considère les phénomènes météorologiques comme ayant joué le plus grand rôle dans la formation de la mythologie ancienne, 273.

L

Langage (le), révolution survenue dans la manière de l'étudier, 54.

— période dans l'histoire du langage marquée par l'emploi constant de la métaphore, 72, 75, 76.

— période marquée par l'homonymie et la polyonymie, 76, 77.

— période mythique ou mythologique, 77-79.

— influence que le langage exerce sur la pensée, 331 et suiv.

— services que la science du langage peut rendre à la philosophie, 336 et suiv.

Locke fait observer que tous les mots exprimant des idées non sensibles ont été dérivés métaphoriquement de mots exprimant des idées sensibles, 55.

— sur la nécessité de bien définir les mots, 332.

— sur le phénomène de l'oubli, 336.

M

Man « homme », sens étymologique de ce mot, 200.

Mannus, fils de Tuisco et père de la race germanique, 200, 203.

Manu, conjecture sur l'origine de son épithète de Sâvarṇi 262.

MAR, racine aryenne, ses aventures à travers le monde, 24-47.

Marcus, Marcellus, etc., origine de ces noms, 39.

Mare « mer », signification primitive de ce mot, 31.

Mârjâra, nom du chat en sanscrit, signification de ce mot, 39.

Mars, origine de ce nom, 36.

— se rattache à la même racine que Marut, 36 note.

— caractères divers du dieu Mars, 37 et note.

Marta « mortel », un des plus anciens noms de l'homme, 30.

Maruts (les), dieux védiques, origine de leur nom, 35.

— pourquoi ils ont été appelés des chanteurs, 106.

Melt « fondre », origine de ce mot anglais, 43.

Mer (la) signification propre de ses différents noms en grec, 32, 33.

Métaphore (la), 49.

— rôle de la métaphore dans le choix des mots qui expriment des idées non sensibles, 55.

— exemples de métaphores, 57 et suiv.

— métaphores cafres, 59.

— rôle important de la métaphore dans la formation du langage, 71.

— l'emploi constant de la métaphore a dû être un des traits caractéristiques de toute une période dans l'histoire primitive du langage, 72, 75, 76.

— distinction entre la métaphore radicale et la métaphore poétique, 73.

— exemples de métaphore radicale, 80.

— exemples de métaphore poétique, 103.

Métrodore, comment il interprétait la mythologie grecque, 125.

Mild « doux », origine de ce mot anglais, 44.
Minerve, origine du nom de cette déesse, 256.
Minos, origine de la fable qui le faisait descendre de Zeus et d'Europe, 184.
Miölnir (le marteau), 33.
Mitra et Varuṇa, dieux védiques, 246.
— hymnes qui leur sont adressés, 247.
Mœræ (les) étaient originairement une divinité unique, 97 *note*.
Moliones (les), étymologie de leur nom, 33.
Mollis, origine de ce mot latin, 42.
Mongol (nom de la divinité en), 176.
Moray, sa description de la barnache, 294.
Mors, étymologie de ce mot latin, 30.
Mots (les nouveaux), comment on les forme, 21, 22.
— abus que l'on fait des mots dans le langage moderne, 326.
— mots abstraits, 322.
Mulgere « traire », étymologie de ce mot latin, 39.
Munster (S.), sur les barnaches, 298.
Murder « meurtre », à quelle racine se rattache ce mot anglais, 30.
Mythe (le) et l'allégorie, en quoi ils diffèrent, 124 *note*.
— la théorie solaire et la théorie météorologique pour l'interprétation des mythes, 271-273.
Mythique (la période) ou mythologique de l'histoire du langage, 77-79.
Mythologie (la) des Grecs, 113.
— absurdités de cette mythologie, 115.
— protestations des philosophes et des poëtes grecs contre ces horreurs, 116 et *suiv*.
— explications diverses proposées par les Grecs pour l'origine des récits mythologiques : ils auraient été inventés soit pour inculquer des préceptes moraux, 122 ; soit pour propager des doctrines physiques ou métaphysiques, 123 ; soit pour raconter des faits de l'histoire ancienne, 127.
— système d'interprétation mythologique appelé évhémérisme, 128.
— ouvrage de l'abbé Banier sur la mythologie, cité, 132.
— tentatives pour découvrir dans la mythologie grecque des personnages bibliques, 133-135.
— importance capitale de la philologie comparée pour l'étude de la mythologie grecque, 136 et *suiv*.
— objections des humanistes contre les explications de mythes grecs fournies par la philologie comparée, 140.
— combien il importe de découvrir la signification primitive des noms des divinités, 145.
— qu'il faut bien se garder de confondre la mythologie et la religion des peuples anciens, 147.
— le christianisme et la religion grecque, 155.
— le nom de la Divinité en sanscrit, en grec, en latin et en germanique, 163.
— idée qu'attachaient à Zeus les Grecs contemporains d'Homère, 173, 175, 177-179.
— ce qui a formé le sujet principal des mythes de l'antiquité, 272.
— les mythes de l'Aurore, 205.
— la mythologie moderne, 278.
— l'abus des mots, 279.
— le mythe de la barnache, 293 et *suiv*.
— Whittington et son chat, 311.
— légende de saint Christophe, 311.
— sainte Ursule et les onze mille vierges, 314, 315.

Mythologie, saint Bonaventure et son crucifix parlant, 316.
— martyrs représentés portant leur tête dans leurs mains, 317.
— la colombe, symbole du Saint-Esprit, 318.
— la vérité des légendes, 318-320.
— Theomenia, 320.

N

Nature (la), acception populaire de ce mot, 326.
— Cuvier, sur la Nature, cité, 327.
Néant, étymologie de ce mot, 63.
— notre emploi de ce mot est un véritable exemple de mythologie, 65.
Ne pas, ne point, étymologie de ces mots, 63.
Nihil « rien », étymologie de ce mot latin, 62.
Nirvâna (le) des bouddhistes, 64.
Nom, dérivation de ce mot, 139.
Nombre (noms de), certains idiomes n'en ont point au-delà de quatre, 18.

O

Omniprésence et omniscience de la Divinité, exprimées par Hésiode, 151.
Onomatopœia, ce que les Grecs entendaient par ce mot, 4.
Orthros, le noir démon combattu par le soleil le matin, 224.
Ortygie, l'Aurore, 258.
Ouranos a pour prototype le dieu védique Varuṇa, 169.
Ourse (la Grande-), comment ce nom a pu être donné à une constellation, 83-85.

P

Palestine soup, origine de cette expression anglaise, 91.

Paley (F.-A.), ses vues sur la mythologie grecque, 135.
Parennin (le P.), lettre de ce missionnaire à l'Académie des sciences de Paris sur l'abondante nomenclature des Tartares, 19 *note*.
Pâris (identité possible du) homérique avec le Paṇi védique, 216 et *note*.
Parjanya, divinité védique, signification de ce nom, 145, 226.
Paul (Jean-), remarques sur *Je*, 68 *note*.
Pélasges (les) n'avaient de nom pour aucun de leurs dieux, 174.
Penser, étymologie de ce mot, 60.
Perkunas, dieu de l'orage chez les Lithuaniens, 176.
Philolaüs, sa théorie de l'origine de la vertu, 9.
Pindare, idée pure qu'il avait de la Divinité, 120.
— regarde Zeus comme le dieu suprême, comme le vrai dieu, 179, 180.
Platon, ses vues sur le langage, 4.
— sur la mythologie, 118.
— son étymologie de *theos*, 138.
Polyonymie (la) un des traits caractéristiques du langage primitif, 77.
Pontia, un des noms d'Aphrodite, 97.
Prithivî, la terre, considérée comme mère des hommes, 165-167, 203.
Protagoras, chassé d'Athènes pour ses opinions sur la Divinité, 118 et *note*.
Pythagore, sur le langage, 11.
Python (le serpent), comment ce mythe était expliqué par Éphore, 129.

Q

Quirinus, épithète de Janus, 194.

R

Racines (la puissance des), 1.
— les racines ont une forme et une signification déterminées, 3.
— les groupes de racines; deux hypothèses pour expliquer la formation de ces groupes, tels qu'ils existent aujourd'hui, 23.
— les racines sont des types phonétiques, 24.
— histoire des aventures de la racine *Mar* à travers le monde, 24-47.
— signification matérielle et compréhensive de la plupart des racines connues, 72.
— la métaphore radicale, 74.
Rats blancs (fable bouddhiste des deux), 223.
Religion (la) des anciens distinguée de leur mythologie, 149.
— dans quel esprit il faut étudier les religions anciennes, 160.
— l'histoire de la religion est un exposé des tentatives diverses faites pour exprimer l'inexprimable, 161.
— la perception intuitive de la Divinité source de toute religion, 175.
— Tacite, Aristote et Procope, sur la religion ancienne, 175, 176.
Rien, étymologie de ce mot, 63.
Rig-Véda (importance du) pour l'étude de la mythologie grecque, 144.
— les traductions qui en ont été données, 143.
— la seule méthode qui permettra de traduire le Rig-Véda, 144.
— beaucoup des noms des dieux sont encore intelligibles dans le Rig-Véda, 145.
Riksha, mot sanscrit signifiant «ours» et «étoile», 83.
Roth, son interprétation du mythe de Saraṇyû, 231.

S

Sanscrit (le), voir *Rig-Véda.*
Saramâ, l'Aurore, divinité védique, étymologie de ce nom, 206.
— le caractère de Saramâ d'après le Rig-Véda, 207.
— son dialogue avec les Paṇis, 208, 209.
— histoire de Saramâ, racontée par Sâyaṇa et dans l'Anukramaṇikâ, 210.
— épithètes qui sont appliquées à Saramâ, 212.
— forme simple du mythe de Saramâ, 214.
— identité probable de Saramâ avec l'Hélène homérique, 215.
Sârameya, identité probable de ce nom avec Hermès, 218.
Saraṇyû, l'Aurore, 228.
— identité de ce nom avec l'Érinnys grecque, 231.
— noms donnés à Saraṇyû, 250.
Savitar, un des noms védiques du soleil, 103.
— Fables suggérées par son épithète ordinaire « à la main d'or », 104.
Schwartz, sa théorie pour l'explication des mythes, 273.
Scylla (fable de), comment certains historiens grecs l'interprétaient, 130.
Sélection naturelle (théorie de la) appliquée au langage, 13.
Séléné (explication du mythe de), 145.
Septentrion, étymologie de ce mot, 87.
Sirius, étymologie de ce mot, 227.
Socrate, son martyre, 118.
— ses vues sur l'interprétation des mythes, 125.
Soleil (le) « à la main d'or », 103.
— rôle que joue le soleil dans la mythologie primitive, 272.

Sonne, ses critiques sur la conjecture de l'auteur au sujet de l'identité du mot sanscrit *harit* avec le grec *charis*, 109.
Sophocle célèbre Zeus comme étant le dieu suprême, 182.
Sorrow « chagrin » et *sorry* « fâché », étymologies de ces mots anglais, 284.
Stanislas Julien (M.), ses remarques sur la phraséologie cérémonieuse des Chinois, 67 *note*.
Star « étoile », signification primitive de ce mot anglais, 87.
Sunâsîrau (les), divinités védiques, 225-227.
Sündfluth « déluge », étymologie de ce mot allemand, 285.
Surnaturel (le), 330.
Sûryâ, le soleil conçu dans le Véda comme une déesse, 240.
Synonymes (exubérance de) dans le langage primitif, 77.

T

Team « attelage », étymologie de ce mot anglais, 90.
Temo, signification de ce mot latin, 89.
Tengri nom de la Divinité en mongol et en tartare, 176.
Terre (la) appelée par les anciens *notre mère*, 200, 203, 204, 325.
Theomenia, origine du sens populaire attribué à ce mot, 320.
Theos, dérivation de ce mot grec, 138.
Thymos « âme », de quelle racine vient ce mot grec, 57.
Tien, nom de la Divinité en chinois, autres sens de ce mot, 176.
Tiw, le Jupiter anglo-saxon, 162.
Tour (la) sans venin, origine de ce nom, 92.
Tribulation, étymologie et signification primitive de ce mot, 59.

Triones, signification probable de ce mot latin, 88.
True « vrai », étymologie de ce mot anglais, 64.
Tuesday « mardi », étymologie de ce mot anglais, 162.
Tuisco, dieu des Germains, 199.
Tyr, le dieu-soleil des Germains, 105.
— ce nom répond au Dyu védique, 198.
— Tyr était la divinité principale des Germains, 199.
— son nom est conservé dans certains noms de lieu en Angleterre, 199.

U

Ursule (sainte) et ses compagnes, 314, 315 et *note*.
Ushas, l'Aurore, 97, 212, 223, 255.
— sortie de la tête de Dyu, 254.

V

Varuṇa, divinité védique, signification de ce nom, 146.
Vâyu ou Vâta, dieu védique, signification de ce nom, 145.
Vejovis, vieille divinité italienne, 194.
Vriddhi, ce qu'on entend par ce terme de la grammaire sanscrite, 191 *note*.
Vrishâkapâyî, déesse védique, 241.
Vritra, le noir démon, 224.

W

Walnut « noix », étymologie de ce mot anglais, 90.
Was « étais », étymologie de cet imparfait anglais, 70.
Wälsch, sens de ce mot allemand, 90.
Weird sisters (les), origine de ce terme, 324.

TABLE ANALYTIQUE.   357

Whittington et son chat, origine de cette légende, 311.
Wilkins explique les avantages de sa langue philosophique, 333.
Woden, remarques d'un missionnaire sur ce dieu, 130.

X

Xénophane, idée qu'il se faisait de la Divinité, 117.

Y

Yama et Yamî, divinités védiques, 261.
— Yama, roi des morts, 267.
— Yama, le soleil couchant, 268, 269.
— *Yestersun*, ce mot dans les vieux auteurs anglais, 165.
Yima (mythe de) dans l'Avesta, 275.
Ynglings (généologie des), 202.

Z

Zen, Zenos, structure étymologique de ce mot, 194.
Zeus, identique avec le sanscrit Dyaus, le latin Jupiter, le germanique Tiw, 162.
— signification primitive de ce nom de la Divinité, 163.
— Zeus, le dieu suprême des Grecs, 170, 171.
— Zeus signifiant « le ciel », 171.
— idée que les Grecs anciens attachaient au mot Zeus, 173, 175.
— Zeus a été, à une époque, le seul Dieu des Grecs, 177.
— Zeus célébré par Homère, 178; par Pindare, 179, 180; par Eschyle, 180, 181; par Sophocle, 182.
— ce que signifiait la fable de Zeus et Danaé, 182.
— signification de cette expression « descendants de Zeus », 183.
— Zeus et Callisto, 183.
— Zeus et Europe, 184.
— Zeus le ciel et Zeus le dieu confondus dans l'esprit grec, 184.
— mots dérivés de la même racine que Zeus, 191.

FIN DE LA TABLE ANALYTIQUE.

ERRATA.

Page 67, ligne 1, *au lieu de* quatrième, *lisez* : huitième.
— 157, — 14, — les fait, — leur fait.
— —, — 15, — tout ce qu'il, — tout ce qui.
— 201, — 10, — Tacile, — Tacite.

www.ingramcontent.com/pod-product-compliance
Lightning Source LLC
Chambersburg PA
CBHW050311170426
43202CB00011B/1854